Arbeitsgemeinschaft Kriegsursachenforschung (AKUF)
Wolfgang Schreiber (Hrsg.)

Das Kriegsgeschehen 2009

Arbeitsgemeinschaft
Kriegsursachenforschung (AKUF)
Wolfgang Schreiber (Hrsg.)

Das Kriegs-
geschehen 2009

Daten und Tendenzen der Kriege
und bewaffneten Konflikte

VS VERLAG

Bibliografische Information der Deutschen Nationalbibliothek
Die Deutsche Nationalbibliothek verzeichnet diese Publikation in der
Deutschen Nationalbibliografie; detaillierte bibliografische Daten sind im Internet über
<http://dnb.d-nb.de> abrufbar.

1. Auflage 2011

Alle Rechte vorbehalten
© VS Verlag für Sozialwissenschaften | Springer Fachmedien Wiesbaden GmbH 2011

Lektorat: Dorothee Koch

VS Verlag für Sozialwissenschaften ist eine Marke von Springer Fachmedien.
Springer Fachmedien ist Teil der Fachverlagsgruppe Springer Science+Business Media.
www.vs-verlag.de

Umschlaggestaltung: KünkelLopka Medienentwicklung, Heidelberg
Gedruckt auf säurefreiem und chlorfrei gebleichtem Papier
Printed in Germany

ISBN 978-3-531-18435-7

Vorwort

Das vorliegende Jahrbuch setzt die Reihe der seit 1993 erscheinenden Jahresberichte der Arbeitsgemeinschaft Kriegsursachenforschung (AKUF) zum weltweiten Kriegsgeschehen fort. Kernstück des Jahrbuchs ist das rund 170-seitige Konfliktregister mit seinen Einzelberichten zu 32 Konflikten. Sie geben Auskunft über die strukturellen Hintergründe, die historischen Entwicklungen und die aktuellen Ereignisse der Kriege und bewaffneten Konflikte des Jahres 2009. Ein Index der Konfliktakteure sowie Hinweise auf weiterführende Literatur und aktuelle Internet-Adressen machen das Konfliktregister zu einem benutzerfreundlichen Nachschlagewerk, das sowohl eine schnelle, aktuelle Information wie auch eine vertiefte Lektüre zu den aktuellen Gewaltkonflikten ermöglicht. Eingebettet sind die Einzelberichte in einen Überblick über die Tendenzen und Charakteristika des Kriegsgeschehens im Berichtsjahr 2009, der diese in regionale und internationale Zusammenhänge einordnet.

Die Arbeit an diesem Jahrbuch ist eine Gemeinschaftsleistung der AKUF, die 1976 von Prof. Dr. Klaus Jürgen Gantzel gegründet wurde und seither als Forschungsseminar am Institut für Politikwissenschaft der Universität Hamburg angeboten wird. „Das Kriegsgeschehen" ist das Hauptperiodikum der AKUF, zugleich aber nur ein Ausschnitt der umfangreichen wissenschaftlichen Tätigkeit ihrer Mitglieder. Hierzu zählt neben verschiedenen Forschungsprojekten und zahllosen Veröffentlichungen auch eine umfangreiche Kriege-Datenbank. Einen umfassenden Überblick über die Arbeit der AKUF und über das weltweite Kriegsgeschehen bietet die AKUF-Homepage unter < www.akuf.de >.

Da die AKUF im Wesentlichen ohne finanzielle Unterstützung seitens der Universität Hamburg arbeiten muss, gilt – auch für dieses Jahrbuch – mein besonderer Dank ihren engagierten Mitgliedern.

Hamburg, im Juni 2011
Wolfgang Schreiber, Leiter der AKUF

Inhaltsverzeichnis

Wolfgang Schreiber

Grafiken

Tabellen

Definitionen

AKUF-Kriegsdefinition

'Krieg' definiert die AKUF in Anlehnung an den ungarischen Friedensforscher István Kende (1917-1988) als einen „gewaltsamen Massenkonflikt, der alle folgenden Merkmale ausweist:
(a) an den Kämpfen sind zwei oder mehr bewaffnete Streitkräfte beteiligt, bei denen es sich mindestens auf einer Seite um reguläre Streitkräfte (Militär, paramilitärische Verbände, Polizeieinheiten) der Regierung handelt;
(b) auf beiden Seiten muss ein Mindestmaß an zentralgelenkter Organisation der Kriegführenden und des Kampfes gegeben sein, selbst wenn dies nicht mehr bedeutet als organisierte bewaffnete Verteidigung oder planmäßige Überfälle (Guerillaoperationen, Partisanenkrieg usw.);
(c) die bewaffneten Operationen ereignen sich mit einer gewissen Kontinuität und nicht nur als gelegentliche, spontane Zusammenstöße, d.h. beide Seiten operieren nach einer planmäßigen Strategie, gleichgültig ob die Kämpfe auf dem Gebiet eines oder mehrerer Gesellschaften stattfinden und wie lange sie dauern."

Kriege gelten als beendet, soweit Kampfhandlungen dauerhaft, d.h. für mindestens ein Jahr, eingestellt bzw. nur unterhalb der AKUF-Kriegsdefinition fortgesetzt werden.
Bei einem 'bewaffneten Konflikt' handelt es sich um gewaltsame Auseinandersetzungen, bei denen die Kriterien der Kriegsdefinition nicht in vollem Umfang gegeben sind.

Daten und Tendenzen des Kriegsgeschehens 2009

Wolfgang Schreiber

Das Kriegsgeschehen des Berichtsjahrs 2009 wies gegenüber dem Vorjahr eine vergleichsweise große Zahl an beendeten Gewaltkonflikten auf. Anstelle von 40 Kriegen und bewaffneten Konflikten wie im Jahr 2008 waren im Berichtsjahr nur noch 32 zu verzeichnen. Dabei blieb allerdings die Zahl der Kriege fast konstant; sie verringerte sich nur einen. Die überwiegende Zahl der beendeten kriegerischen Auseinandersetzungen betraf bewaffnete Konflikte. Trotz dieses Rückgangs der Zahl und auch der Intensität der Kriege in den letzten anderthalb Jahrzehnten nach ihrem Höhepunkt 1992 gehören gewaltsam ausgetragene Massenkonflikte weiterhin zu den gravierendsten Problemen der Weltgesellschaft.

Dabei mag die Zahl der in Kriegen direkt bei Kampfhandlungen getöteten Menschen mit einigen Tausend eher gering erscheinen. Nicht vergessen werden sollten allerdings die anderen menschlichen Opfer der Kriege: Zehntausende sterben an indirekten Folgen wie Hunger und Krankheiten, insbesondere Frauen und Mädchen werden massenhaft vergewaltigt, Kindersoldaten werden trotz internationaler Ächtung weiterhin rekrutiert und Millionen müssen aus den Kriegsgebieten fliehen. In vielen kleineren Kriegen und bewaffneten Konflikten, die geringere offensichtliche Kriegsfolgen aufweisen, macht alltägliche Gewalt ein „normales" Leben unmöglich.

Wie in jedem Jahr spielten auch 2009 in der Öffentlichkeit nur die wenigsten Kriege eine prominente Rolle. Wie auch in den letzten Jahren waren dies die Kriege in Afghanistan und im Irak, an denen die USA und einige – auch europäische – Verbündete beteiligt waren. Auf ein traditionelles Interesse stieß der Nahost-Konflikt, das durch die Gewalteskalation im Gazastreifen zu Beginn des Jahres noch gesteigert wurde. Zunehmend ins Blickfeld geriet aufgrund seiner Verbindungen mit dem Krieg in Afghanistan der zwischen Pakistan und lokalen *Taliban*-Rebellen.

Regelmäßig berichtet wurde auch noch über einige länger andauernde Kriege wie die in Somalia, im sudanesischen Darfur oder auf Sri Lanka. Andere Kriege wie in Kolumbien oder im Osten der Demokratischen Republik Kongo sorgten trotz der hohen Intensität, mit der sie im Vergleich zu vielen „kleineren Kriegen" und bewaffneten Konflikten geführt wurden, allenfalls partiell für Schlagzeilen. Für die meisten der 25 Kriege traf auch 2009 das Schlagwort von den „vergessenen Kriegen" zu.

Beendete und neue Kriege

Mit 25 Kriegen wurden im Berichtsjahr 2009 zwei weniger ausgetragen als ein Jahr zuvor.[1] Hinter dieser leicht gesunkenen Zahl verbergen sich drei beendete Kriege und zwei neu eskalierte Kriege. Definitiv beendet wurde der Krieg um die Unabhängigkeit der Provinz Südossetien von Georgien. Mit jeweils geringerer Kontinuität der gewaltsamen Auseinandersetzungen – und damit nicht mehr als Krieg – wurden der Konflikt in der pakistanischen Provinz Belutschistan und der zwischen kurdischen Rebellen und dem Iran ausgetragen. Zum Krieg eskaliert sind zwei Konflikte in Afrika, der 2006 zunächst beendete Krieg in Uganda sowie die Kämpfe zwischen einer islamistischen Rebellengruppe und staatlichen Sicherheitskräften im Norden Nigerias.

Der langandauernde Konflikt zwischen *Georgien* und seiner abtrünnigen Provinz *Südossetien* war im August 2008 zum Krieg zwischen Georgien und Russland eskaliert. Als Folge dieses kurzen Krieges erkannte Russland Ende August die Unabhängigkeit Südossetiens an. Da dieser Schritt aber international kaum unterstützt wurde, blieb der grundsätzliche Konflikt bestehen. Einerseits hat Georgien keine Aussichten, Südossetien wieder in den georgischen Staatsverband zu integrieren, solange Russland die südossetische Unabhängigkeit garantiert. Andererseits fehlt Südossetien die breite internationale Anerkennung für seine Unabhängigkeit.[2]

Seit 2005 kämpfen Rebellen der *Balochistan Liberation Army* (BLA) in der pakistanischen Provinz Belutschistan für ein größeres Maß an Autonomie ihrer Provinz, die 44 Prozent der Fläche *Pakistans* ausmacht. Einen Höhepunkt erreichten die Kämpfe im Anschluss an die Tötung des Rebellenführers Nawab Akbar Khan Bugti, der zugleich einer der bekanntesten Politiker und Stammesführer in Belutschistan gewesen war, im Zuge einer Offensive der Armee im August 2006. Das Jahr 2009 brachte zwar keinen Rückgang gewaltsamer Auseinandersetzungen in Belutschistan. Doch standen die meisten Ereignisse nicht mehr im Zusammenhang mit dem Kampf der separatistischen Rebellen, sondern waren auf ein Übergreifen des Krieges zwischen der pakistanischen Armee und pakistanischen *Taliban*-Rebellen zurückzuführen.

Im Gegensatz zu den Kurdenkonflikten in den Nachbarländern Türkei und Irak, war der im *Iran* in den letzten 20 Jahren weitgehend in Vergessenheit geraten. Seit 2005 übernahm die bis dahin unbekannte *Partiya Jiyana*

---

[1]   Die im Jahrbuch für 2008 angegeben Zahl von 26 Kriegen muss auf 27 korrigiert werden, da der Konflikt in Uganda noch in der letzten Woche des Jahres 2008 zum Krieg eskaliert ist. Die ersten Angriffe der ugandischen Armee wurden aufgrund des erfolgreichen Ausweichens der Rebellen in der Einleitung zum Jahrbuch 2008 unter „Weitere Gewaltkonflikte" erwähnt.

[2]   Ein Abschlussbericht zu den Konflikten in Georgien, der in diesem Jahrbuch wegen der Abwesenheit kriegerischer Auseinandersetzungen keine Berücksichtigung finden kann, wurde von Jil Sörensen verfasst.

Azada Kurdistanê (PJAK, Partei für ein Freies Leben in Kurdistan) für eine Reihe von Anschlägen und Guerillaangriffen im iranischen Grenzgebiet zum Irak die Verantwortung. Die 2007 zum Krieg eskalierten Kampfhandlungen fanden vor allem im Grenzgebiet zum Irak statt. Zwar griffen iranische Truppen auch 2008 noch Lager der PJAK in den Kandil-Bergen auf irakischem Territorium an. Diese Rückzugbasen gerieten aber vor allem auch durch die türkischen Angriffe auf die mit der PJAK eng verbündete PKK in Bedrängnis. Dadurch wurden die Rebellen offensichtlich soweit geschwächt, dass die Zahl der Zusammenstöße mit iranischen Sicherheitskräften 2009 deutlich zurückging.

Im Jahr 2006 war relativ überraschend der Krieg zwischen *Uganda* und der *Lord's Resistance Army* (LRA) zu Ende gegangen. Die Rebellen hatten sich in den Nordosten der Demokratischen Republik Kongo und in den Süden des Sudan zurückgezogen und es fanden Friedensgespräche statt. Im Laufe das Jahres 2008 deutete sich eine erneute Eskalation des Konfliktes an. Im Herbst überfiel die LRA einige kongolesische Dörfer und ihr Anführer Joseph Kony erschien im November nicht zur Unterzeichnung des vereinbarten Friedensvertrages. Daraufhin griffen ugandische, kongolesische und südsudanesische Truppen im Dezember 2008 in einer gemeinsamen Aktion Lager der LRA im Kongo an. Die Erfolge der verbündeten Truppen blieben allerdings begrenzt, da es der LRA im Wesentlichen gelang, direkten Konfrontationen auszuweichen. Dabei drangen Teile der LRA auch in die Zentralafrikanische Republik vor, sodass auch deren Soldaten in die Kampfhandlungen hineingezogen wurden.

Der Norden *Nigerias* war in den letzten Jahren wiederholt Schauplatz von gewaltsamen Unruhen mit religiösen Hintergründen. Im Gegensatz zu vorangegangenen Jahren war der nigerianische Staat dieses Mal jedoch aktiv beteiligt. Ihr Gegner war die islamistische Gruppe *Boko Haram* (Westliche Bildung ist Sünde). Die Kämpfe in der letzten Juliwoche betrafen die vier Bundesstaaten Bauchi, Yobe, Borno und Kano. Die fünftägigen Kämpfe forderten mindestens 780 Tote, etwa 10.000 Menschen mussten in Folge der Kämpfe ihre Häuser verlassen und sind geflohen.

Statistik und Trends des Kriegsgeschehens

Seit 1945 zählt die AKUF insgesamt 241 Kriege. Davon wurden 25 noch im Jahr 2009 ausgetragen. Obwohl die Zahl der Kriege seit 2000 – beziehungsweise noch deutlicher seit 1992 – stark zurückgegangen ist, kann man daraus keinen Trend für die Zukunft ablesen. Einerseits lässt sich das Entstehen neuer Kriege kaum verlässlich voraussagen. Andererseits deutete sich zwar in einer Reihe von Kriegen im Jahr 2009 die Chance auf ein Ende oder zumindest ein Nachlassen der Kampfhandlungen an. Die Vergangenheit lehrt aber, dass aus solchen positiven Signalen nicht unbedingt die weitere Entwicklung gefolgert werden kann. Im Gegensatz zu dieser Ungewissheit wies die Kriegshäufigkeit trotz leichter Schwankungen von 1945 bis 1992 einen vergleichsweise kontinuierlichen Anstieg bis zum Höchststand von 55 Kriegen auf. Bis 1997 halbierte sich diese Zahl innerhalb von fünf Jahren fast auf 29. Danach stieg die Zahl der Kriege bis 2000 wieder auf 35 an und ging seitdem auf nunmehr 25 im Jahr 2009 zurück. Die gleiche Anzahl an jährlich geführten Kriegen registrierte die AKUF zuletzt für das Jahr 1968 (vgl. Grafik 1).

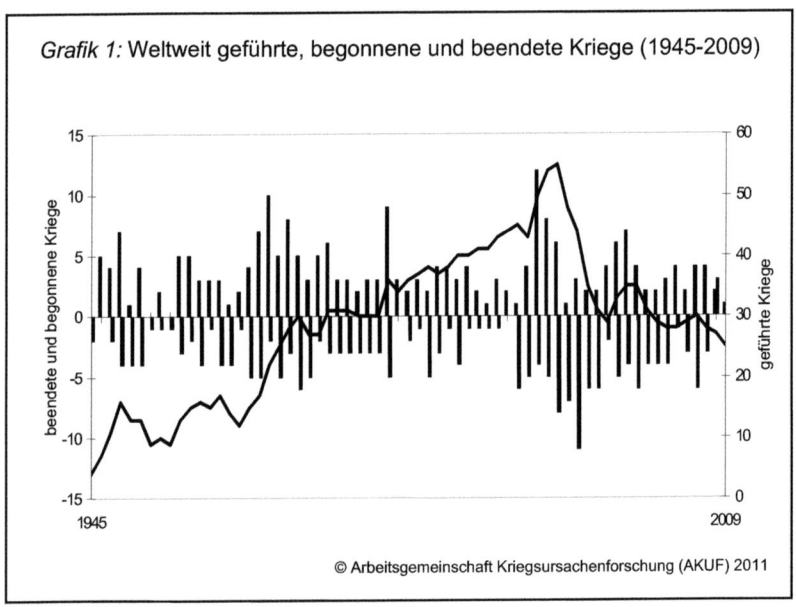

Grafik 1: Weltweit geführte, begonnene und beendete Kriege (1945-2009)

© Arbeitsgemeinschaft Kriegsursachenforschung (AKUF) 2011

Der starke Rückgang nach 1992 lässt sich mit drei Erscheinungen erklären, die das Ende des Ost-West-Konfliktes begleiteten. Erstens hatten Ende der 1980er und Anfang der 1990er Jahre überdurchschnittlich viele Kriege begonnen, von denen nicht wenige vergleichsweise kurze Zeit später wieder beendet wurden. Dieser Vorgang ähnelt früheren Sprüngen im Ansteigen der Kriegshäufigkeit, wie sie aus der Grafik 1 auch für die zweite Hälfte der 1940er Jahre und die erste Hälfte der 1960er Jahre abzulesen sind. Ein großer Teil der neuen Kriege in diesen drei Perioden entfällt auf neu entstandene Staaten: zunächst in Asien, dann in Afrika und mit dem Ende des Ost-West-Konfliktes auf den Territorien der früheren UdSSR und Jugoslawiens. Dazu kam der Zusammenbruch einiger Regime – vor allem in Afrika – die zuvor stark durch Unterstützungen im Rahmen des Kalten Krieges profitiert hatten.

Das Ausbleiben von derartigen Unterstützungen hatte aber auch in nicht wenigen Fällen einen umgekehrten Effekt, indem es einigen Kriegen die materielle Grundlage entzog und somit zu deren Beendigung beitrug.[3] Als drittes Phänomen war eine zumindest vorübergehende allgemeine Schwächung des Sozialismus als alternatives Gesellschaftsmodell zum Kapitalismus zu beobachten. Dass dieses etlichen Kriegen ihre ideologische Grundlage entzog, zeigt am deutlichsten der Rückgang der Kriege in Süd- und insbesondere Mittelamerika.

Die erneute Zunahme der Kriegshäufigkeit ab 1997 schien zunächst an den generellen Trend bis 1992 anzuschließen, der einen erneuten dauerhaften Anstieg bedeutet hätte. Stattdessen kehrte sich der Trend 2000 erneut um und die Zahl der jährlich geführten Kriege ging seither um über ein Viertel zurück. Zwei Interpretationen des Kriegsgeschehens, die nach dem Ende des Ost-West-Konflikts prominent diskutiert wurden, haben sich damit als von recht kurzer Halbwertzeit erwiesen: In der ersten Hälfte der 1990er Jahren wurden Konflikte zunehmend mit dem Etikett „ethnisch" versehen. Insbesondere die Annahme, dass solche Konflikte um Identitäten schwieriger zu befrieden seien als Konflikte um (materielle) Interessen, kann angesichts des Rückgangs der Zahl der Kriege nicht als bestätigt angesehen werden. Die anschließende These, insbesondere auf Rohstoffen basierende Kriegsökonomien seien die eigentliche Triebfeder aktueller Konflikte, hat sich ebenfalls nicht unbedingt bestätigt: Gerade die häufig als Beispiele angeführten afrikanischen Kriege in Angola, Liberia und Sierra Leone wurden in den letzten Jahren beendet. Beide Versuche, das Kriegsgeschehen auf einen Hauptfaktor zu reduzieren, haben sich gegenüber der Realität als zu vereinfachend erwiesen.

Verteilung der Kriege nach Regionen und Typen

In der Zeit nach 1945 wurden Kriege zum größten Teil in der sogenannten Dritten Welt geführt. Europa war nur selten, Nordamerika nie Schauplatz des Austrags von kriegerischen Konflikten. Diese häufig wiederholte Tatsache spiegelt sich auch in den Zahlen des Jahres 2009 wieder. Die 25 Kriege verteilten sich auf die Weltregionen wie folgt: Die meisten Kriege wurden 2009 in Asien mit zehn Kriegen geführt. Es folgen Afrika sowie der Vordere und Mittlere Orient (VMO) mit jeweils sieben Kriegen. In Lateinamerika wurde ein Krieg ausgetragen (vgl. Grafik 2). Gegenüber dem Vorjahr ergaben sich folgende Veränderungen: In Asien verringerte sich die Zahl der Kriege um einen – beendet wurde der in der pakistanischen Provinz. Im Vorderen und Mittleren Orient verringerte sich die Zahl um zwei Kriege. Beendet wurden

---

[3]   Trotzdem ist es falsch, diese Kriege als „Stellvertreterkriege" zu bezeichnen. Sie wurden in aller Regel nicht stellvertretend für die führenden Blockmächte USA und UdSSR geführt, sondern die jeweiligen Kriegsparteien bedienten sich der Blockrivalität, um Unterstützung zu erhalten.

die beiden Kriege in Georgien und Iran. In Afrika eskalierte ein Krieg – der gegen die *Boko Haram* in Nordnigeria – neu. Und in Lateinamerika wies das Kriegsgeschehen 2008 hinsichtlich Zahl und Ort der Kriege im Vergleich zum Vorjahr keine Unterschiede auf.

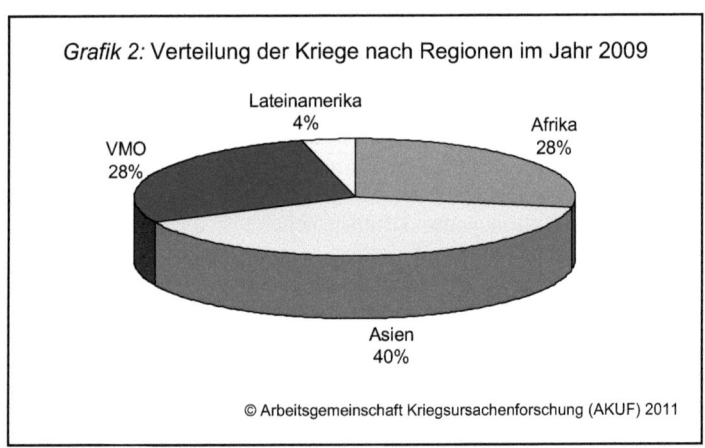

Grafik 2: Verteilung der Kriege nach Regionen im Jahr 2009

© Arbeitsgemeinschaft Kriegsursachenforschung (AKUF) 2011

Die AKUF unterscheidet Kriege nach insgesamt fünf Typen, wobei zusätzlich noch Mischtypen möglich sind (siehe Seite 34). Für das Jahr 2009 ergab sich folgende Verteilung bei den Kriegstypen: Zwölf der Kriege wurden als Antiregimekriege um den Sturz der Regierung beziehungsweise eine Umgestaltung des politischen Systems geführt. In elf Kriegen ging es um die Autonomie- oder Sezession eines Landesteils. Zwei Kriege entfielen auf eine Mischung der Typen „Antiregime-" und „sonstige Kriege" (vgl. Grafik 3).

Gegenüber dem Vorjahr hat sich die Zahl der um Autonomie oder Sezession geführten Kriege um drei verringert. Beendet wurden die beiden Kriege um die Provinz Belutschistan in Pakistan und die kurdischen Gebiete des Iran. Eine Umstufung wurde im Krieg der pakistanischen *Taliban* vorgenommen. Schien es in der Vergangenheit eher um die Herstellung einer regionalen Autonomie im Norden und Nordwesten des Landes zu gehen, so scheint die Rebellen nunmehr in der Umgestaltung des politischen und gesellschaftlichen Systems Pakistans erreichen zu wollen. Die Zahl der Antiregimekriege erhöhte sich durch diese Umstufung und den neuen Krieg im Norden Nigerias um zwei auf nunmehr zwölf.[4] Die beiden Kriege in Afghanistan und Irak wurden weiterhin als Mischtypen eingestuft. Zwar könnte

---

[4]   Dabei ist zu berücksichtigen, dass der Beginn des Krieges in Uganda bereits auf 2008 datiert wurde und somit die Zahl der Antiregimekriege im Vorjahr zehn statt neun betrug, wie es im letzten Jahrbuch geschrieben wurde.

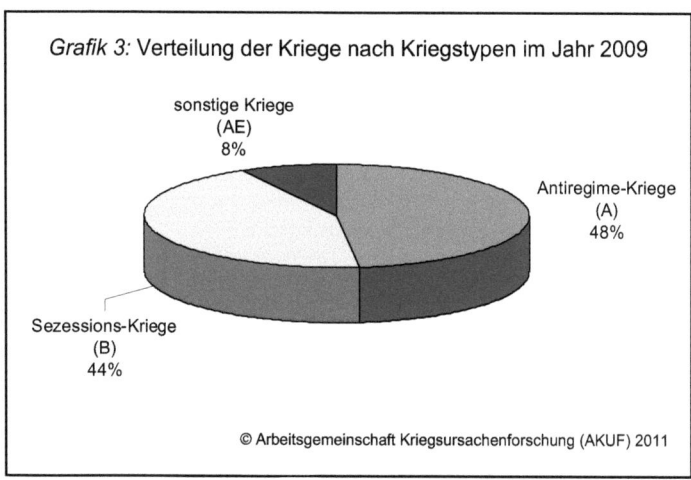

Grafik 3: Verteilung der Kriege nach Kriegstypen im Jahr 2009

sonstige Kriege
(AE)
8%

Antiregime-Kriege
(A)
48%

Sezessions-Kriege
(B)
44%

© Arbeitsgemeinschaft Kriegsursachenforschung (AKUF) 2011

man diese formal auch als Antiregimekriege einstufen, in denen die jeweilige Regierung von ausländischen Truppen unterstützt wurde. Andererseits ist der Einfluss insbesondere der USA auf die Kriegsführung als so bedeutend anzusehen, dass es sich um mehr als nur um Fremdbeteiligungen in innerstaatlichen Kriegen handelt. Weitere Typen oder Mischtypen waren 2009 nicht zu verzeichnen, da der Krieg um die georgische Region Südossetien der 2008 als Mischtyp zwischen Sezessions- und zwischenstaatlichen Krieg geführt wurde, beendet worden ist.

Auffällig – aber weitgehend unverändert – war 2009 auch die Verteilung der Kriegstypen in den verschiedenen Regionen. In Asien waren sieben der zehn Kriege Sezessions- beziehungsweise Autonomiekriege. In Afrika war das Verhältnis deutlich umgekehrt: Sechs von sieben Kriegen waren Antiregime. Von den sieben Kriegen im Vorderen und Mittleren Orient wurden drei um Sezession und zwei als Antiregimekriege geführt. Die restlichen zwei entfielen auf Mischtypen. Der einzige Krieg in Lateinamerika war ein Antiregimekrieg.

Kriege

Der folgende Jahresüberblick über die 2009 geführten Kriege orientiert sich an der zahlenmäßigen Betroffenheit der einzelnen Weltregionen und wird die dort ausgetragenen Kriege jeweils kurz skizzieren.

Asien

Asien war im Jahr 2009 wie bereits im Vorjahr die Region mit den meisten Kriegen. Dabei ist die Zahl mit zehn Kriegen um einen zurückgegangen. Beendet wurde der Krieg im pakistanischen Belutschistan.

Tabelle 1: Die Kriege im Jahr 2009		
	Typ	*Beginn*
Asien		
Indien (Assam)	B-2	1990
Indien (Kaschmir)	B-2	1990
Indien (Manipur)	B-2	2005
Indien (Naxaliten)	A-2	1997
Myanmar	B-2	2003
Pakistan (Taliban)	A-1	2007
Philippinen (Mindanao)	B-2	1970
Philippinen (NPA)	A-2	1970
Sri Lanka	B-2	2005
Thailand (Südthailand)	B-2	2004
Afrika		
Kongo-Kinshasa (Ostkongo)	A-1	2005
Nigeria (Boko Haram)	A-2	2009
Somalia	A-1	1988
Sudan (Darfur)	B-2	2003
Tschad	A-2	2006
Uganda	A-1	2008
Zentralafrikanische Republik	A-2	2006
Vorderer und Mittlerer Orient		
Afghanistan	AE-1	1979
Algerien	A-2	1992
Irak	AE-1	1998
Israel (Palästina)	B-2	2000
Jemen	A-1	2004
Russland (Norkaukasus)	B-2	1999
Türkei (Kurden)	B-2	2004
Lateinamerika		
Kolumbien	A-2	1964

Südasien – Indien, Pakistan und Sri Lanka

Südasien blieb die Subregion mit den meisten Kriegen. Dabei fanden allein in *Indien* vier Kriege statt, der damit der Staat mit den weltweit meisten Kriegen blieb. Der nicht zuletzt wegen seiner Verbindung zum indisch-pakistanischen Konflikt bekannteste unter diesen ist der 1990 begonnene Kaschmirkrieg. Mittlerweile wird das Kriegsgeschehen von Gruppen wie der *Lashkar-e-Toiba* (LeT), der *Jaish-e-Muhammad* (JeM) und der *Harkat-ul-Mujahedin* (HuM) dominiert, deren Mitglieder im Wesentlichen nicht mehr aus Kaschmir selbst stammen, sondern sich zu einem nicht geringen Teil aus ausländischen Kämpfern zusammensetzen. Diese hatten ihre Kampferfahrungen häufig in Afghanistan gesammelt und waren dort oder in Pakistan ausgebildet worden. Auch konnten sie lange auf die Unterstützung der pakistanischen Regierung bauen. Daher führte unter anderem die erst vor wenigen Jahren begonnene Annäherung zwischen den Regierungen Indiens und Pakistans zu einer sukzessiven Verringerung der Intensität des Krieges. Befürchtungen, die Anschläge von Mumbai im November 2008 könnten diesen Trend beenden, bewahrheiteten sich 2009 nicht. Zwar berichteten indische Stellen von einer Zunahme von Infiltrationsversuchen aus Pakistan. Aus diesen resultierte aber kein Anstieg von Häufigkeit und Intensität gewaltsamer Auseinandersetzungen.

Neben dem Kaschmirkrieg im Nordwesten Indiens wurden noch zwei Kriege im Nordosten des Landes ebenfalls um Sezession oder eine größere Autonomie bestimmter Gebiete geführt. In diesen Konflikten sahen sich Teile der jeweils einheimischen Bevölkerung gegenüber bengalischen Zuwanderern aus anderen Teilen Indiens benachteiligt. Zwar starben im Unionsstaat Assam im Berichtsjahr erneut rund 400 Menschen infolge von Kampfhandlungen oder Anschlägen. Auf der anderen Seite konnte Indien durch die Kooperation mit dem Nachbarland Bangladesch fast die gesamte Führungsspitze *United Liberation Front of Assam* (ULFA) gefangen nehmen.

Der zweite Krieg im Nordosten Indiens fand im Unionsstaat Manipur statt und ist aufgrund einer Vielzahl von Rebellengruppen wesentlich komplizierter strukturiert als der in Assam. Manipur ist schon länger Schauplatz bewaffneter Auseinandersetzungen. Aber erst in den letzten Jahren traten die Kämpfe von insgesamt mindestens vier Rebellengruppen für die Unabhängigkeit eindeutig in den Vordergrund. Zuvor waren die Auseinandersetzungen häufig denen aus benachbarten Unionsstaaten zuzuordnen beziehungsweise fanden eher zwischen den verschieden Rebellengruppen statt und weniger gegen die staatlichen Sicherheitskräfte. Bei Gefechten der Rebellengruppen untereinander, bei Auseinandersetzungen mit den Sicherheitskräften und bei Bombenanschlägen starben 2009 zwar immer noch mehr als 350 Menschen, damit jedoch deutlich weniger als im Jahr zuvor.

Ebenfalls in Indien kämpften die sogenannten *Naxaliten*. Anders als bei den um Autonomie oder Unabhängigkeit kämpfenden Gruppen in Kaschmir,

Assam und Manipur stand hier die Forderung nach gesellschaftlichen Veränderungen im Vordergrund. Unter der Bezeichnung *Naxaliten* werden verschiedene Gruppierungen mit maoistischer Orientierung zusammengefasst, die in mehreren östlichen aber auch zentralen Unionsstaaten Indiens operierten und sich erst 2004 zur *Communist Party of India – Maoist* (CPI-*Maoist*) zusammengeschlossen haben. Den Hintergrund des 1997 begonnenen Aufstands bildet die in dieser Region Indiens besonders ausgeprägte soziale Ungleichheit zwischen Großgrundbesitzern auf der einen und Landproletariat sowie Kleinbauern auf der anderen Seite. Die Kämpfe konzentrierten sich 2009 auf die Unionsstaaten Chhattisgarh, Jharkhand und Westbengalen. Als politisch bedeutsamen Schritt erließ die indische Regierung 2009 ein landesweites Verbot der CPI-*Maoist*, die bis dahin trotz des Aufstandes eine legale Partei war.

Auch Indiens Nachbarland *Pakistan* war Schauplatz eines Krieges. Zum Krieg mit den meisten Opfern weltweit sind mittlerweile die Auseinandersetzungen in den Grenzregionen Pakistans zu Afghanistan eskaliert. Die im Frühjahr 2004 begonnenen Kampfhandlungen zwischen *Taliban* und dem pakistanischen Militär eskalierten 2007 zum Krieg. Zuvor standen die Kämpfe in enger Verbindung zu dem von den USA angeführten Krieg gegen *Taliban*- und *Al-Qaida*-Verbände in Afghanistan und waren von daher eher als Teil des Krieges in Afghanistan zu betrachten. Ab 2007 konnten die *Taliban* ihre territoriale Kontrolle ausweiten und einzelne Distrikte auf pakistanischem Staatsgebiet übernehmen. Hauptoperationsgebiet der *Taliban* waren zunächst die sogenannten Federally Administered Tribal Areas, in denen paschtunische Stämme eine weitgehende Autonomie vom pakistanischen Staat genossen. Ausgehend von den Stammesgebieten Nord- und Südwasiristans weiteten die *Taliban* ihren Einfluss nach und nach auch auf die benachbarte North West Frontier Province und Belutschistan aus. 2009 waren in diesem Krieg unterschiedliche Entwicklungen zu beobachten: Einerseits verloren die *Taliban* die Kontrolle über das Swat-Tal, eine ihrer bisherigen Hochburgen, andererseits gelang ihnen ein kurzzeitiger militärischer Vorstoß, der erst 100 Kilometer vor der Hauptstadt Islamabad gestoppt werden konnte. Darüber hinaus weiteten sie ihre landesweiten Anschläge aus.

Mit einem Abkommen im Jahr 2002 war auf *Sri Lanka* der Sezessionskrieg mit den *Liberation Tigers of Tamil Eelam* (LTTE) zunächst beendet worden. Der Friedensprozess geriet allerdings bereits wenig später ins Stocken. Zwar überstand er zunächst noch kleinere Waffenstillstandsverletzungen. Die nur mäßigen Fortschritte führten jedoch auf Seiten der Rebellen zu Spaltungen, die sich seit 2004 in offenen Kämpfen äußerten. Auseinandersetzungen zwischen LTTE und Regierung ereigneten sich in dieser Zeit eher sporadisch. Anfang Dezember 2005 eskalierte diese Gewalt jedoch zu einem neuen Krieg. Dieser wurde von staatlicher Seite mit dem eindeutigen Ziel geführt, die Rebellen militärisch zu schlagen. Bereits 2008 konnte die Regierung einige Fortschritte erzielen und Teile der nördlichen Halbinsel Jaffna erstmals seit 20 Jahren wieder unter ihre Kontrolle bringen. Im Mai 2009 schließlich gelang es den Regierungstruppen schließlich die Rebellen zur Aufgabe zu zwischen. Im Rahmen dieser letzten Offensive wurde auch der charismatische Anführer der LTTE Velupillai Prabhakaran getötet.

Südostasien – Myanmar, Thailand, und Philippinen

Die bewaffneten Auseinandersetzungen in *Myanmar*, dem früheren Birma, begannen bereits 1949. Diverse Rebellenbewegungen ethnischer Gruppen kämpften für die Unabhängigkeit. Eine der Hauptgruppen dieses Krieges war von Anfang an die *Karen National Union* (KNU. Der Krieg ging 1999 aufgrund eines Rückgangs der Kampfhandlungen zu einem „bewaffneten Konflikt" über. Nach einer Offensive der Armee gegen die KNU erreichte die Kontinuierlichkeit der Kämpfe 2003 wieder ein Ausmaß, sodass das entsprechende Kriterium der Kriegsdefinition (vgl. Seite 10) erneut erfüllt war. Neben den Kämpfen mit der KNU dauerten im Berichtsjahr auch die bewaffneten Auseinandersetzungen zwischen Rebellen der *Shan State Army (South)* (SSA-S) und Regierungstruppen an. Gegenüber den Vorjahren erhöhte die Armee ihre Präsenz in den Rebellengebieten weiter. Myanmar erregt zwar regelmäßig internationale Aufmerksamkeit. Im Fokus stehen dabei aber vor allem die Menschenrechtsverletzungen seitens des Regimes. Der Krieg mit den Rebellengruppen in den Grenzregionen gerät dabei häufig in Vergessenheit.

Im Süden *Thailands* fanden seit 2004 Gewalttaten mit einem separatistischen Hintergrund statt. Bis zum Putsch gegen Premierminister Thaksin Shinawatra im September 2006 waren Verhandlungen mit den Rebellen von Regierungsseite nicht erwünscht. Die neue Militärregierung zeigte dagegen Bemühungen, den Konflikt im Süden des Landes zu entschärfen. Allerdings besteht nach wie vor Unklarheit darüber, wer für die Gewaltaktionen verantwortlich ist. Ohne diese Zuordnung oder das klare Bekenntnis einer Rebellengruppe stand der Regierung kein Ansprechpartner für eventuelle Verhandlungen zur Verfügung. Nach einer etwa anderthalb Jahre währenden Beruhigung des Konflikts kam es 2009 wieder vermehrt zu Anschlägen, denen etwa 500 Menschen zum Ofer fielen.

Auf den *Philippinen* wurden weiterhin zwei Kriege geführt. Im ersten der beiden kämpfte die *New People's Army* (NPA), der bewaffnete Arm der *Communist Party of the Philippines* (CPP) seit 1970 gegen die Regierung. Der Konflikt hatte sich Mitte der 1990er Jahre abgeschwächt und es war zu einer Reihe von Verhandlungsgesprächen gekommen, die allerdings 1998 erfolglos abgebrochen worden waren. Nachdem die Verhandlungen 2004 wieder aufgenommen wurden, machte deren Abbruch im Jahr 2005 alle Hoffnungen auf ein Ende des Krieges wieder zunichte. Zwar wurde 2009 die Gespräche zwischen Regierung und Rebellen über eine Beilegung des Kon-

fliktes wieder aufgenommen. Trotzdem wurde der Krieg unvermindert fortgesetzt.

Ungefähr zeitgleich mit dem Antiregimekrieg der NPA begann 1970 mit
einem Aufstand für mehr Autonomierechte beziehungsweise eine Sezession
auf der Insel Mindanao ein zweiter Krieg auf den *Philippinen*. Dabei kämpften in den letzten Jahren vor allem zwei Gruppen gegen die philippinische
Zentralregierung. Die größere war die *Moro Islamic Liberation Front*
(MILF), während die *Abu Sayyaf Group* (ASG) besonders seit Entführungen
von Touristen im Jahr 2000 einen höheren Bekanntheitsgrad genoss, militärisch aber weniger bedeutend war. Das Jahr 2008 wurde von gegenläufigen
Tendenzen gekennzeichnet: Einerseits wurde ein Waffenstillstandsabkom-
men zwischen MILF und Regierung geschlossen. Andererseits nahmen die
Kampfhandlungen im Vergleich zum Vorjahr aber wieder zu. Als größtes
Hindernis auf Rebellenseite erwiesen sich 2009 einmal mehr das wider-
sprüchliche Verhältnis der MILF zur ASG sowie die fragliche Kontrolle der
MILF-Kämpfer durch ihre Führung.

Afrika südlich der Sahara

Die Zahl von sieben Kriegen in Afrika bedeutet für 2009 eine Erhöhung um
eins gegenüber dem Vorjahr. Bei dieser Veränderung ist der bereits im Dezember 2008 zum Krieg eskalierte ugandische Konflikt nicht berücksichtigt.
Als neu im Jahr 2009 ist lediglich der Krieg im Norden Nigerias anzusehen.

Ostafrika – Somalia und Sudan

Im 1988 begonnenen Krieg in *Somalia* hatten die Rebellen ihr ursprüngliches
Ziel, den Sturz des Regimes von Siad Barre, bereits 1991 erreicht. Anschließend setzte eine extreme Fragmentierung der kriegführenden Gruppierungen
ein, sodass Somalia zum Musterbeispiel für einen zerfallenen Staat wurde.
Ab Oktober 2002 in Kenia stattfindende Verhandlungen fanden 2004 mit der
Einigung auf einen neuen Präsidenten einen vorläufigen Abschluss. Trotz
breiter internationaler Anerkennung und der formalen Einbindung der bedeutendsten Warlords erwies sich die Übergangsregierung allerdings zunächst
nicht als durchsetzungsfähig. Stattdessen erlangte in der ersten Hälfte des
Jahres 2006 die *Union of Islamic Courts* (UIC), die in den Jahren zuvor auf
regionaler Ebene ein Mindestmaß an Rechtssicherheit hergestellt hatte, eine
dominante Stellung. Diese währte allerdings nur ein halbes Jahr und im Dezember gelang es der Übergangsregierung mit massiver äthiopischer Unterstützung die islamischen Milizen aus allen wichtigen Orten und Stellungen zu
vertreiben. Das Jahr 2008 brachte eine erneute Wende des Kriegsgeschehens.
Der UIC konnte 2006 verlorene Positionen zurückgewinnen und nach dem

Rücktritt der Übergangsregierung wurde im Januar 2009 überraschend der ehemalige Vorsitzende der UIC, Sheik Sharif Ahmed, vom Parlament zum neuen Präsidenten gewählt. Aber auch diese Einbindung islamistischer Kräfte brachte keine Befriedigung für das Land. Mit der *Al-Shabaab* wurde eine neue islamistische Gruppierung zum Hauptgegner der von Truppen der *Afrikanischen Union* (AU) unterstützten Übergangsregierung.

Im Krieg in Darfur im Westen des *Sudan* starben bislang insgesamt vor allem aufgrund seiner indirekten Auswirkungen 250.000 bis 450.000 Menschen und 2,7 Millionen wurden zur Flucht gezwungen. Einer der auslösenden Faktoren für diesen Krieg war paradoxerweise das Ende eines anderen Krieges im Sudan. Seit 1983 hatte die *Sudan's People Liberation Army* (SPLA) für die Unabhängigkeit des Südsudan gekämpft. Seit Ende 2002 schwiegen in diesem Konflikt die Waffen, auch wenn die Verhandlungen erst 2005 abgeschlossen wurden. Die sich abzeichnende Machtteilung zwischen der Regierung im Norden und den SPLA-Rebellen im Süden des Landes rief zunächst die *Sudan Liberation Army* (SLA) auf den Plan, die offensichtlich fürchtete, andere Regionen würden bei dieser Machtteilung außen vor gelassen. Anfangserfolge der SLA führten zu einer massiven Reaktion der Armee. Darüber hinaus rüstete die Regierung als *Dschandschawid* bekannt gewordene Milizen für den Kampf gegen die Rebellen aus. Auf Rebellenseite bildete sich mit der *Justice and Equality Movement* (JEM) eine zweite, konkurrierende Rebellengruppe. Nachdem es 2008 erstmal seit Jahren wieder zu einer Intensivierung der Kämpfe gekommen war, entspannte sich die Lage 2009 wieder leicht. In den Fokus der internationalen Öffentlichkeit geriet der Krieg 2009 vor allem durch die Ausstellung eines Haftbefehls gegen den sudanesischen Präsidenten Omar al-Bashir Anfang März. Damit wurde erstmalig ein Haftbefehl gegen ein amtierendes Staatsoberhaupt erlassen.

Zentralafrika I – Tschad und Zentralafrikanische Republik

Im Jahr 2006 eskalierte im *Tschad* ein Krieg, der in engem Zusammenhang mit den Ereignissen in Darfur stand. Die tschadische Regierung unter Präsident Idriss Déby hatte sich nach anfänglichem Zögern zur Unterstützung der Rebellen im Sudan entschlossen, die sich einem großen Teil aus Zaghawa, derselben ethnischen Gruppe, der auch Déby angehört, rekrutieren. Im Gegenzug unterstützte der Sudan nacheinander mehrere Rebellengruppen im Tschad. 2009 schlossen sich neun Rebellengruppen zu Jahresbeginn als *Union des Forces de la Résistance* (UFR) zusammen. Ein Anfang Mai vom Sudan aus geführter Angriff konnte von der tschadischen Armee allerdings bereits im Grenzgebiet gestoppt werden und die Rebellen gelangten nicht wie 2006 und 2008 bis zur Hauptstadt N'Djamena.

Ebenfalls 2006 eskalierte ein Krieg in der *Zentralafrikanischen Republik*. Anders als im Fall des Tschad war die Verbindung zum Darfur-Krieg weniger direkt, sondern für die Rebellengruppen spielte die Instabilität in der

Grenzregion zum Sudan und zum Tschad eine große Rolle. Noch 2005 hatte die Regierung angesichts der zunehmenden Gewalt im Norden des Landes von „Banditen" gesprochen und in der Tat traten die Rebellen erst 2006 namentlich in Erscheinung. Eine zweite Parallele zum Krieg im Tschad bestand darin, dass auch die Zentralafrikanische Republik die Rebellen mit französischer Unterstützung zurückschlagen konnten. So wurden die Aufständischen aus allen von ihnen eroberten Städten wieder vertrieben. Seit 2007 bemühte sich die Regierung aus einer Position militärischer Überlegenheit um Verhandlungen mit den Rebellen. Der 2008 mit den beiden größten Rebellengruppen geschlossene Friedensvertrag führte allerdings nicht zu einem Ende der Kämpfe, da mit der Die *Convention des Patriotes pour la Justice et la Paix* (CPJP) eine neue Gruppe aktiv wurde.

Zentralafrika II – Demokratische Republik Kongo und Uganda

Der Krieg im Osten der *Demokratischen Republik Kongo* stellt den bislang letzten in einer Reihe von Kriegen dar, die dort seit Mitte der 1990er Jahre geführt wurden. In den Provinzen Nord- und Südkivu rebellierten unter der Führung von General Laurent Nkunda unter dem Namen *Congrès National pour la Défense du Peuple* (CNDP) Teile einer früheren Rebellenbewegung, die nominell in die nationalen Streitkräfte integriert worden waren. Als ein Haupthindernis für Verhandlungen zwischen CNDP und Regierung erwiesen sich die im Ostkongo operierenden Milizen der ruandischen *Forces Démocratique pour la Libération du Rwanda* (FDLR). Anfang des Jahres 2009 konnten die Auseinandersetzungen mit der CNDP beendet werden. Dazu hatte insbesondere eine Verständigung zwischen dem Kongo und Ruanda beigetragen, die zur Verhaftung Nkundas in Ruanda führte. Im weiteren Verlauf des Jahres gingen kongolesische Streitkräfte verstärkt gegen die FDLR vor. Darüber hinaus wurden Rebellengruppen in der nördlich an Kivu angrenzenden Provinz Ituri erneut aktiv.

Im Jahr 2006 war relativ überraschend der Krieg zwischen *Uganda* und der *Lord's Resistance Army* (LRA) zu Ende gegangen. Die Rebellen hatten sich in den Nordosten der Demokratischen Republik Kongo und in den Süden des Sudan zurückgezogen und es fanden Friedensgespräche statt. Im Laufe das Jahres 2008 deutete sich eine erneute Eskalation des Konfliktes an. Im Herbst überfiel die LRA einige kongolesische Dörfer und ihr Anführer Joseph Kony erschien im November nicht zur Unterzeichnung des vereinbarten Friedensvertrages. Daraufhin griffen ugandische, kongolesische und südsudanesische Truppen im Dezember 2008 in einer gemeinsamen Aktion Lager der LRA im Kongo an. Die Erfolge der verbündeten Truppen blieben allerdings begrenzt, da es der LRA im Wesentlichen gelang, direkten Konfrontationen auszuweichen. Dabei drangen Teile der LRA auch in die Zentralafrikanische Republik vor, sodass auch deren Soldaten in die Kampfhandlungen hineingezogen wurden.

Westafrika – Nigeria

Der Norden *Nigerias* war in den letzten Jahren wiederholt Schauplatz von gewaltsamen Unruhen mit religiösen Hintergründen. Im Gegensatz zu vorangegangenen Jahren war der nigerianische Staat dieses Mal jedoch aktiv beteiligt. Ihr Gegner war die islamistische Gruppe *Boko Haram* (Westliche Bildung ist Sünde). Die Kämpfe in der letzten Juliwoche betrafen die vier Bundesstaaten Bauchi, Yobe, Borno und Kano. Der kurze, fünf Tage dauernde Krieg forderte mindestens 780 Tote, etwa 10.000 Menschen mussten in Folge der Kämpfe ihre Häuser verlassen und sind geflohen.

Vorderer und Mittlerer Orient

Die Zahl Kriege im Vorderen und Mittleren Orient einschließlich Nordafrika ist 2009 gegenüber dem Vorjahr um zwei zurückgegangen. Beendet wurden der zum Krieg zwischen Russland und Georgien eskalierte Konflikt um die georgische Provinz Südossetien sowie der Krieg der kurdischen Rebellengruppe *Partiya Jiyana Azada Kurdistanê* (PJAK) gegen den Iran.

Nordafrika – Algerien

Die weitere Entwicklung hinsichtlich des Kriegsgeschehens in *Algerien* lässt sich – wie schon in den vergangenen Jahren – nur schwierig beurteilen. Zwar erreichte die Gewalt islamistischer Organisationen nicht mehr das Ausmaß der Jahre 1992 bis 1998 und von den ursprünglich mehreren militanten Gruppen war zuletzt nur noch die *Groupe Salafiste pour la Prédication et le Combat* (GSPC) aktiv. Diese benannte sich 2007 in *Al-Qaïda au Maghreb Islamique* (AQMI) um und verdeutlichte damit ihre Integration in das Netzwerk von *Al-Qaida*. Die Zahl der Anschläge in Algerien ging 2009 weiter zurück und in der zweiten Jahreshälfte wurden kaum noch Aktivitäten der AQMI berichtet. Spektakulär waren eher Aktionen der AQMI in benachbarten Staaten wie ein Anschlag auf die französische Botschaft in Mauretanien. Auch in Mali wurden wiederholt Kämpfe der dortigen Regierungstruppen gegen AQMI-Kämpfer gemeldet.

Westasien I – Irak und Türkei

Auch 2009 konnte der Krieg im *Irak* nicht beendet werden. Seit dem Ende der sogenannten Hauptkampfphase im Mai 2003 wurde der Krieg im Wesentlichen mit einer großen Zahl von Anschlägen durch und Militäroperationen gegen verschiedene Aufstandsgruppen fortgeführt. Seit dem Zweiten Golfkrieg von 1991 versuchten verschiedene US-amerikanische Regierungen, das Regime Saddam Husseins zu destabilisieren oder zu stürzen. Im Dezember 1998 begannen die USA mit Unterstützung Großbritanniens einen neuen

Krieg gegen den Irak und flogen in den folgenden Jahren regelmäßige Angriffe mit unterschiedlicher Intensität gegen irakische Luftabwehr- und Radareinrichtungen. Im März 2003 begannen trotz weltweiter Proteste Angriffe mit Bodentruppen, die nach wenigen Wochen zum Sturz des Regimes von Saddam Hussein führten. Anschließend standen die USA, Großbritannien und einige weitere Verbündete als Besatzungsmächte im Irak. Der Besatzungsstatus wurde Ende Juni 2004 mit der Einsetzung einer irakischen Übergangsregierung offiziell beendet. Trotzdem blieben die ausländischen Truppen im Land. Seit 2007 konnten diese durch die Einbindung arabisch-sunnitischer Stammesführer gewisse Erfolge verbuchen. 2009 setzte sich die Übergabe der Verantwortung für die Sicherheit an irakische Kräfte fort. Im Juni zogen sich die US-Truppen aus den Städten zurück, Ende Juli verließen außer den US-Streitkräften alle anderen ausländischen Truppen das Land. Und bis August 2010 wollen auch die USA ihre Kampftruppen aus dem Irak abziehen. Trotzdem kamen bei Anschlägen und Kämpfen im Berichtsjahr immer noch mehrere Tausend Menschen ums Leben.

Die *Partiya Karkeren Kurdistan* (PKK) hatte 1983 einen bewaffneten Kampf zunächst für einen unabhängigen Kurdenstaat und später für mehr Autonomie der Kurden innerhalb der Türkei aufgenommen. Nach Misserfolgen und der Verhaftung ihres Anführers Abdullah Öcalan verkündete die PKK 1999 einen Waffenstillstand, die letzten militärischen Auseinandersetzungen fanden im Oktober 2001 statt. In den Jahren danach brachte die türkische Regierung auch im Hinblick auf eine angestrebte EU-Mitgliedschaft eine Reihe von Reformen bezüglich der kurdischen Minderheit auf den Weg. Auch die PKK schien zu Änderungen bereit. 2004 gewannen aber offensichtlich Hardliner in der Gruppierung die Oberhand und erklärten den Waffenstillstand zum 1. Juni für beendet und der Krieg eskalierte erneut. Im Berichtsjahr schien die Regierung den Konflikt durch die Politik einer „Demokratische Initiative" durch Verhandlungen lösen zu wollen. Im Laufe des Jahres erhielt allerdings die militärische Option durch beide Seiten erneut den Vorzug. Darüber hinaus wurden die politischen Beteiligungsmöglichkeiten für die kurdische Minderheit durch das Verbot einer kurdischen Partei und die vermehrte Anwendung der „Antiterrorgesetzgebung" eingeschränkt.

Westasien II – Israel und Jemen

Der jüngste Krieg um die von *Israel* seit 1967 besetzten palästinensischen Gebiete hatte 2000 begonnen. Seither wechseln sich Phasen relativer Ruhe und intensiver Kampfhandlungen ab. Nachdem Mitte Dezember 2008 ein Waffenstillstand ausgelaufen war, eskalierten die Auseinandersetzungen zunächst in Form von Raketenbeschüssen auf Israel und Luftangriffen auf den von der *Hamas* kontrollierten Gazastreifen. Am 3. Januar 2009 begann die israelische Armee schließlich eine Bodenoffensive, bei der der Gazastreifen zeitweise erneut besetzt wurde. Bis zum Rückzug der israelischen Trup-

pen kamen über 1.400 Menschen ums Leben und ein Großteil der die Infrastruktur im Gazastreifen wurde zerstört. Im weiteren Verlauf des Jahres fanden die Auseinandersetzungen vor allem wieder in Form von Raketenangriffen aus dem Gazastreifen und auf diese folgende Luftangriffe der israelischen
Streitkräfte statt.

Im *Jemen* setzte sich der 2004 begonnene Krieg fort. Zunächst schienen
die Rebellen der *Harakat al-Shabab al-Mou'min* nach drei Monaten Ende
September 2004 bereits geschlagen, zumal auch ihr Anführer, Hussein al-
Huthi, während der Kämpfe getötet worden war. Jedoch eskalierte der Konflikt 2005 erneut und dauerte seitdem an. Infolge einer Offensive der jemenitischen Truppen kam es 2009 zu einer Ausweitung des Konflikts. Der Rückzug von Rebellen, die sich über die Grenze nach Saudi-Arabien
zurückgezogen hatten, führte zu einem Eingreifen Saudi-Arabiens zugunsten
des Jemen in den Krieg.

Kaukasus – Russland

Im Verlauf des 1999 begonnenen Zweiten Tschetschenienkrieges war es
Russland bereits früh gelungen, größere Verbände der separatistischen Rebellen zu zerschlagen. Aber eine schnelle militärische Entscheidung in der gebirgigen Grenzregion zu Georgien, in die sich ein Großteil der Kämpfer zurückgezogen hatte, wurde nicht erreicht. Die Rebellen kontrollierten
weiterhin diese Bergregionen Tschetscheniens. Umgekehrt bemüht sich
Russland bereits seit einigen Jahren um einen Anschein von Normalität und
Ende des Krieges. Den Rebellen gelang seit 2007 eine geografische Ausweitung des Konfliktes auf die nordkaukasischen Nachbarregionen Tschetscheniens innerhalb der Russischen Föderation. Einen ideologischen Wechsel von
einer tschetschenisch-nationalistischen zu einer umfassenderen islamistischen
Ausrichtung verdeutlichten sie insbesondere durch die Ausrufung eines *Kau-
kasischen Emirates*. Der seit 2008 zu beobachtende erneute Anstieg der
Kampfhandlungen setzte sich 2009 fort. Die Kämpfe fanden vor allem in den
Nachbarrepubliken Inguschetien und Dagestan statt.

Zentralasien – Afghanistan

Der Krieg in *Afghanistan* begann bereits 1978 und hat seither verschiedene
Phasen durchlaufen. Drei Jahre nach dem Abzug der sowjetischen Truppen
gelang es den *Mujahedin* 1992 die verbliebene kommunistische Regierung in
Kabul militärisch zu stürzen. Die blutigste Phase des Krieges, in der sich die
ehemals verbündeten *Mujahedin* gegenseitig bekämpften, wurde erst 1995
durch den Siegeszug der *Taliban* beendet, die seitdem der *Nordallianz* gegen-
überstanden. Mit dem „Antiterrorkrieg" griffen die USA 2001 direkt in Afghanistan ein und das *Taliban*-Regime wurde gestürzt. Unter internationaler
Vermittlung wurde eine Übereinkunft bezüglich einer neuen Regierung Afghanistans herbeigeführt, zu deren Unterstützung eine multinationale Ein-

greiftruppe, die *International Security Assistance Force* (ISAF) gebildet wurde. Die Kämpfe zwischen den ausländischen Truppen sowie der afghanischen Armee einerseits und den *Taliban* und deren Verbündete andererseits haben sich 2009 weiter intensiviert. Dies ist vor allem auch auf einen Strategiewechsel der US-Streitkräfte zurückzuführen. Nachdem die USA in der Vergangenheit hautsächlich auf Luftangriffe unter Inkaufnahme vieler ziviler Todesopfer gesetzt hatte, sollte nunmehr verstärkt mit Bodentruppen direkter gegen die Aufständischen vorgegangen werden. Dazu wurde insbesondere das Truppenkontingent der USA massiv aufgestockt.

Lateinamerika

Das Kriegsgeschehen in Lateinamerika wies ebenso wie im Vorjahr nur noch einen Krieg auf. Dieser hatte 1964 zwischen den *Fuerzas Armadas Revolucionarias de Colombia* (FARC) und *Kolumbien* begonnen. Die FARC hatten dabei nicht nur die kolumbianischen Sicherheitskräfte als Gegner, sondern vor allem auch gegen paramilitärische Verbände. Nachdem seit den 1980er Jahren mehrfach erfolglos Verhandlungen über ein Ende des Krieges geführt worden waren, eskalierte der Konflikt seit 2002. Im Jahr 2008 gelangen der Regierung mehrere spektakuläre Erfolge im Kampf gegen die Rebellen. Mehrere ranghohe Rebellenführer wurden getötet oder stellten sich den kolumbianischen Behörden. Bislang führte diese Schwächung der FARC allerdings nicht zu einem Ende der Kampfhandlungen.

Bewaffnete Konflikte

Neben den 25 bewaffneten Auseinandersetzungen, die 2009 gemäß Definition (siehe Seite 10) von der AKUF als Krieg eingestuft wurden, finden sich in diesem Buch auch Berichte über sieben Konflikte, die diese Definition nicht ganz erfüllten. Dabei handelte es sich in allen Fällen um Konflikte, die zuvor als Krieg ausgetragen wurden und in denen die bewaffneten Auseinandersetzungen zwischen im Wesentlichen gleichen Akteuren mit geringerer Kontinuität weitergeführt wurden. In vier von diesen Konflikten wurden die bewaffneten Auseinandersetzungen eine Zeit lang unterbrochen, bevor sie mit einer ähnlichen Konfliktkonstellation wieder aufgenommen wurden.

Die Zahl der bewaffneten Konflikte hat sich gegenüber dem Vorjahr von 13 auf nunmehr sieben fast halbiert.[5] Dabei wurden 2009 wurden zwei frühere Kriege nur noch als bewaffnete Konflikte eingestuft. Es handelt sich dabei

---

[5]   Im Jahrbuch für 2008 wurden noch 14 bewaffnete Konflikte genannt. Die Kampfe mit und zwischen verschieden Warlords in Afghanistan wurden rückwirkend in den seit 1978 geführten Krieg in Afghanistan integriert und nicht mehr als eigenständiger Konflikt geführt.

	Beginn als Krieg	Bewaffneter Konflikt seit
Tabelle 2: Bewaffnete Konflikte im Jahr 2009		
Afrika		
Äthiopien (Ogaden)	-	2007
Mali (Tuareg)	-	2006
Nigeria (Nigerdelta)	-	2003
Senegal (Casamance)	1990	2005
Asien		
Pakistan (Belutschistan)	2005	2009
Vorderer und Mittlerer Orient		
Iran (Kurden)	2007	2009
Lateinamerika		
Peru		2009

um die Auseinandersetzungen in der pakistanischen Provinz Belutschistan sowie zwischen kurdischen Rebellen und dem Iran. Neu zum bewaffneten Konflikt eskaliert sind Auseinandersetzungen in Peru.

Damit wurden insgesamt neun bewaffnete Konflikte beendet. Mehr oder weniger abgezeichnet hatten sich die Beendigungen des Sezessionskonfliktes im Unionsstaat Tripura im Nordosten *Indiens,* der Auseinandersetzungen zwischen *Hamas* und *Fatah* um die Macht in *Palästina* und der Kampfhandlungen in *Burundi.* In diesen drei Fällen handelte es sich wie auch bei den Kämpfen der Rebellengruppe *Ejército de Liberación Nacional* (ELN) in *Kolumbien* um die Beendigung von Nachkriegsphasen, in denen noch sporadische Gewalt durch die ehemaligen Kriegsakteure zu verzeichnen war.[6]

Durch die Ereignisse im Jahr 2008 war für drei weitere bewaffnete Konflikte klar, dass sie beendet wurden und damit 2009 nicht mehr berücksichtigt werden müssen: In *Osttimor* wurden die Aufständischen in einer letzten Phase militärisch besiegt, in *Niger* konnte zwischen den Tuareg-Rebellen und der Regierung eine Vereinbarung zu Beendigung der Kämpfe erzielt werden und im Konflikt um die Sezession der Provinz Abchasien von *Georgien* endeten die Kampfhandlungen zeitgleich mit denen um Südossetien, die 2008 kurzzeitig zum Krieg zwischen Georgien und Russland eskaliert waren.

---

[6]   Der Fall der ELN in Kolumbien unterscheidet sich von den anderen drei Fällen dadurch, dass Aktionen der ELN seit 2009 als Teil des Krieges der größeren Rebellengruppe FARC in Kolumbien betrachtet werden können.

Etwas überraschender endeten die Kampfhandlungen im Unionsstaat Nagaland im Nordosten *Indiens* und die zwischen sunnitischen und schiitischen Milizen in Pakistan.[7] Im Naga-Konflikt bestanden bereits seit längerem Waffenstillstände zwischen Indien zwei Faktionen des *National Socialist Council of Nagaland* (NSCN). In den letzten Jahren die bewaffneten Auseinandersetzungen vor allem zwischen diesen Splittergruppen stattgefunden. Im Mai 2009 wurde nun ein Versöhnungsabkommen von den Führern beider Gruppen unterzeichnet und für das gesamte Jahr wurden weniger als ein Dutzend Zusammenstöße gemeldet. In Pakistan dagegen war kein Ende der religiös begründeten Gewalt zu verzeichnen. Allerdings hat sich die Struktur des Konflikt grundlegend geändert: Hatten sich in der Vergangenheit die sunnitische *Lashkar-i-Jhangvi* und die schiitische *Sipah-e-Muhammad* direkte Auseinandersetzungen geliefert, so ereigneten sich 2009 nur noch Anschläge auf Angehörige der jeweils anderen Glaubensrichtung oder aber gezielte Attentate gegen Mitglieder der beiden Organisationen.

Ehemalige Kriege mit direktem Übergang in bewaffnete Konflikte

Der frühere Krieg im *Senegal* um die Abspaltung der Casamance wird seit 2005 als bewaffneter Konflikt eingestuft. In dem 1990 begonnenen Krieg wurden mehrfach Abkommen zu seiner Beendigung getroffen, die jedoch allesamt an der Zersplitterung der Rebellen der *Mouvement des Forces Démocratiques de la Casamance* (MFDC) scheiterten. Erst ein im Oktober 2003 unterzeichnetes Abkommen führte zu einem Rückgang der bewaffneten Auseinandersetzungen und der offizielle Friedensschluss vom 31. Dezember 2004 markiert das Ende des Krieges. Allerdings hielten sich wieder nicht alle Teile der MFDC an den Friedensschluss. Prägten in den Vorjahren Kämpfe zwischen einzelnen Faktionen der MFDC das Konfliktgeschehen, so wurden 2009 erstmals wieder verstärkt Einheiten und Einrichtungen der Armee zur Zielscheibe der Rebellen.

Seit 2005 kämpfen Rebellen der *Balochistan Liberation Army* (BLA) in der pakistanischen Provinz Belutschistan für ein größeres Maß an Autonomie ihrer Provinz, die 44 Prozent der Fläche *Pakistans* ausmacht. Einen Höhepunkt erreichten die Kämpfe im Anschluss an die Tötung des Rebellenführers Nawab Akbar Khan Bugti im Zuge einer Offensive der Armee im August 2006. Dieser war einer der bekanntesten Politiker und Stammesführer in Belutschistan gewesen. Das Jahr 2009 brachte zwar keinen Rückgang gewaltsamer Auseinandersetzungen in Belutschistan. Doch standen die meisten Ereignisse nicht mehr im Zusammenhang mit dem Kampf der separatistischen Rebellen, sondern waren vielmehr auf ein Übergreifen des Krieges

---

[7]   Abschlussberichte zu den Konflikten in Tripura und Pakistan, die in diesem Jahrbuch wegen der Abwesenheit kriegerischer Auseinandersetzungen keine Berücksichtigung finden können, wurden von Hanning Voigts beziehungsweise Mona Fejry verfasst.

zwischen der pakistanischen Armee und pakistanischen *Taliban*-Rebellen zurückzuführen.

Im Gegensatz zu den Kurdenkonflikten in den Nachbarländern Türkei und Irak, war der im *Iran* in den letzten 20 Jahren weitgehend in Vergessenheit geraten. Seit 2005 übernahm die bis dahin unbekannte *Partiya Jiyana Azada Kurdistanê* (PJAK, Partei für ein Freies Leben in Kurdistan) für eine Reihe von Anschlägen und Guerillaangriffen im iranischen Grenzgebiet zum Irak die Verantwortung. Die 2007 zum Krieg eskalierten Kampfhandlungen fanden vor allem im Grenzgebiet zum Irak statt. Zwar griffen iranische Truppen auch 2008 noch Lager der PJAK in den Kandil-Bergen auf irakischem Territorium an. Diese Rückzugbasen gerieten aber vor allem auch durch die türkischen Angriffe auf die mit der PJAK eng verbündete PKK in Bedrängnis. Dadurch wurden die Rebellen offensichtlich soweit geschwächt, dass die Zahl der Zusammenstöße mit iranischen Sicherheitskräften 2009 deutlich zurückging.

Erneute Eskalation beendeter Kriege als bewaffnete Konflikte

In *Nigeria* entwickelte sich das Nigerdelta in den letzten Jahren zum Krisengebiet. Bewaffnete Auseinandersetzungen fanden 1999/2000 vor allem zwischen Milizen der Ethnien Ijaw und Itsekiri statt. Damals war es vor allem seitens der Ijaw-Milizen auch zu Auseinandersetzungen mit nigerianischen Sicherheitskräften gekommen, sodass der Konflikt im Nigerdelta eine Zeit lang als Krieg einzustufen war. Während es in den Jahren 2001 und 2002 relativ ruhig blieb, begannen 2003 erneut Kämpfe zwischen Ijaw- und Itsekiri-Milizen, die aber noch im selben Jahr beigelegt wurden. Nachdem die Zahl der Entführungen westlicher Mitarbeiter von in der Region tätigen Ölkonzernen stark zugenommen, verschärfte sich der Konflikt durch ein offensiveres Vorgehen der Regierung seit Ende 2005. Zugleich bildete sich mit der *Movement for the Emancipation of the Niger Delta* (MEND) eine neue Rebellengruppe, die seither für zahlreiche bewaffnete Zwischenfälle verantwortlich zeichnete. 2009 machte die Regierung deutliche Angebote zu einer Beilegung des Konfliktes. Ein Amnestieangebot wurde von bis zu 15.000 Rebellen, darunter auch dem MEND-Anführer Henry Okah, der daraufhin aus der Haft entlassen wurde, angenommen.

Die Konflikt zwischen der *Ogaden National Liberation Front* (ONLF) und *Äthiopien* erhielt im April 2007 internationale Aufmerksamkeit nachdem bei einem Angriff der ONLF auf ein chinesisches Ölförderungsunternehmen in Abole 75 Personen starben und sieben weitere gekidnappt wurden. Der von ethnischen Somalis bewohnte Ogaden war zuvor zweimal – 1963/64 und 1975-1984 – Schauplatz von Kriegen gewesen. In beiden Kriegen hatte Somalia direkt zugunsten der jeweiligen Rebellenbewegungen interveniert. Die aktuelle ONLF wurde 1998 durch die Hardliner einer gleichnamigen Organisation nach deren Spaltung beziehungsweise Auflösung Mitte der 1990er

Jahre neugegründet. Seitdem ist es auch immer wieder zu bewaffneten Auseinandersetzungen gekommen. Da die Nachrichtenlage aus Äthiopien – insbesondere aus ehemaligen Aufstandsgebieten wie dem Ogaden – ausgesprochen schlecht ist, ist es schwierig, den Beginn des bewaffneten Konfliktes genau festzulegen. Ebenso schwierig ist es dadurch, den weiteren Verlauf einzuschätzen: 2009 berichteten beide Seiten jeweils von großen oder sogar entscheidenden militärischen Erfolgen.

Der bewaffnete Konflikt in *Mali* begann im Mai 2006. Der Konflikt zwischen Tuareg-Rebellen und Regierungstruppen war 1990 unter der damaligen Militärdiktatur zum Krieg eskaliert, unter anderem im Zuge der Öffnung des Regimes aber beigelegt worden. Seit 1996 galt die Tuareg-Region im Norden Malis als befriedet. Die aktuelle Rebellengruppe *Mouvement Touareg Nord Mali pour le Changement* (MTNMC) formierte sich vor allem auch wegen der mangelhaften Umsetzung des damaligen Friedensabkommens. Das Jahr 2008 war durch eine voranschreitende Lösung des Konfliktes gekennzeichnet. Lediglich eine Faktion um den Rebellenführer Ibrahim Ag Bahanga zog sich aus den Gesprächen zurück. Im Januar 2009 konnten dann die Basen der letzten nicht verhandlungsbereiten Rebellen von Regierungstruppen erobert werden und Mitte Februar wurde das Ende der Auseinandersetzungen Ende mit einer zeremoniellen Entwaffnung der Rebellen besiegelt.

In *Peru* ist die Guerillagruppe *Sendero Luminoso* (SL) seit Ende 2006 vereinzelt wieder aktiv geworden. 1999 waren die Rebellen militärisch geschlagen worden, die seit 1980 einen Krieg gegen den peruanischen Staat geführt hatten. Für die neuerlichen Aktivitäten zeichneten zwei Flügel des SL verantwortlich, die jeweils im Norden beziehungsweise im Süden des Landes operierten. Beide Fraktionen sollen dabei auch in den Drogenschmuggel involviert sein und sich darüber finanzieren. Erst im Berichtsjahr 2009 waren die Auseinandersetzungen wieder so zahlreich, dass wieder von einem bewaffneten Konflikt gesprochen werden kann.

Weitere Gewaltkonflikte

Auch 2009 wurden wieder Konflikte mit Gewalt ausgetragen, die in diesem Jahrbuch keine gesonderte Erwähnung finden. Diese erreichten allesamt trotz zum Teil hoher Intensität keine kriegerischen Ausmaße. Anspruch der AKUF ist es unter den Begriffen „Krieg" und „bewaffneter Konflikt" alle wesentlichen zwischen organisierten Gruppen gewaltsam ausgetragenen Konflikte zu erfassen. Der folgende Überblick über weitere Konflikte erhebt keinen Anspruch auf eine auch nur annähernd vollständige Darstellung gewaltsamer Auseinandersetzungen, sondern dient lediglich dazu, anhand einiger Beispiele zu verdeutlichen, warum diese nicht unter die entsprechenden Definitionen fallen beziehungsweise auch einige Zweifelsfälle zu benennen.

Zwischen Ende Januar und Mitte März begingen Anhänger von Präsident Marc Ravalomanana und Oppositionsführer Andry Rajoelina auf *Madagaskar* wechselseitig gewaltsame Übergriffe. Offene Konfrontationen organisierter bewaffneter Gruppen fanden dabei jedoch nicht statt. Bei den Auseinandersetzungen die letztlich zum Sturz des Präsidenten führten, kamen etwa 130 Menschen ums Leben.

Anfang Juli wurden in *China* in Ürümqi, der Hauptstadt der Provinz Xinjiang etwa 200 Menschen bei Auseinandersetzungen zwischen muslimischen Uiguren und Han-Chinesen getötet. Die Unruhen waren durch einen Vorfall ausgelöst worden, bei dem zwei uigurische Arbeiter in der Provinz Guangdong von Han-Chinesen getötet worden waren.

Am 28. September protestierten in *Guinea* Tausende gegen die Absicht des Militärmachthabers Moussa Dadis Camara bei angekündigten Wahlen selbst für das Präsidentenamt zu kandidieren. Das Vorgehen von Sicherheitskräften gegen die Demonstranten forderte über 150 Menschenleben.

Am 23. November fand in der Provinz Maguindanao auf den *Philippinen* ein Massaker statt, bei dem etwa 50 Menschen, darunter lokale Politiker, Journalisten und Zivilisten, getötet wurden. Hintergrund der Tat war die Rivalität zweier Politiker lokal bedeutende Familien, die sich beide um das Amt des Gouverneurs der Provinz bewerben wollten.

In Bangladesch wurden bei einer Meuterei der Grenzschutztruppe *Bangladesh Border Rifles* über 70 Menschen, darunter überwiegend Soldaten, aber zum Teil auch deren Angehörige getötet. Auslöser für den Aufstand auf dem Gelände des BDR-Hauptqurtiers in der Hauptstadt Dhaka sollen Gehaltforderngen gewesen sein.

Im Gegensatz zu diesen zeitlich begrenzten Gewaltkonflikten weisen Teile *Mexikos* bereits seit Jahren ein konstant hohes Gewaltniveau auf. Die Auseinandersetzungen zwischen mehreren Kartellen um die Vorherrschaft im Drogengeschäft forderten auch 2009 mehrere Tausend Todesopfer. Bislang konnte die Gewalt auch nicht durch den Einsatz von über 40.000 Soldaten und Polizisten eingedämmt werden. Offene Auseinandersetzungen zwischen Sicherheitskräften und Angehörigen der Drogenkartelle blieben eher die Ausnahme. Das Ausmaß der Kämpfe allein würde es nahelegen, diese Auseinandersetzungen als bewaffneten Konflikt einzustufen. Allerdings unterscheidet sich dieser Konflikt von bewaffneten Konflikten und Kriegen durch das Fehlen jeglicher poltischer Ansprüche seitens der Kartelle. Darüber hinaus würde sich das systematische Problem ergeben, dass in vielen Megastädten ähnlich strukturierte Konflikte zwischen Gruppen der organisierten Kriminalität existieren, die den Rahmen des Anspruchs einer vollständigen Erfassung sprengen würden.

AKUF-Kriegstypen

Die AKUF unterscheidet fünf Kriegstypen:

A = Antiregime-Kriege, in denen um den Sturz der Regierenden oder um die Ver-
    änderung oder den Erhalt des politischen Systems oder gar der Gesellschafts-
    ordnung gekämpft wird.

B = Autonomie- und Sezessionskriege, in denen um größere regionale Autonomie
    innerhalb des Staatsverbandes oder Sezession vom Staatsverband gekämpft
    wird.

C = Zwischenstaatliche Kriege.

D = Dekolonisationskriege, in denen um die Befreiung von Kolonialherrschaft
    gekämpft wird.

E = Sonstige Kriege.

Zusätzlich unterscheidet die AKUF, inwieweit eine dritte Macht direkt und unmittelbar an den Kämpfen teilnimmt. Bloße Waffenlieferungen, finanzielle Hilfen, Militär-
beratung, logistische Unterstützung und dergleichen werden jedoch nicht als
Fremdbeteiligung gewertet:

1 = Es handelt sich um einen Krieg mit Fremdbeteiligung.

2 = Es handelt sich um einen Krieg ohne Fremdbeteiligung.

Register

Die Kriege und bewaffneten Konflikte des Jahres 2009

Asien

Indien (Assam)

(Krieg)

Beginn: 1990
Kriegstyp: B-2
Beteiligte: ULFA / Indien

Das Berichtsjahr 2009 begann mit einer Serien von Bombenanschlägen in Guwahati, der größten Stadt Assams und endete mit der Verhaftung von Arabinda Rajkhowa, dem Präsidenten der *United Liberation Front of Assam* (ULFA). Im Laufe des Jahres fielen dem Konflikt in Assam insgesamt etwa 400 Menschen zum Opfer. Assam war nach Manipur (vgl. den Bericht zu Indien (Manipur)) die zweite große Konfliktregion im Nordosten Indiens. Verantwortlich für den größten Teil der bisherigen Todesopfer des Konfliktes war der Unabhängigkeitskampf der ULFA. Die Schwächung der ULFA setzte sich allerdings aufgrund interner Streitigkeiten, einem Rückgang ihrer Mitgliederzahl sowie vor allem der Verhaftung von zentralen Führungspersonen auch 2009 weiter fort. Dennoch kamen zwischen der ULFA und der Regierung keine Friedensgespräche zustande.

Die Hauptursachen des Konfliktes, der bisher mehr als 10.000 Menschenleben gefordert hat, sind zum einen in der wirtschaftlichen Abhängigkeit und Rückständigkeit der Nordostregion Indiens und zum anderen in der auf die Kolonialzeit zurückgehende Auseinandersetzung zwischen den Bevölkerungsgruppen der Assamesen und der Bengalen zu finden. Im Gegensatz zu anderen Regionen des Subkontinents konnte die britische Kolonialmacht in Assam nicht auf traditionale Autoritäten und ein funktionierendes Steuersystem zurückgreifen. Stattdessen übernahmen Immigranten aus Bengalen, dem Herrschaftszentrum des früheren Britisch-Indiens, führende Positionen in der Kolonialadministration und der Wirtschaft Assams. Lediglich ein geringer Teil der einheimischen Assamesen konnte sich in die koloniale Gesellschaft integrieren und konkurrierte als assamesisch-sprachige Mittelschicht mit den bengalischen Einwanderern um wirtschaftliche und politische Macht. Der daraus resultierende Klassenunterschied wurde als sprachlich-kultureller Gegensatz zwischen Assamesen und Bengalen interpretiert.

Die ungleichmäßige Entwicklung Bengalens und Assams ist darauf zurückzuführen, dass Assam der britischen Kolonialmacht lediglich zur Ressourcenausbeutung diente. Nach der Unabhängigkeitserklärung Indiens setzte sich diese Abschöpfung des in Assam produzierten Reichtums an Tee und Erdöl fort, weswegen die Infrastruktur und Industrien der Nordostregion rückständig blieben. Die assamesische Mittelklasse empfand indessen die wirtschaftliche Unterentwicklung Assams als Unterdrückung und Ausbeutung durch die Bengalen, die in Handel und Gewerbe stark vertreten waren. Die Zuwanderung bengalischer Siedler aus Ostpakistan, dem heutigen Bangladesch, nahmen assamesische Gruppen – allen voran die *All Assam Students Union* (AASU) – als Bedrohung ihrer Identität wahr und forderten einen Einwanderungsstopp und die Umsiedlung der nach 1951 eingewanderten Bengalen. Seit Ende der 1970er Jahre verstärkten sich die Spannungen zwischen der Assambewegung und den bengalischen Einwanderern und eskalierten 1983 erstmals zu Massakern an der bengalischen Bevölkerung. Der indischen Zentralregierung gelang es 1985, den Konflikt mit dem Assam-Abkommen einzudämmen. Dieses versprach unter anderem, Teile der bengalischen Siedler zurückzuführen und die über 500 Kilometer lange Grenze zu Bangladesch mit Zäunen abzusperren.

Obwohl die inzwischen in der Partei *Asom Gana Parishad* (AGP) organisierte ehemalige Führung der AASU im Jahr 1985 die Regierungsverantwortung im Unionsstaat Assam übernahm, konnte das Assam-Abkommen nicht umgesetzt werden. Da zudem die wirtschaftliche Unterentwicklung und Abhängigkeit Assams bestehen blieben, geriet die AGP-Regierung unter Druck und die separatistischen Forderungen der 1979 gegründeten ULFA fanden immer mehr Anklang. Diese aus der Studentenbewegung hervorgegangene Untergrundorganisation kämpfte seither gegen die wirtschaftliche Ausbeutung durch das Zentrum und für einen unabhängigen sozialistischen Staat Assam.

Im Jahr 1990 überschritten die bewaffneten Auseinandersetzungen in Assam die Schwelle zum Krieg. Das Militär ging gegen die ULFA vor und erzwang im September 1991 einen einseitigen Waffenstillstand. Doch nur ein Teil der ULFA, die *Surrendered ULFA* (SULFA), erklärte die bewaffnete Auseinandersetzung für beendet. Ein kleinerer harter Kern kämpfte weiter gegen staatliche Sicherheitskräfte und auch gegen die SULFA, die von Regierungsseite zur Bekämpfung der ULFA ausgerüstet wurde. Polizei und Armee gingen ab 1997 unter einem gemeinsamen Kommando zur Offensive über. Aber auch die Militärpräsenz von über 200.000 Soldaten vermochte die allgegenwärtige Gewalt nicht einzudämmen. Seither verübte die ULFA immer wieder Anschläge auf staatliche und private Infrastruktureinrichtungen; regelmäßig kam es zu Zusammenstößen zwischen ULFA-Kämpfern und staatlichen Sicherheitskräften. Während des Krieges bildeten sich parallel zu den Kampfhandlungen ökonomische und politische Strukturen heraus, die sich im Laufe der Zeit verselbstständigten. So finanzierte sich die ULFA in einem hohen Maße durch die Erpressung von Schutzgeldern. Diese „Steuereinnahmen" waren so hoch und ihre Eintreibung derart effektiv, dass von einer ULFA-Parallelregierung gesprochen werden konnte.

Ende 2003 veränderten sich die militärischen Kräfteverhältnisse zuungunsten der ULFA, sie verlor ihre Rückzugslager in Bhutan und musste schwere Verluste hinnehmen. Der im Mai 2004 neu gewählte indische Premierminister Manmohan Singh erklärte sich grundsätzlich zu Gesprächen mit den Rebellenorganisationen in Assam bereit, bestand jedoch darauf, dass Assam auch in Zukunft integraler Bestandteil Indiens blieb. Die ULFA hingegen forderte Friedensgespräche unter Vermittlung der UN und hielt ihre Forderung nach einem unabhängigen Staat aufrecht. Im Oktober 2005 kam es erstmalig zu Gesprächen zwischen der von der ULFA für die Vorbereitung von Gesprächen gebildeten *People's Consultative Group* (PCG) und der indischen Zentralregierung. Trotz anhaltender Kampfhandlungen wurden diese Gespräche auch 2006 fortgesetzt. Im Laufe des Jahres führten die Verhandlungen jedoch zu einer Pattsituation, innerhalb derer jede Seite von der anderen den ersten Schritt erwartete und die auch durch eine informelle Feuerpause nicht überwunden werden konnte. Gegen Ende des Jahres 2006 beendete die PCG die Gespräche mit der Regierung und beide Seiten nahmen ihre militärischen Aktivitäten wieder auf.

Die ULFA wiederholte ihre Forderung nach Ausweisung aller Migranten, sowohl aus den Nachbarländern als auch aus anderen Teilen Indiens. Diese seien eine Bedrohung der Existenz Assams und würden politische und ökonomische Posten auf Kosten der einheimischen assamesischen Bevölkerung besetzen. Nur ein Drittel der Bevölkerung Assams sind ethnische Assamesen, sieben von 23 Bezirken sind von Migranten aus Bangladesch dominiert. Als mögliche Folge wird eine Spaltung der Gesellschaft in Muslime, die einen Bevölkerungsanteil von über 30 Prozent ausmachen, und Hindus befürchtet. Während die ULFA zur Zeit ihrer Gründung in der Bevölkerung noch große Sympathien genoss, hat die Unterstützung durch ULFA-Angriffe auf die Zivilbevölkerung stark abgenommen. Nur fünf Prozent der Bevölkerung sollen zudem das angestrebte Ziel der Unabhängigkeit befürworten. Somit verlor die ULFA zunehmend die Legitimationsbasis für ihren Kampf.

Die ULFA pflegte lange Zeit gute Kontakte zu anderen indischen Rebellenorganisationen, unter anderem zur *National Democratic Front of Bodoland* (NDFB), zum *National Socialist Council of Nagalim* (Khaplang) (NSCN-K) sowie zu indischen Maoisten (vgl. den Bericht zu Indien (Naxaliten)). Ferner unterhielt die ULFA nach Regierungsangaben sowie Aussagen Mrinal Hazarikas, des ehemaligen Anführers des 28. Bataillons der ULFA, Verbindungen zum pakistanischen Militärgeheimdienst *Inter-Services Intelligence* (ISI) und zum *Directorate General of Forces Intelligence* (DGFI) Bangladeschs sowie einigen radikalislamischen Organisationen wie dem *Harkat ul-Jihad a- Islami* (HuJI, Bewegung des islamischen Dschihad) (vgl. den Bericht zu Indien (Kaschmir)). Diese Kooperation mit ausländischen Kräften, vor allem aus Bangladesch, führte allerdings zu einer weiteren Erosion der ursprünglichen Ideologie der ULFA und damit zur Spaltung innerhalb der Organisation. Außerdem unterhielt die ULFA lange Zeit Lager in

Bhutan, Nepal, Myanmar und Bangladesch. Diese Länder sollen auch für die Geld- und Waffenbeschaffung von großer Bedeutung gewesen sein. Insbesondere in Bhutan, Myanmar und Bangladesch geriet die ULFA jedoch zunehmend unter Druck, nachdem die dortigen Regierungen Forderungen Indiens nachkamen, stärker gegen indische Rebellengruppen auf ihrem Territorium vorzugehen. Seither sollen ULFA-Mitglieder häufiger Zuflucht in den Grenzregionen Chinas gesucht haben.

Bei einer von der ULFA durchgeführten Serie von Bombenanschlägen zu Beginn des Jahres 2009 detonierten drei Bomben nacheinander an verschiedenen Orten der assamesischen Hauptstadt Guwahati. Dabei explodierten zwei in der Nähe eines großen Marktplatzes und richteten großen Schaden an. Insgesamt kamen fünf Personen ums Leben und 50 Menschen wurden verletzt. Diese Anschläge forderten allerdings weitaus weniger Opfer als die vom Oktober 2008. Damals waren 89 Menschen getötet und mehr als 400 verletzt worden. Die neuerlichen Anschläge im Januar richteten sich offensichtlich gegen die Ankunft des indischen Innenministers Palaniappan Chidambaram, auf dessen vorgesehener Fahrstrecke sich die schwerste Explosion ereignete. Die ULFA führte im Jahr 2009 zwei weitere große Bombenanschläge im April und im November durch, infolge derer jeweils acht bis zehn Personen ums Leben kamen und mehr als 50 verletzt wurden.

Als unmittelbare Reaktion auf die Anschläge im Januar 2009 veranlasste die Regierung Assams eine Verstärkung der Sicherheitsvorkehrungen und das Parlament Assams verabschiedete am 10. Januar den Assam Preventive Detention (Amendment) Act, um die mögliche Haftdauer von Verdächtigen von sechs Monaten auf zwei Jahre zu verlängern. Des Weiteren beschloss die indische Zentralregierung, landesweit 20 Anti-Terrorismus-Ausbildungszentren zu errichten, vier davon in Assam. Im April teilte die Polizei Assams mit, eine Liste mit verdächtigen Organisationen angefertigt zu haben, die finanzielle Beiträge an die ULFA geleistet haben sollen.

Auch 2009 verübte die ULFA Anschläge auf Mitglieder der SULFA, Teile der nicht-assamesischen Bevölkerung, weitere Zivilisten, öffentliche Plätze und die Infrastruktur sowie auf die Sicherheitskräfte, mit denen sie sich zudem regelmäßig Gefechte lieferte. Fortgesetzt wurden auch die mit Lösegeldforderungen verbundenen Entführungen und die bestehende Praxis der „Steuererhebung". Diese bildeten zusammen mit Geschäftsprojekten und Firmen im Ausland die finanzielle Grundlage der ULFA. Die Anzahl der mit dem Konflikt zusammenhängenden Ereignisse stieg während des gesamten Berichtsjahres auf über 700 und erreichte den höchsten Stand der vergangenen fünf Jahre, wobei Verhaftungen sowie die Aufgabe einzelner Mitglieder der ULFA den Großteil dieser Vorkommnisse ausmachten.

Erhebliche Rückendeckung bekam die indische Regierung von Seiten Bangladeschs, als die neue pro-indische Premierministerin Sheikh Hasina Wajed im Januar 2009 das Amt übernahm. Sie kündigte umgehend nach ihrem Amtseintritt an, alle separatistischen und islamischen Rebellenorganisationen im Land ohne jegliche Toleranz bekämpfen zu wollen. Neben militanten Gruppierungen in Bangladesch betraf dies vor allem auch ausländische Rebellengruppen, die Ausbildungslager auf dem Territorium Bangladeschs besaßen. Den größten personellen Verlust musste die ULFA am Jahresende infolge der engen Kooperation zwischen Indien und Bangladesch hinnehmen. Vier zentrale Führungspersonen der ULFA wurden an Indien ausgeliefert: ihr Präsident Arabinda Rajkhowa, der für Außenbeziehungen zuständige Sashadhar Choudhury, der Finanzchef Chitraban Hazarika sowie der stellvertretende Oberbefehlshaber Raju Barua.

Aufgrund der Erfolge seitens der indischen Sicherheitskräfte verbleibt unter den wichtigsten Führungskräften der ULFA lediglich Oberbefehlshaber Paresh Baruah auf freiem Fuß. Dieser soll seinen Aufenthaltsort ständig zwischen China, Myanmar und Thailand wechseln. Die Zentralregierung schien vor diesem Hintergrund daran interessiert zu sein, den separatistischen Aufstand Assams endgültig militärisch zu beenden. Dagegen sprach Tarun Gogoi, der Regierungschef Assams, im Dezember von einer politischen Lösung ohne Kompromiss in der Souveränitätsfrage, die auch ohne Beteiligung von Paresh Baruah eine friedliche Lösung bringen könnte.

Yumi Igarashi

Weiterführende Literatur und Informationsquellen:

Baruah, Sanjib: Durable Disorder. Understanding the Politics of Northeast India, Oxford 2005

Bliesemann de Guevara, Berit: Indiens vergessener Nordosten: Gewaltakteure der Seven-Sisters-Region, in: Bakonyi, Jutta/Hensell, Stephan/Siegelberg, Jens (Hrsg.), Gewaltordnungen bewaffneter Gruppen. Ökonomie und Herrschaft nichtstaatlicher Akteure in den Kriegen der Gegenwart, Baden-Baden 2006, S. 260-278

Chadha, Vivek: Low Intensity Conflicts in India. An Analysis, New Delhi u.a.2005

Kumar, Anand: Assam. Ethnic Clashes Threaten Prospect of Peace (South Asia Analysis Group, Paper No. 1595), Nodia 2005: http://www.saag.org

Rao, K. Sreedhar: Insurgency in the Northeast: Ills and Remedies, in: Strategic Analysis 33 (2009), S. 208-213.

Wilke, Boris: Krieg auf dem indischen Subkontinent. Strukturgeschichtliche Ursachen gewaltsamer Konflikte in Indien, Pakistan und Bangladesch (Forschungsstelle Kriege, Rüstung und Entwicklung, Institut für Politische Wissenschaft, Universität Hamburg, Arbeitspapier 1/1997), Hamburg 1997

Wilson, Jane S.: Turmoil in Assam, in: Studies in Conflict and Terrorism 154 (1992), S. 251-266

http://www.assamgovt.nic.in (Regierung Assams)
http://www.assampolice.com (Polizei Assams)
http://www.geocities.com/CapitolHill/Congress/7434/ulfa.htm (ULFA)
http://www.idsa.in (Institute for Defence Studies and Analyses, New Delhi)
http://www.ipcs.org (Institute of Peace and Conflict Studies, New Delhi)
http://www.outlookindia.com (Nachrichtenportal mit Chronologie der Ereignisse in Assam)
http://www.satp.org (South Asia Terrorism Portal des Institute for Conflict Management, New Delhi)

Indien (Kaschmir)

(Krieg)

Beginn: 1990
Kriegstyp: B-2
Beteiligte: LeT, HM, JeM, HuM u.a. / Indien

Der seit 20 Jahren andauernde Sezessionskrieg im indischen Teil Kaschmirs verlor im Berichtsjahr weiter an Intensität. Er zeichnete sich 2009 durch eine Vielzahl von kleineren Gewaltaktionen und bewaffneten Zusammenstößen aus. Letztere fanden vor allem an der sogenannten Line of Control (LoC) statt, die den indischen vom pakistanisch verwalteten Teil Kaschmirs trennt. An dieser war nach indischen Angaben erstmals seit Jahren wieder ein Anstieg der Infiltrationsversuche aus Pakistan zu registrieren, die aber bislang keine Folgen in Form einer erneuten Ausweitung des Konfliktes mit sich brachten.

Die Hintergründe für diesen Konflikt liegen in der Unabhängigkeit Indiens und Pakistans im Jahr 1947. Seitdem streiten beide Staaten um die staatliche Zugehörigkeit des einst eigenständigen Fürstentums Kaschmir. Der erste Kaschmirkrieg von 1947 bis 1949 endete mit der Teilung der Region in ein indisches Verwaltungsgebiet im Südosten und ein pakistanisches im Nordwesten. Unter anderem entlang der Grenzlinie kam es immer wieder zu Kampfhandlungen zwischen den Armeen Indiens und Pakistans sowie verschiedenen Rebellenorganisationen. Das Hauptkonfliktgebiet in Jammu und Kashmir (J&K), wie der indisch verwaltete Teil offiziell heißt, ist das bevölkerungsstarke und überwiegend von Muslimen bewohnte Kaschmir-Tal, aus dem die ursprünglich dort lebenden Hindus (Pandits) infolge des aktuellen Krieges seit 1990 fast vollständig vertrieben wurden. 1949 räumte die indische Zentralregierung dem Unionsstaat einen verfassungsrechtlich autonomen Status ein, abgesehen von Fragen bezüglich der Außen- und Sicherheitspolitik sowie dem Geldwesen. Bekannt gewordene Wahlmanipulationen, politische Unterrepräsentation und Einschränkungen der Meinungsfreiheit untergruben zunehmend diesen Sonderstatus und förderten den militanten Aufstand. Zusätzlich unterstützten wirtschaftliche Missstände, die soziale Desintegration und Spannungen zwischen den Religionsgemeinschaften seit den 1980er Jahren die Sezessionsforderungen der Muslime, die sich zunehmend radikalisierten.

Im Verlauf des aktuellen Krieges ergaben sich einige grundsätzliche Veränderungen. Der Aktionsradius der Rebellengruppen weitete sich seit 1994 aus und ist heute nicht mehr nur auf das Kaschmir-Tal beschränkt. Neben militärischen und politischen Einrichtungen wurde auch die kaschmirische Bevölkerung zum Angriffsziel, wobei die Anzahl der Anschläge durch Selbstmordattentäter ab 1999 zunächst signifikant anstieg, 2002 ihren Höhepunkt erreichte und bis zum Berichtsjahr 2009 wieder deutlich sank. In die Kampfhandlungen sollen insgesamt bis zu 100 separatistische Rebellengruppen mit äußerst unterschiedlichem militärischem Potenzial involviert gewesen sein. Die militanten Aktionen richteten sich vornehmlich gegen indische Einrichtungen. Es kam aber auch zu Kämpfen zwischen rivalisierenden Gruppen oder zu Gewalt gegenüber der Zivilbevölkerung.

Die größte Rebellenallianz in Kaschmir ist die *All Parties Hurriyat Conference* (APHC, All-Parteien-Freiheitskonferenz), bestehend aus über 25 Separatistengruppen mit divergierenden Interessenlagen. Die 1993 gegründete APHC versteht sich als rechtmäßige Interessenvertretung der Muslime in Kaschmir. Seit 2003 ist die APHC in zwei Flügel gespalten. Die politisch pragmatische Fraktion unter der Führung von Mirwaiz Umar Farooq beteiligt sich seit 2005 an Verhandlungen über Kaschmir auf regionaler, pakistanischer und indischer Ebene. Die Fraktion um Farooq wurde dafür von der radikaleren APHC-Fraktion unter Syed Ali Shah Geelani immer wieder heftig kritisiert. Politisch einflussreiche Organisationen wie die *Jammu and Kashmir Liberation Front* (JKLF), die zu Beginn des Krieges eine zentrale Stellung unter den Rebellengruppen eingenommen hatte, oder die *Jammu and Kashmir Democratic Freedom Party* (JKDFP) standen dem Kurs Farooqs ebenfalls skeptisch gegenüber.

Unter den derzeit aktiv operierenden militanten Gruppen in Kaschmir ist die *Hizb-ul-Mujahedin* (HM, Partei der Glaubenskrieger) die an Mitgliedern stärkste Vereinigung. Sie ist islamfundamentalistisch ausgerichtet, fordert den Anschluss an Pakistan und rekrutiert sich überwiegend aus indischen Kaschmiri. Mitglieder der Führungskader sprachen sich immer wieder für eine moderatere, friedensorientierte Ausrichtung der HM aus, die aber nie wirklich durchgehalten wurde und aufgrund interner Machtkämpfe nicht verbindlich gemacht werden konnte. Die in eigenständige Kader aufgeteilten etwa 600 Kämpfer der HM bekannten sich zu zahlreichen Anschlägen, die allerdings die Sympathien für die Gruppe offensichtlich beeinträchtigten. Jedenfalls verkündete die HM Ende 2007, in Zukunft auf Granatenangriffe auf öffentliche Plätze verzichten zu wollen.

Im Verlauf des Krieges traten in Kaschmir Gruppen in den Vordergrund, die von Hauptquartieren in Pakistan aus operierten und sich hauptsächlich aus ausländischen Kämpfern zusammensetzten. Zu diesen Gruppen gehören in erster Linie die *Lashkar-e-Toiba* (LeT, Armee der Reinen) und die *Jaish-e-Muhammad* (JeM, Armee des Propheten Muhammad). Neben LeT und JeM war auch die *Harkat-ul-Mujahedin* (HuM, Bewegung der Glaubenskrieger) noch recht aktiv. Ander Gruppen wie *Al Badr* oder *Harkat ul-Jihad al-Islami* (HuJI, Bewegung des islamischen Dschihad) traten dagegen seltener in Erscheinung. Alle diese Gruppen definieren sich selbst als militanter Arm der religiösen Schulen und fundamentalistisch orientierten Bildungszentren in Pakistan, welche wiederum zum Teil durch Stiftungen aus Saudi-Arabien und anderen Ländern finanziert wurden. Im Gegensatz zu den Gruppen, deren Kämpfer im Wesentlichen aus dem indischen Teil Kaschmirs stammen, kämpfen sie weniger für die Angliederung von J&K an Pakistan, die Unabhängigkeit oder eine Neudefinition des Rechtsstatus von J&K im indischen Unionsverband, sondern haben sich eine Vorherrschaft des Islam in ganz Indien zum Ziel gesetzt.

Die LeT war die zuletzt aktivste und schlagkräftigste der militanten Gruppen im Kaschmirkrieg. Ihren Ursprung hat sie im afghanischen Widerstand gegen die sowjetischen Truppen in den 1980er Jahren und ist seit 1993 für eine Vielzahl von Anschlägen in J&K verantwortlich, wobei sie zumindest anfänglich vom pakistanischen Auslandsgeheimdienst *Inter-Service Intelligence* (ISI) unterstützt wurde. Die LeT wurde zwar 2002 in Pakistan offiziell verboten, durfte aber 2005 in Folge des Erdbebens öffentlich Gelder für den Wiederaufbau sammeln. Internationalen Bekanntheitsgrad erlangte sie durch den bislang spektakulärsten und politisch folgenreichsten Anschlag vom 13. Dezember 2001 auf das indische Parlamentsgebäude in Neu-Delhi, der eine Eskalation des indo-pakistanischen Konfliktes bis an den Rand eines Krieges auslöste. Die LeT wird zudem mit zwei verheerenden Anschlägen in Mumbai in Verbindung gebracht: Im Juli 2006 war ein Pendlerzug das Ziel und es starben über 200 Menschen und etwa 700 wurden verletzt. Am 26. November 2008 starben bei Angriffen auf den Hauptbahnhof der Stadt, mehrere Hotels und ein jüdisches Zentrum insgesamt 170 Menschen. Allerdings wies die LeT jegliche Vorwürfe einer Beteiligung an den Anschlägen von 2001, 2006 und 2008 zurück.

Zum aktiven Kern der Aufständischen gehören laut indischen Sicherheitsexperten heute etwa noch 1.500 Mann, bei einem Anteil ausländischer Kämpfer von weit über 50 Prozent. Hinter der durch eine Grenzsperranlage gesicherten LoC, durch die der indische vom pakistanischen Teil Kaschmirs getrennt ist, werden bis zu 2.500 weitere kampfbereite Rebellen vermutet. Den bewaffneten Gruppen stehen in J&K geschätzte 500.000 Soldaten der indischen Armee sowie zusätzliche paramilitärische Einheiten gegenüber.

Im Berichtsjahr erwies sich die Intensität der Kämpfe weiter als rückläufig. Insgesamt wurden 2009 rund 400 Menschen getötet, davon sollen etwa zwei Drittel Kämpfer der verschiedenen Rebellengruppen gewesen sein. Auf dem Höhepunkt des Krieges im Jahr 2001 starben bei den Auseinandersetzungen noch über 4.500 Menschen, insgesamt wurden seit Kriegsbeginn 1990 über 40.000 Tote gezählt. Deutlich zurückgegangen ist vor allem auch die Zahl der zivilen Todesopfer, deren Anteil in den letzten beiden Jahren erstmals seit Beginn des Krieges vor 20 Jahren unter dem der getöteten Soldaten und Polizisten lag. Dies dürfte vor allem auch darauf zurückzuführen sein, dass die Rebellengruppen in Kaschmir 2008 und 2009 kaum offensive Aktionen durchführten. Angriffe mit Granaten oder Sprengstoffanschläge richteten sich 2009 in der Regel gezielt gegen Einrichtungen von Polizei und

Militär. In den meisten Fällen forderten diese Attacken keine Todesopfer. Für den schwerwiegendsten Anschlag dieser Art im Berichtsjahr am 21. April im Poonch District im Osten von J&K übernahm die LeT die Verantwortung. Durch einen Sprengsatz auf einer Überlandstraße wurden fünf Zivilisten getötet und sieben verletzt. Darüber hinaus verübten Aufständische Attentate gegen Polizei- und Armeeangehörige sowie vermeintliche Spitzel. Das prominenteste Ziel eines Attentats war am 4. Dezember Fazal Haq Qureshi, ein führendes Mitglied des dialogbereiten Flügels der AHPC, der dabei schwer verwundet wurde, zum Jahresende aber außer Lebensgefahr war.

Die weitaus meisten Zusammenstöße zwischen Sicherheitskräften und Rebellen erfolgten infolge von geplanten Militäroperationen oder auch eher zufälligen Aufeinandertreffen. Regelmäßige Zusammenstöße ergaben sich auch 2009 vor allem an der LoC, wenn Sicherheitskräfte auf Rebellen stießen, die aus dem pakistanischen in den indischen Teil Kaschmirs eindringen wollten. Mehrfach warf die indische Armee dabei der pakistanischen Seite vor, den indisch-pakistanischen Waffenstillstand gebrochen zu haben, um den Grenzübertritt von Rebellen zu decken. Diese Vorwürfe blieben allerdings ohne weitere politische Folgen für das Verhältnis zwischen Indien und Pakistan. Allerdings wurde der Anfang 2004 von Indien und Pakistan begonnene Dialogprozess, in dem auch die Kaschmirfrage eine prominente Rolle spielt und der seit den Anschlägen vom 26. November 2008 in Mumbai ausgesetzt ist, bislang nicht wieder aufgenommen.

Die politische Lage in J&K blieb 2009 nach dem Wechsel an der Spitze der Regierung des Unionsstaates im Vorjahr vergleichsweise ruhig. Auch die indischen Parlamentswahlen verliefen in der Region im Wesentlichen ungestört. Dass die Kaschmirfrage aber auch in der Öffentlichkeit präsent blieb, zeigte die Forderung von Syed Ali Shah Geelani, dem Führer des nicht kompromissbereiten Flügels der APHC, nach Abzug der indischen Truppen aus J&K. Bei Protesten Mitte Dezember in Srinagar wurden über 100 Menschen, davon etwa je zur Hälfte Demonstranten und Polizisten, verletzt.

Trotz des kontinuierlichen Rückgangs der Intensität des Kriegsgeschehens seit 2001 ist ein Ende des Krieges nicht absehbar. Zwar verbesserte sich die Sicherheitslage soweit, dass die indische Armee in den letzten beiden Jahren zwei Divisionen mit zusammen 30.000 Soldaten aus Kaschmir abzog. Jedoch blieb der Armed Forces Special Powers Act (AFSPA) in Gegenden, in denen die Armee Operationen zur Aufstandsbekämpfung durchführt, in Kraft. Darüber hinaus stieg nach Informationen des indischen Innenministeriums die Zahl der registrierten Infiltrationsversuche aus Pakistan wieder auf etwa 400 an. Diese habe aber bislang weder zu einer erneuten Intensivierung des Krieges in Kaschmir noch zu einer Verlagerung und Ausweitung des Konflikts auf andere Teile Indiens geführt, was vor allem im Gefolge der Anschläge in Mumbai vom November 2008 befürchtet worden war.

Wolfgang Schreiber

Weiterführende Literatur und Informationsquellen:

Chadha, Vivek: Low Intensity Conflicts in India. An Analysis, New Delhi 2005
Curtis, Linda: India and Pakistan Poised to Make Progress on Kashmir, Washington 2007
Ganguly, Sumit: Conflict Unending. India-Pakistan Tensions since 1947, Washington DC
    2001
International Crisis Group: India, Pakistan and Kashmir: Stabilising a Cold Peace,
    Islamabad 2006: http://www.icg.org
Kahol, Yudhishtar: Kashmir. Return of Democracy, New Delhi 2003
Rothermund, Dietmar: Krisenherd Kaschmir. Der Konflikt der Atommächte Indien und
    Pakistan, München 2002
Schofield, Victoria: Kashmir in Conflict. India, Pakistan and the Unending War, New York
    – London 2003
Wilke, Boris: Von Kaschmir bis Afghanistan. Die Gewaltfiguration in Südwestasien, in:
    Bakonyi, Jutta/Hensell, Stephan/Siegelberg, Jens (Hrsg.), Gewaltordnungen
    bewaffneter Gruppen. Ökonomie und Herrschaft nichtstaatlicher Akteure in den
    Kriegen der Gegenwart, Baden-Baden 2006, S. 237-259
http://www.armyinkashmir.nic (in Kaschmir stationierte indische Armeeeinheiten)
http://www.ipcs.org (Institute of Peace and Conflict Studies)
http://www.jammu-kashmir.com (Informationsseite kaschmirischer Muslime)
http://www.jammukashmir.nic.in (Regionalregierung von J&K)
http://www.saag.org (South Asia Analysis Group)
http://www.satp.org (South Asia Terrorism Portal)

Indien (Manipur)

(Krieg)

Beginn: 2005
Kriegstyp: B-2
Beteiligte: UNLF, PLA, KNF, PREPAK, KCP, NSCN-IM u.a. / Indien

Manipur ist gemessen an der Zahl der bewaffneten Gruppen der konflikt-
reichste Unionsstaat im Nordosten Indiens. Im Krieg befinden sich der indische Staat und militante Gruppierungen, die ein autonomes Manipur erreichen wollen und sich teilweise auch untereinander in Auseinandersetzungen
gegenüberstehen. Der 2008 geschlossene Waffenstillstand zwischen der *Kuki
National Organisation* (KNO) und der Unionsregierung konnte im Berichtsjahr aufrecht erhalten werden und die Verhandlungen um eine Waffenruhe
mit der *Kangleipak Communist Party* (KCP) verliefen aussichtsreich, wurden
aber noch nicht abgeschlossen. Die unterschiedlichen Sicherheitskräfte arbeiteten enger zusammen und konnten Erfolge verzeichnen. Die Zahl ziviler
Opfer ist zurückgegangen. Nichtsdestotrotz dominierten Erpressung und
Gewalt durch die militanten Gruppen das alltägliche Leben und eine Vielzahl
von Anschlägen schränkte die Zivilbevölkerung nachhaltig ein.

Der Konflikt in Manipur verläuft zum einen zwischen den ethnischen
Gruppen und zum anderen zwischen diesen und der indischen Zentralregie-

rung sowie der Regierung des Unionsstaates. Drei große und knapp 30 kleinere Ethnien bilden die Bevölkerung Manipurs. Zu den großen Gruppen gehören die Meitei, die in der zentral gelegenen Ebene Manipurs ansässig sind und sich als Ureinwohner der Region sehen. Die Nagas leben in den Bergregionen nahe der Grenze zum Unionsstaat Nagaland im Norden und die Kukis siedeln in den südöstlichen Bergregionen. Obwohl die Meitei über 50 Prozent der Bevölkerung Manipurs bilden, beträgt ihr Siedlungsraum nur ein Zehntel des Unionsstaates. Als die einzige in Manipur ansässige Bevölkerungsgruppe zählen die Meitei nicht zur Kategorie der Scheduled Tribes, die verschiedene Privilegien wie zum Beispiel Vorrechte bei der Arbeitsstellenvergabe haben und deren Land vor Käufen durch Angehörige von Bevölkerungsgruppen, die nicht zu den Scheduled Tribes zählen, geschützt ist.

Die Geschichte Manipurs war seit dem 19. Jahrhundert mit der britischen Kolonialherrschaft verknüpft. Nachdem die Briten einen mehrere Generationen anhaltenden Streit zwischen den Königen Manipurs und dem östlichen Nachbar Birma über das so genannte Kubaw-Tal beigelegt hatten, besetzten sie die Region. Verschiedene Versuche der Manipuris, die Briten zu vertreiben, scheiterten. Besonders eine Revolte der Kukis gegen die Verschiffung vieler ihrer Angehörigen nach Frankreich im Jahr 1917 beeinflusste die Geschichte Manipurs nachhaltig. Die britische Kolonialarmee zerschlug den Aufstand und dezimierte die Bevölkerung der Kukis in ganz Manipur so stark, dass sie in keiner Region mehr eine Mehrheit bildeten.

Mit dem Abzug der Briten aus Indien wurden, anders als zum Beispiel in Nagaland, keine Forderungen für die Loslösung von der Indischen Union in Manipur gestellt. Ganz im Gegenteil unterzeichnete der Maharaja von Manipur im August 1947 ein Abkommen, das der indischen Regierung die Verteidigung Manipurs, die Abwicklung seiner Außenpolitik und das Nachrichtenwesen der Region in die Hände legte. Nach dem Inkrafttreten der Vereinbarung erhielt Manipur eine neue Verfassung und führte im Anschluss als erste Region des selbstständigen Indiens Wahlen durch. Obwohl direkt nach der Wahl im Oktober 1949 die vollständige Eingliederung Manipurs in den indischen Staat vollzogen wurde, löste die Zentralregierung die Regierung Manipurs schon bald nach der Regierungsbildung auf und entsandte einen Beauftragten, der Manipur verwalten sollte.

In den folgenden Jahren steigerte sich der Unmut der Manipuri über die Behandlung ihrer Region. 1950 wurde ihnen die indische Verfassung aufgezwungen und 1956 das Gebiet zu Unionsterritorium erklärt. Eine Region, die auf eine lange Geschichte als autonomes Königreich zurückblickte, wurde nun von einer Zentralregierung in Neu-Delhi geleitet, die die Infrastruktur vernachlässigte und kaum in die Wirtschaft der Region investierte. Ein weiterer Punkt, der die Bevölkerung gegen die Politik Indiens aufbrachte, war die offizielle Verzichtserklärung auf das Gebiet des Kubaw-Tals, um das Manipurs Könige lange mit Birma gekämpft hatten.

Der Unmut in der Bevölkerung Manipurs führte dazu, dass besonders die Meitei für die Ideen von separatistischen Gruppen empfänglich wurden. Der Meitei-Subnationalismus begann Form anzunehmen. 1964 wurde die *United National Liberation Front* (UNLF) ins Leben gerufen, deren erklärte Ziele die nationale Selbstbestimmung und eine sozialistische Gesellschaft waren. Um diese zu erreichen, bemühte sie die UNLF vergeblich um die Unterstützung Pakistans. Eine Splittergruppe der UNLF, die *Revolutionary Gouvernment of Manipur* (RGM), hatte bei der Suche nach Unterstützung in Pakistan mehr Erfolg. Ihr erklärtes Ziel war die Befreiung Manipurs durch Waffengewalt. Im Zuge des Indisch-Pakistanischen Krieges von 1965 führte sie erste gewaltsame Aktionen durch.

Direkt nach der Beendigung des Krieges um die Unabhängigkeit Bangladeschs von Pakistan, in den Indien eingegriffen hatte, gewährte die indische Zentralregierung der Region Manipur am 22. März 1972 den lange ersehnten Status eines Unionsstaates. Damit war Manipur kein Unionsterritorium mehr und verfügte über einen größeren politischen Handlungsspielraum. Die aus dem ehemaligen Ost-Pakistan agierenden Gruppen verloren durch die Unabhängigkeit Bangladeschs sowohl Rückzugsgebiete als auch direkte Unterstützung. Darüber hinaus entzog die Anerkennung Manipurs als Unionsstaat den militanten Gruppen den Rückhalt in der Bevölkerung und damit ihre Reproduktions- und Rekrutierungsbasis.

Die UNLF-Führung war sich uneinig, ob die Ideologie und die politischen Ziele mit oder ohne Waffengewalt verbreitet werden sollten. Deshalb bildeten sich Ende der 1970er Jahre mehrere Splittergruppen wie die *People's Liberation Army* (PLA), die *People's Revolutionary Party of Kangleipak* (PREPAK) und die KCP. Gemeinsames Ziel dieser Organisationen ist ein unabhängiges Manipur. Im Gegensatz zu PREPAK und KCP, die einen Staat unter der Führung der Meitei anstrebten und die anderen Ethnien marginalisieren oder ganz vertreiben wollten, verstand sich die die PLA als eine revolutionäre Bewegung aller ethnischen Gruppen im Nordosten Indiens.

Nach ersten gewalttätigen Aktionen in den Jahren 1978 bis 1981 stellte sich die noch junge regionale Regierung auf die Separatisten ein und startete Gegenaktionen. Nachdem bei Überfällen der Rebellen bis 1981 insgesamt über 100 Menschen umkamen, gelang es den Sicherheitskräften Anfang der 1980er Jahre, viele der Kämpfer und hochrangigen Mitglieder zu verhaften. Die Regierung versuchte nach der deutlichen Schwächung der Bewegung, die Bevölkerung wieder auf ihre Seite zu bringen. Der gefangen genommene Anführer der PLA, Bisheshwar Singh, wurde erfolgreich dazu bewegt, in die regionale Politik einzusteigen. Doch die politische Integration eines moderaten Separatismus hatte nicht den erwünschten Erfolg. Dadurch, dass die politischen Parteien zum großen Teil von den militanten Gruppen beeinflusst waren, konnte Singh nicht den erhofften Brückenschlag vollziehen. Er wurde 1994, wahrscheinlich von Mitgliedern seiner ehemaligen Gruppe, ermordet.

In den 1980er Jahren kam es zur Gründung militanter Kuki-Organisationen. Die größten Gruppen, die *Kuki National Organisation* und ihr bewaffneter Arm die *Kuki National Army* (KNA) sowie die *Kuki National Front* (KNF), kämpften für einen eigenen Staat der Kuki. Das Aufkommen militanter Kuki-Gruppen war auch eine Reaktion auf die Gründung des *National Socialist Council of Nagaland* (NSCN), der in der manipurischen Grenzregion zu Nagaland das Ziel verfolgte, ein größeres Nagaland durch den Anschluss aller von Naga bewohnten Gebiete herzustellen und daher versuchte, die Kuki zu vertreiben. Die 1990er Jahre waren in Manipur durchzogen von Rivalitäten der einzelnen militanten Gruppen. Die rivalisierenden Gruppen kämpften um politische und wirtschaftliche Macht und gesellschaftliche Dominanz Macht innerhalb der manipurischen Bevölkerung. Besonders in den von den Naga beherrschten Gebieten und den angrenzenden Regionen stieg die Gewalt deutlich an. Der Konflikt zwischen Kukis und Nagas wurde durch den Kampf um Schmuggelrouten entfacht, die durch die Grenzstadt Moreh verlaufen. Die Kukis suchten Hilfe bei den Paites, einer der kleineren Bevölkerungsgruppen in den Bergregionen. Doch diese verweigerten ihnen die Unterstützung. Aus dieser Absage heraus entstanden Rivalitäten zwischen den Paites und den Kukis. Diese beiden Konflikte zwischen Kukis und Nagas und zwischen Kukis und Paites forderten in der zweiten Hälfte der 1990er Jahre jeweils etwa 1.000 Menschenleben.

Aufgrund vieler Bündnisse zwischen den in Manipur agierenden separatistischen Bewegungen, fürchteten die für die Rechte der Meitei kämpfenden Gruppierungen eine Schwächung ihrer Position. Außerdem suchten sie nach neuen Basen für ihre Operationen, da die gute Zugänglichkeit der von ihnen beherrschten Ebene es den Sicherheitskräften leicht machte, gegen sie vorzugehen. Sie begannen die Kukis im andauernden Konflikt gegen die Nagas zu unterstützen, um als Gegenleistung in der von ihnen beherrschten Bergregion Land kaufen und damit ihre Position stärken zu können. Die PLA und die UNLF kamen so in den Besitz von Land in der schwer zugänglichen Churandchandpur-Region, was zunächst zu einem Anstieg der Gewalt führte. Ende der 1990er sank die Zahl der Todesopfer dann wieder deutlich.

Doch der Kampf um die Vorherrschaft in Manipur wurde nur kurzzeitig etwas weniger intensiv geführt. So stieg die Gewalt seit 2005 wieder an und überschritt erstmals die Kriegsschwelle. Ein vorläufiger Höhepunkt der Gewalt wurde 2007 erreicht, als über 400 Menschen im Zuge der Kämpfe starben und der Staat selbst in der Hauptstadt des Unionsstaates nicht länger in der Lage war, den normalen Ablauf des öffentlichen Lebens zu gewährleisten. Im Jahr 2008 konnten die kriegerischen Auseinandersetzungen leicht entschärft werden, wobei aber immer noch mindestens 470 Menschen ums Leben kamen. Neben zwei länger andauernden Militäroperationen, die nur kurzzeitige Wirkung zeigten, wurde aber ein Waffenstillstand mit der KNO vereinbart.

Im Berichtsjahr 2009 kennzeichneten, wie schon im Vorjahr, gezielte Anschläge gegen Regierungsvertreter, Verwaltungsmitarbeiter und staatliche Sicherheitskräfte, aber auch gegen Zivilisten, darunter vor allem Geschäftsleute, und Infrastruktureinrichtungen das Kriegsgeschehen. Abgesehen von Anschlägen kontrollierten die militanten Gruppen viele Regionen Manipurs durch „Steuereinnahmen" und eigene Anordnungen. Auf dieser Grundlage konnte sich ein Netzwerk gewaltsamer Erpressungen etablieren, der Schmuggel und Transport von Waffen optimiert sowie ein profitabler Drogenhandel betrieben werden. Die manipurische Regierung beschloss demgegenüber eine Aufstockung der Sicherheitskräfte und führte viele kleine Operationen und eine größere Offensive gegen die Aufständischen durch. Die Armee arbeitete mit der Polizei aber auch mit Paramilitärs zusammen und meldete Festnahmen, Tötungen von Gegnern und das Sicherstellen von Waffen.

Ab dem 11. April 2009 wurde eine zehntägige militärische Offensive im Distrikt Bishnupur durchgeführt. Die Armee, paramilitärische Gruppen und die Polizei zerschlugen fünf Lager der PREPAK und töteten zwölf Mitglieder der Gruppe. Diese Rückzugsorte der Militanten wurden in den vergangenen Jahren auch von der UNLF und der PLA genutzt. Im Vergleich zu 2008 sind die Opferzahlen im Beobachtungszeitraum 2009 gesunken. Die Bekämpfung des Gegners hat sich aus Sicht des Unionsstaates im Allgemeinen wirksamer gestaltet, weil die verschiedenen Sicherheitskräfte ihre Kooperation verbessert haben. In den Auseinandersetzungen kamen unter anderem etwa 20 Angehörige der Sicherheitskräfte und über 300 Aufständische ums Leben. Dabei griffen Polizei und Armee zu willkürlichen Tötungen von Gegnern und wandten Foltermethoden an, was wiederum zu gewaltsamen Vergeltungsschlägen führte. Eine generelle Verbesserung der Sicherheitslage führte dazu, dass die indischen Parlamentswahlen Im April nicht von gewaltsamen Auseinandersetzungen gestört wurden.

Unter den getöteten zivilen Opfern befanden sich viele Migranten, die hauptsächlich aus anderen Regionen Indiens nach Manipur gezogen waren, um zu arbeiten. Anlässlich der gezielten Verfolgung von Migranten bot die Unionsregierung Manipurs den Bürgern Unterkunft in Auffanglagern an, weil ihre Sicherheit nicht mehr vollständig gewährleistet werden konnte. Außerdem war die Zivilbevölkerung stark von der systematischen Erpressung seitens der militanten Gruppen betroffen. Apotheken und Lebensmittelhändler mussten beispielsweise ihre Geschäfte aufgeben. Proteste und Demonstrationen wurden daraufhin von den Betroffenen organisiert, um Aufmerksamkeit zu erlangen und sich gegen die Bedrohung zur Wehr zu setzen. Die Regierung Manipurs antwortete auf den Aufschrei der Bevölkerung, die zudem auch von staatlichen Mitarbeitern erpresst wurde, nur begrenzt, indem beispielsweise die Anzahl der Sicherheitskräfte aufgestockt wurde.

Obwohl der Waffenstillstand zwischen der KNO und der Regierung Manipurs andauerte, Verhandlungen der Regierung mit der KCP offiziell als erfolgreich beurteilt wurden und ein Waffenstillstand in naher Zukunft prognostiziert wird, stand die Regierung Manipurs vor Herausforderungen. Eine Splittergruppe der NSCN, der *National Socialist Council of Nagaland – Isak-Muivah* (NSCN-IM) hat sich beispielsweise in die Berge zurückgezogen und agierte seitdem weitaus aktiver. Die Errichtung eines Lagers konnte 2009 von Sicherheitskräften vereitelt werden. Nach wie vor bestehen jedoch drei weitere Lager der NSCN-IM, die von Seiten der Unionsregierung Manipurs offiziell nicht akzeptiert werden. Ihr Ziel, die Region im Norden Manipurs an das Nagaland anzuschließen, führte auch zu Konflikten mit anderen militanten Gruppen. Sowohl die Kuki-Organisationen als auch die PREPAK standen dabei dem NSCN-IM gegenüber.

Die staatlichen Sicherheitskräfte bekämpften die gegnerischen Gruppen 2009 effektiver als in den vergangenen Jahren und die Opferzahlen der Zivilbevölkerung waren rückläufig. Verhandlungen der Regierung Manipurs mit der KCP und die Einhaltung der Waffenruhe mit der KNO sind Erfolge im Kampf gegen die militanten Gruppen. Die Entwicklung eines Zwei-Punkte-Plans zur Reduzierung von Erpressung und Gewalt sowie die Aufstockung der Sicherheitskräfte sind Anzeichen der Bemühungen der Regierung. Nichtsdestoweniger blieben die aufständischen Gruppierungen für die Bürger alltäglich präsent und beherrschten weite Teile des öffentlichen Lebens. Auch wenn die Regierung 2009 sowohl politisch als auch militärisch ihren Willen gezeigt hat, die kriegerischen Auseinandersetzungen einzudämmen, ist eine Lösung der Konflikte in naher Zukunft dennoch nicht zu erwarten.

Jacqueline Scholz

Weiterführende Literatur und Informationsquellen:
Baruah, Sanjib: Durable Disorder. Understanding the Politics of Northeast India, Oxford 2005
Chadha, Vivek: Low Intensity Conflicts in India. An Analysis, New Delhi u.a.2005
Hanjabam, Shukhdeba Sharma: The Meitei Upsurge in Manipur, in: Asia Europe Journal 6 (2008), S. 157-169
Verghese, B.G.: India's Northeast Resurgent. Ethnicity, Insurgency, Governance, Development, 2. Auflage, New Delhi 2002
http://www.ipcs.org (Institute of Peace and Conflict Studies, New Delhi)
http://manipur.nic.in (Regierung Manipurs)
http://manipurpolice.org (Polizei Manipurs)
http://www.saag.org (South Asia Analysis Group)
http://www.satp.org (South Asia Terrorism Portal des Institute for Conflict Management, New Delhi)

Indien (Naxaliten)

(Krieg)

Beginn: 1997
Kriegstyp: A-2
Beteiligte: CPI-*Maoist* / Indien, *Ranvir Sena, Salwa Judum*

Infolge zahlreicher Anschläge der *Naxaliten* während der indischen Parlamentswahlen und ihres Vormarsches im Bundesstaat Westbengalen hat die indische Zentralregierung im Berichtsjahr 2009 die *Communist Party of India – Maoist* (CPI-*Maoist*) schließlich landesweit verboten. Mit dem Verbot des politisch-institutionellen Arms der *Naxaliten* ging eine größere Offensive gegen die maoistischen Rebellen in den Bundesstaaten Chhattisgarh, Jharkhand, Orissa, Bihar und Westbengalen einher.

Die Hauptursache des sogenannten *Naxaliten*-Konflikts, der inzwischen das gesamte Gebiet zwischen dem im Südosten Indiens gelegenen Unionsstaat Andhra Pradesh und der nepalesischen Grenze im Norden erfasst hat, liegt in der ungleichen Verteilung des Ackerlandes. Dieses Problem, welches auf die britische Kolonialherrschaft zurückgeht, wurde bis heute nicht gelöst. Immer noch hat der Großteil der Bewohner dieser Gebiete, welche zu den rückständigsten und ärmsten Indiens zählen, kein Landnutzungsrecht und damit keinen direkten Zugang zu der Haupteinnahmequelle. Die Situation wurde vielerorts noch verschärft durch Privatarmeen von Großgrundbesitzern, welche die Bevölkerung terrorisierten. Im organisierten Widerstand gegen die soziale Ungerechtigkeit und das ökonomische Ungleichgewicht verfügten die nach ihrem Gründungsort Naxalbari benannten *Naxaliten* über eine relativ breite Basis unter den zu den unteren Kasten gehörenden oder kastenlosen Feldarbeitern, verarmten Bauern und Adivasi (Ureinwohner) solcher Gebiete. Den ideologischen Bezugspunkt der *Naxaliten* bildet der Maoismus. Dabei agierten die Rebellen jedoch unabhängig von der Volksrepublik China.

Die Kämpfe der *Naxaliten* nahmen zwischen 1967 und 1970 als bewaffneter Bauernaufstand in den Unionsstaaten Westbengalen und Andhra Pradesh ihren Anfang. Nachdem die Bewegung zwischen 1972 und 1977 niedergeschlagen wurde und Tausende *Naxaliten* massiven Vergeltungsmaßnahmen der indischen Sicherheitskräfte zum Opfer fielen, konnten sie in den 1980er Jahren zunehmend Intellektuelle für sich gewinnen und waren seitdem wieder verstärkt aktiv. Kriegerische Ausmaße hat der Konflikt spätestens seit 1997 angenommen, als die *Naxaliten* vor dem Hintergrund zunehmender Unterstützung in der Bevölkerung einen Guerillakrieg gegen die Regierung starteten.

Bis vor wenigen Jahren teilten sich die *Naxaliten* in mehrere einflussreiche Fraktionen. Die beiden größten Gruppen, *People's War Group* (PWG) und *Maoist Communist Centre* (MCC), schlossen sich im September 2004 zur CPI-*Maoist* zusammen. In ihr sind etwa 15.000 kämpfende und 40.000 nicht kämpfende Aktivisten organisiert. Wurde zu Beginn der Auseinandersetzungen noch auf einfache Waffen wie Äxte und Speere zurückgegriffen, wurden im Verlauf des Konflikts neben diesen auch vermehrt Handfeuerwaffen, Handgranaten, Landminen und Sturmgewehre eingesetzt.

Bis zur Vereinigung von PWG und MCC war es immer wieder zu bewaffneten Auseinandersetzungen zwischen den naxalitischen Fraktionen gekommen. Diese ließen sich jedoch in erster Linie auf die Konkurrenz um finanzielle Profite, die mit der Vorherrschaft in den kontrollierten Gebieten verbunden waren, zurückführen und weniger auf ideologische Differenzen. So erpressen die Rebellen beispielsweise allein im Bundesstaat Bihar Schätzungen zufolge jährlich umgerechnet mehr als 6 Millionen Euro von Lokalbeamten und Unternehmen. Neben der Finanzierung durch „Steuern" und Erpressungen kam es unter anderem auch zu Entführungen von Geschäftsleuten.

Die maoistischen Rebellen operierten zunächst vorwiegend in den zentralen Regionen des nordöstlich gelegenen, an Nepal grenzenden Unionsstaates Bihar und in den nördlichen Gebieten des zentral gelegenen Andhra Pradesh. Nachdem die *Naxaliten* ihre Aktivitäten auf einige Regionen der neu gegründeten, rohstoffreichen Unionsstaaten Jharkhand und Chhattisgarh ausgeweitet hatten, ist die Zahl der betroffenen Unionsstaaten mittlerweile auf 13 angestiegen, das heißt, in fast der Hälfte aller indischen Bundesstaaten wurden Anschläge und Überfälle durch die *Naxaliten* verübt. In Staaten wie etwa Bihar und Andhra Pradesh hat der indische Staat dabei in vielen Gebieten seinen Einfluss verloren und die *Naxaliten* haben eine Parallelverwaltung installiert: So kontrollierten sie vielerorts beispielsweise die Schulen und das Justizwesen, innerhalb dessen die *Naxaliten* in sogenannten Volkstribunalen Schiedssprüche fällten. Aufrufe zu Boykotten im landwirtschaftlichen Bereich, aber auch die Ermordung mutmaßlicher Spitzel im Dienste der Polizei und anderer politischer Gegner sowie Feuergefechte mit Polizeieinheiten und Sprengstoffanschläge auf Infrastruktureinrichtungen prägten das Vorgehen der maoistischen Rebellen.

Vor dem Hintergrund eines fragilen staatlichen Gewaltmonopols lieferten sich die *Naxaliten* überdies heftige Kämpfe mit Privatarmeen der Mittel- und Oberkasten sowie Großbauern. Zu diesen gehören insbesondre die vorwiegend im Bundesstaat Bihar agierende, mutmaßlich von der Zentralregierung in Neu-Delhi unterstützte *Ranvir Sena* und die im Süden Chhatisgarhs aktive *Salwa Judum* (Friedensmission). In letzterer sollten vor allem die Kräfte der den *Naxaliten* kritisch gegenüber stehenden Teile der lokalen Bevölkerung gebündelt werden, um ein Gegengewicht zu den maoistischen Rebellen zu schaffen. Denn nicht nur in Chhattisgarh, sondern auch in anderen Teilen Indiens versagte die Bevölkerung den *Naxaliten* oftmals die Un-

terstützung, was sich einerseits auf die Einschüchterungspolitik und Willkür
der Rebellen und andererseits auf die schlechten Lebensbedingungen in den
von *Naxaliten* kontrollierten Gebieten zurückführen lässt.

Während in Andhra Pradesh und anderen Regionen die Gewalt aufgrund
der Verstärkung von Polizeikräften und sozioökonomischen Veränderungen
in den letzten Jahren leicht rückläufig ist, kam es im Bundesstaat Chhattisgarh hingegen zu einer Verschärfung des Konflikts. Der 2007 zu verzeich-
nende starke Anstieg der Zahl der Todesopfer im *Naxaliten*-Konflikt ist vor
allem auf die Entwicklungen in Chhattisgarh zurückzuführen. Hintergrund
der Eskalation ist das Bestreben der Regierung, die großen Rohstoffvorkom-
men in der Bastar-Region auszubeuten und die damit einhergehende Bedrohung des natürlichen Lebensraums der dort siedelnden indischen Urbevölke-
rung.

Die von den Rebellen durchgeführten Aktionen spiegelten das von der
CPI-*Maoist* ausgegebene Ziel wider, die durch eine offensivere Ausrichtung
gekennzeichnete zweite Stufe des maoistischen Guerillakampfes zu erreichen. Auf dieser Stufe sollen die staatlichen Autoritäten so geschwächt werden, dass die Maoisten die Kontrolle über die ländliche Bevölkerung übernehmen. Nachdem 2007 mit über 1.500 Vorfällen und etwa 700 Todesopfern
ein neuer Höhepunkt der Gewalt erreicht wurde, hat es 2008 zumindest in
einem Teil der betroffenen Gebiete einen leichten Rückgang der Gewalt
gegeben. Die Zahl der Todesopfer ist auf 600 bis 650 gesunken.

Auch im Berichtsjahr 2009 verübten die *Naxaliten* zahlreiche Anschläge
auf Sicherheitskräfte, Infrastruktur, staatliche Einrichtungen, lokale Regierungsvertreter, Mitglieder gegnerischer Parteien sowie vermeintliche Kom-
plizen der Polizei. Ferner kam es regelmäßig zu Zusammenstößen und
Schusswechseln mit Polizei- und paramilitärischen Einheiten sowie der Armee. Hierbei kamen insgesamt etwa 1.000 Menschen ums Leben, davon circa
400 Zivilisten sowie jeweils etwa 300 Angehörige der Sicherheitskräfte und
der Rebellen.

Im Fokus der *Naxaliten* standen 2009 die von April bis Mai stattfindenden indischen Parlamentswahlen. Die CPI-*Maoist* rief zum Boykott der Wahlen auf und versuchte diese, durch Gewalt und Einschüchterungsversuche
aktiv zu beeinträchtigen. In den unter naxalitischem Einfluss stehenden Unionsstaaten kam es zu Anschlägen auf Wahllokale, Ermordungen von Wahllei-
tern und -helfern sowie Lokalpolitikern, Sabotageakten gegen den Wahlkampf der Parteien sowie zu zahlreichen Angriffen auf Polizei- und
paramilitärische Einheiten, die zum Schutz der Wahlen eingesetzt wurden.
Vielerorts sprachen die *Naxaliten* öffentliche Drohungen gegenüber Wahlwil-
ligen aus. Darüber hinaus verübten die maoistischen Rebellen im Laufe der
Wahlen verstärkt Anschläge auf öffentliche Einrichtungen und Infrastruktur.
In Bihar wurde etwa einen Tag vor der Wahl ein Bahnhof in die Luft ge-
sprengt und ein Personenzug mit rund 300 Passagieren gekapert. Zwar be-

zeichnete das Zentralkomitee der CPI-*Maoist* die versuchte Wahlsabotage als Erfolg. Letztlich lag die Wahlbeteiligung in den unter naxalitischem Einfluss stehenden Unionsstaaten bei rund 50 Prozent und damit etwa 10 Prozent unter dem Landesdurchschnitt, was aber auch üblichen regionalen Schwankungen entsprechen kann.

Am schwersten betroffen von der naxalitischen Gewalt waren 2009 die Bundesstaaten Chhattisgarh, Jharkhand und Westbengalen. Hier kam es fast täglich zu Anschlägen und Zusammenstößen mit den Sicherheitskräften. In Westbengalen waren die *Naxaliten* besonders auf dem Vormarsch und konnten zeitweise den gesamten Distrikt Lalgarh unter ihre Kontrolle bringen. Trotz massiven Truppenaufgebots waren die Sicherheitskräfte lange nicht in der Lage, die Rebellenhochburg zurückzuerobern. Erst als im Juni rund 4.000 indische Polizisten und Paramilitärs eine Offensive starteten, zogen sich die Rebellen wieder in den Dschungel zurück. Infolge der erbitterten Kämpfe zwischen Sicherheitskräften und Rebellen mussten viele Dorfgemeinschaften ihre Häuser verlassen, um nicht zwischen die Fronten zu geraten.

Vor dem Hintergrund der zunehmenden naxalitischen Gewalt und vor allem der Ereignisse in Westbengalen hat die indische Zentralregierung die CPI-*Maoist* am 22. Juni 2009 landesweit verboten und als Terrororganisation eingestuft. Während die Partei in einigen Bundesstaaten bereits verboten war, lehnten andere Unionsstaaten wie etwa Westbengalen, die meist von einer kommunistisch-marxistischen Koalition regiert wurden, ein Verbot bislang ab. Durch ein landesweites Verbot, das in den letzten fünf Jahren aufgrund der Beteiligung kommunistisch-marxistischer Parteien an der Bundesregierung nicht möglich war, will die Zentralregierung ein national einheitliches, koordiniertes Vorgehen gegen die *Naxaliten* erreichen. Das Verbot und die Einstufung als Terrororganisation hatte für die Partei weitreichende Folgen: ihre Büros wurden versiegelt, ihre Bankkonten gesperrt, ihre Führer und Mitglieder können unter noch strikteren Gesetzen verhaftet werden und der Partei bislang zustehende öffentliche Gelder fallen weg.

Das Verbot des politisch-institutionellen Arms der *Naxaliten* bedeutete aber nicht nur den Wegfall von legalen Organisationsstrukturen und finanziellen Mitteln, sondern auch eine stärkere Konfrontation mit den staatlichen Sicherheitskräften. Im Oktober 2009 beschloss die Zentralregierung einen landesweiten Aktionsplan unter dem Namen „Grüne Jagd" gegen die *Naxaliten*. Dieser sieht eine größere Operation gegen die maoistischen Rebellen in den sieben am stärksten von der naxalitischen Gewalt betroffenen Unionsstaaten vor, die sich zunächst auf Chhattisgarh, Jharkhand, Orissa und Bihar konzentrierte. Für die auf bis zu zwei Jahre angelegte Operation wurden über 20.000 zusätzliche Angehörige paramilitärischer Einheiten und der Armee in die entsprechenden Gebiete entsandt. In den ersten Monaten der im November gestarteten Offensive konnten die staatlichen Sicherheitskräfte jedoch keine signifikanten Erfolge gegen die *Naxaliten* verzeichnen.

Mit dem Verbot der CPI-*Maoist* und dem Aktionsplan „Grüne Jagd" gibt es in Indien nun zum ersten Mal ein koordiniertes landesweites Vorgehen gegen die *Naxaliten*. Der von der Zentralregierung eingeschlagene Konfrontationskurs wird jedoch keine Konfliktlösung bringen, da die Ursachen des Konfliktes in Form von Ungerechtigkeit, Armut und Ausgrenzung weiter fortbestehen. Die *Naxaliten* könnten sogar gestärkt aus dieser Konfrontation hervorgehen, indem sie den nun forcierten Kampf des Staates gegen die *Naxaliten* als einen Krieg gegen die Ärmsten und Ausgegrenzten der indischen Gesellschaft verklären und sich selbst als Zentrum des Widerstands gegen das ungerechte System stilisieren.

Thorsten Wojczewski

Weiterführende Literatur und Informationsquellen:
Duyker, Edward: Tribal Guerillas. The Santals of West-Bengal and the Naxalite Movement, Oxford 1987
Mallik, Ross: Indian Communism. Opposition, Collaboration and Institutionalization, New Delhi u.a. 1994
Mhra, Ajay K.: Naxalism in India. Revolution or Terror?, in: Terrorism and Political Violence 12/2 (2000), S. 37-66
Ramana, P.V.: Internal and International Linkages of Naxalites, in: Dialogue (6) 2005: http://www.asthabharati.org/Dia_Apr05/ramana.htm
Ramana, P.V.: Left-Wing Extremism in India, in: Sengupta, D. (Hrsg.): Terrorism in South Asia, New Delhi 2004
Ray, Rabindra, The Naxalites and Their Ideology, Oxford 1988
Toepfer, Eric: Ein vergessener Bürgerkrieg, in: antimilitarismus informationen 28/7 (1998), S.41-45
Wilke, Boris: Krieg auf dem indischen Subkontinent. Strukturgeschichtliche Ursachen gewaltsamer Konflikte in Indien, Pakistan und Bangladesh (Forschungsstelle Kriege, Rüstung und Entwicklung, Institut für Politische Wissenschaft, Universität Hamburg, Arbeitspapier Nr.1/1997), Hamburg 1997
http://www.cpiml.org (CPI(ML), von der sich die Naxaliten in den späten 1960er Jahren abgespalten haben)
http://www.hindu.com (Zeitung)
http://www.hindustantimes.com (Zeitung)
http://www.idsa.in (Institute for Defence Studies & Analyses)
http://www.ipcs.org (Institute for Peace and Conflict Studies)
http://www.outlookindia.com (Zeitung)
http://www.satp.org (South Asia Terrorism Portal des Institute for Conflict Management, New Delhi)
http://www.suedasien.net (Entwicklungspolitische NGO)

Myanmar [Birma]

(Krieg)

Beginn: 2003
             (zuvor Krieg 1949-1998, bewaffneter Konflikt 1999-2002)
Kriegstyp: B-2
Beteiligte: KNU, SSA-S / Myanmar, DKBA, UWSA, KSPC

Die Armee Myanmars verstärkte im Berichtsjahr 2009 ihre Angriffe auf die *Karen National Union* (KNU) und *Shan State Army – South* (SSA-S). In diesem Zusammenhang vergrößerte sie ihre Präsenz im Dschungelgebiet der Rebellengruppen im Osten sowie Südosten des Landes und startete von dort aus ihre Offensiven. Für das Jahr 2010 sind Wahlen in Myanmar angekündigt, welche das Militär als Argument nutzte, den anhaltenden Widerstand der KNU und der SSA-S weiter zu brechen und die Rebellengruppen kontinuierlich zu bekämpfen.

Die Ursprünge der seit sechs Jahrzehnten andauernden bewaffneten Auseinandersetzungen in Myanmar reichen bis in die vorkoloniale Zeit zurück. Der Herrschaftsanspruch der birmanischen Könige auf bestimmte territoriale Abschnitte führte immer wieder zu Zusammenstößen mit anderen Völkern wie den Hmong, Shan, Kachin und Karen, die entlang der gebirgigen Grenzen des heutigen Staates leben. Die britische Kolonialmacht förderte die Identitätsbildung der verschiedenen Ethnien Ende des 19. Jahrhunderts durch die Aufteilung des Landes in ein direkt verwaltetes Inner Burma und ein weitgehend autonom belassenes Outer Burma. Die Birmanen sahen sich erstmals fremdbestimmt und waren auch in der Kolonialarmee unterrepräsentiert. Um die 70 Prozent der heute etwa 51 Millionen Einwohner Myanmars gehören zu den Birmanen und verwandten Ethnien. Unter den etwa 100 verschiedenen Minderheiten in Myanmar bilden die Shan und die Karen mit jeweils 10 Prozent Bevölkerungsanteil die größten Gruppen.

Im Zweiten Weltkrieg wurden die Spannungen zwischen den einzelnen Gruppen weiter von außen verschärft, da die britische Armee überwiegend Karen und Kachin für den Kampf gegen Japan rekrutierte. Dieses wiederum wurde anfänglich von der birmanischen Unabhängigkeitsbewegung unterstützt, die während des Krieges zur dominierenden Kraft in Myanmar wurde und die Unabhängigkeitsverhandlungen forcierte. Die erste Verfassung von 1947 erschwerte eine Konsolidierung, da sie an die verschiedenen Ethnien unterschiedliche Zugeständnisse in Bezug auf deren Autonomie enthielt. Als Myanmar im Januar 1948 in die Unabhängigkeit entlassen wurde, hatten kommunistische Gruppen bereits zu den Waffen gegriffen. Im März 1948 begann der Bürgerkrieg mit der *Communist Party of Burma* (CPB).

Mit dem Beginn dieses Krieges rebellierten ganze Einheiten der Streitkräfte, um sich dem kommunistischen Aufstand, aber auch ethnischen separatistischen Gruppen anzuschließen. Die bis heute aktive *Karen National Union* (KNU) wurde im Februar 1947 gegründet. Mit dem Ziel der Sezession begann sie 1949 den bewaffneten Kampf. Die Karen erwarteten, dass ihnen von den Briten ein eigenständiger Staat zugesprochen werden würde. Aus Unzufriedenheit mit der Zentralregierung traten in den 1950er Jahren weitere ethnische Gruppen in den Konflikt ein. So hatte die damalige Regierung U Nus in Yangon während der ersten Jahre des unabhängigen Staates nur die Kontrolle über die Hauptstadt und einige andere größere Städte.

Darüber hinaus war diese Regierung aufgrund des Krieges bereits stark vom Militär abhängig und 1962 übernahm die Armee unter der Führung Ne Wins nach einem Putsch selbst die Kontrolle über das Land. Die von ihm neu eingesetzte Regierung lehnte alle in der Verfassung ursprünglich gewährten Autonomierechte ethnischer Gruppen ab. Während auf politischer Ebene gleicher Status und gleiche Rechte für alle Ethnien in einer gemeinsamen Nation propagiert wurden, begann die Armee mit dem Versuch der Rückeroberung der von den ethnischen Rebellenbewegungen kontrollierten Gebiete. Bis in die 1980er Jahre dominierten zwei Gruppen den Kampf gegen die Militärregierung: die CPB, die finanziell von China unterstützt wurde, und die *National Democratic Front* (NDF), welche ein Zusammenschluss von bis zu elf ethnischen Rebellengruppen war und einen föderalen Staat anstrebte.

Ausgelöst durch eine Geldabwertung kam es ab Ende 1987 zu landesweiten Protesten, aus denen sich auch eine Demokratiebewegung entwickelte. Infolge der Aufstände trat Ne Win zurück. Nach Ausrufung des Kriegsrechts im August 1988 wurden die Proteste blutig niedergeschlagen. Aus den Städten flohen Tausende in die von Aufständischen kontrollierten Gebiete. Das Militär setzte eine neue Regierung ein und ließ 1990 zunächst Wahlen zu, erkannte den eindeutigen Sieg der *National League for Democracy* (NLD) jedoch nicht an. Der Militärrat nutzte den Widerstand aus dem demokratischen Lager, um härter gegen die Rebellengruppen vorzugehen und verdoppelte die Truppenstärke der Armee in der Folgezeit auf über 450.000 Mann.

In der Zeit zwischen Ende der 1980er Jahre und 1995 veränderte sich das Kriegsgeschehen. China stellte seine finanzielle Unterstützung für die CPB ein, die daraufhin in verschiedene Splittergruppen zerfiel. Ein Großteil dieser Gruppen, aber auch ein Teil der in der NDF organisierten ethnischen Rebellengruppen unterzeichneten in diesen Jahren Waffenstillstandsabkommen mit der Regierung. Einige Fraktionen konnten weitgehende Selbstverwaltungsrechte für ihre Gebiete aushandeln und ihre Waffen behalten, unter anderem auch die auf immer noch mindestens 20.000 Kämpfer geschätzte *United Wa State Army* (UWSA). Diese kämpft seitdem als Verbündete der Regierungstruppen vor allem im Shangebiet und kann nicht mehr als eigenständige Rebellengruppe gelten. Ziel der Waffenstillstandsabkommen war für die Regierung insbesondere die wirtschaftliche und militärische Kontrolle in den ehemals von Rebellen beherrschten Gebieten.

In den Jahren 1995 und 1997 führten die Regierungstruppen unterstützt durch die 2.000 Mann starke *Democratic Karen Buddhist Army* (DKBA), einer Abspaltung der KNU, Großoffensiven gegen die KNU durch, die keinem Waffenstillstand zugestimmt hatte und nun die aktivste verbliebene Rebellenarmee bildete. Die Angriffe führten zur Zerstörung des KNU-Hauptquartiers in Manerplaw und zu großen Gebietsverlusten seitens der Rebellen. Auch gegen andere noch bestehende ethnische Rebellengruppen wie die SSA-S konnte die Armee mit ihren militärischen Vorstößen Erfolge verzeichnen. Die SSA-S als zweitbedeutendste Rebellengruppe hatte sich erst 1996 aus ehemaligen verbliebenen Anhängern einer der aufgelösten Gruppierungen gebildet und wird auf bis zu 10.000 Mann stark geschätzt. Sie kämpft im Norden Myanmars für einen unabhängigen Staat, proklamiert aber auch eine föderale Lösung als mögliches Ziel. Seit den verstärkten Angriffen der Armee beschränkte sich das Wirken von KNU, SSA-S und anderer Gruppen auf einen Guerillakrieg, in dem ihre finanziellen Ressourcen kontinuierlich sanken. Das Niveau der Auseinandersetzungen lag fortan unterhalb der Kriegsschwelle.

Die Stärke des Militärs in Myanmar resultiert aus der Kontrolle des Abbaus wertvoller natürlicher Ressourcen wie Jade und Edelsteinen sowie der Erdöl- und Erdgasförderung. Diamanten sind die die drittgrößte Exportware Myanmars, weshalb der enorme Preisrückgang im Berichtsjahr 2009 zu mehreren Schließungen von Minen führte und zahlreiche Arbeiter ihre Beschäftigung verloren. Durch die Unterstützung aus China, Indien, Russland und der Ukraine verfügt die Armee Myanmars vermehrt über moderne Waffen. Die Regierung hat seit 1989 Waffen im Wert von über 2 Milliarden US-Dollar importiert. Dadurch konnte die Regierung die Truppenstärke kontinuierlich ausbauen. 2006 gab Myanmar sechsmal soviel Geld für das Militär wie für die Sozialpolitik aus.

Die Rebellengruppen finanzieren sich bis heute durch die Besteuerung des Schwarzmarkthandels mit Nachbarländern und den Abbau natürlicher Ressourcen wie Teakholz und verschiedener Erze. Ebenso „besteuern" Armeeeinheiten Bauern und engagieren sich teils selbst im Opiumanbau, da wegen der immer weiter steigenden Inflationsrate der Sold kaum zum Ernähren einer Familie ausreicht. Die Versorgung der Regierungstruppen wurde zudem auch durch Zwangsarbeit sichergestellt. Einige der bewaffneten Gruppen, insbesondere die UWSA, sind zu bedeutenden Akteuren im Drogengeschäft in der Grenzregion zu China, Laos und Thailand geworden und für eine große Anzahl der Bauern dient die Opiumproduktion als wichtige Einnahmequelle und Lebensgrundlage. Das Einkommen von Bauern, die Opium anbauen, liegt um ungefähr ein Drittel über dem Durchschnittseinkommen in Myanmar. Zwischen 2006 und 2007 ist der Opiumpreis um elf Prozent gestiegen, was eine Anbausteigerung von 29 Prozent im Jahr 2007 nach sich zog. Myanmar ist nach Afghanistan der zweitgrößte Heroinproduzent. Es beugte sich 2006, als es im Oktober auf Drängen der USA Thema im UN-Sicherheitsrat wurde, dem internationalen Druck, nachhaltig gegen die Drogenproduktion vorzugehen. Bis heute fehlen dazu aber entsprechende Maßnahmen der Regierung.

Im Jahr 2003 verschärfte sich der Konflikt durch regelmäßige Angriffe der Armee auf die KNU und andere Rebellengruppen und eskalierte wieder zum Krieg. 2004 führten Machtkämpfe innerhalb der Regierung zur Absetzung und Verhaftung des Premierministers und Geheimdienstchefs Khin Nyunt, unter dessen Führung Friedensgespräche mit der KNU stattgefunden hatten. Diese Verhandlungen wurden mit dem Wechsel an der Regierungsspitze beendet und der Kampf gegen die Rebellen verstärkt. Im November 2005 begann die Armee Myanmars mit einer Großoffensive, welche bis in das Berichtsjahr andauert, gegen die heute circa 5.000 Mann starke KNU und ihren bewaffneten Arm, die *Karen National Liberation Army* (KNLA).

Die KNU hat seit Dezember 2006 zunehmend mit inneren Spannungen zu kämpfen. So kam es im Januar 2007 zu einer Abspaltung eines ehemaligen Führers der KNU, der ein Abkommen mit den Regierungstruppen unterzeichnete und eine regierungstreue Fraktion, den *Karen State Peace Council* (KSPC), gründete. Der KSPC kämpft seitdem zusammen mit der DKBA und startete auch im Berichtsjahr 2009 mehrere Offensiven gegen die KNU. Im Februar 2008 erfuhr die KNU eine weitere Schwächung. Der Generalsekretär Mahn Sha wurde in seinem Haus in Thailand erschossen und es bleibt ungeklärt, wer für das Attentat verantwortlich war.

Nachdem die Armee 2007 die Anzahl ihrer Stützpunkte im Karengebiet verdoppelte und damit die Kontrolle im Rebellengebiet massiv erhöhte, setzte sie ihre Kampfhandlungen mit mehreren Großoffensiven gegen die KNU und die SSA-S 2008 fort. Dabei standen auch Gebiete wie der Südosten Myanmars an der Grenze zu Thailand im Fokus der Angriffe, in denen es vorher keine Auseinandersetzungen gegeben hatte.

Im Berichtsjahr 2009 bauten das Militär und die DKBA ihre Präsenz in den Rebellengebieten weiter aus. Diese Stützpunkte wurden als Ausgangsbasen für regelmäßige über das gesamte Jahr verteilte Angriffe auf die KNU und die SSA-S genutzt, die auf beiden Seiten zu Verlusten führten. Im Juni griff die Armee zusammen mit der DKBA die KNU im Süden des Karengebiets überraschend in der Regenzeit an und konnte große Gebietsgewinne erzielen. Dies war der größte territoriale Verlust der KNU seit 1995. Auch die SSA-S sah sich den stärksten Angriffen der Armee seit 1998 gegenüber. Dabei wurden über 10.000 Dorfbewohner vertrieben und Hunderte verhaftet.

Während der Kampfhandlungen setzten das Militär und die DKBA laut internationalen Medienberichten über 500 Dörfer in Brand und verfolgten die Zivilbevölkerung. Im Zuge der Angriffe wurden Teile der Bevölkerung aus den Rebellengebieten für eine sogenannte *Border Guard Force*, die laut Regierungsangaben zur Verstärkung des Militärs eingerichtet werden soll, zwangsrekrutiert. Den Rebellengruppen wurde seitens der Regierung angeboten, sich in die *Border Guard Force* zu integrieren und in diesem Zuge einen Waffenstillstandsabkommen zu vereinbaren.

Genauere Zahlen zu Verletzten und Getöteten liegen für die Konflikte im Osten Myanmars nicht vor. Aufgrund der repressiven Politik des Militärregimes und der massiven Einschränkung der Pressefreiheit gelangen nur wenige Daten über die kriegerischen Auseinandersetzungen in Myanmar an die Öffentlichkeit. Ereignisse wie die Demonstrationen der Mönche im September 2007 oder der Zyklon Nargis im Mai 2008 lenkten die internationale Berichterstattung zwar regelmäßig auf Myanmar, aber gleichzeitig auch weg von den Konflikten in den Rebellengebieten. Die Zahlenangaben zu den Flüchtlingen in Myanmar basieren daher meist auf Schätzungen. Demnach gibt es seit November 2005 mindestens 650.000 Binnenflüchtlinge. 150.000 suchten zudem im benachbarten Thailand Schutz in Flüchtlingslagern nahe der Grenze. Insgesamt halten sich 1,5 Millionen Burmesen illegal in dem Nachbarstaat auf. Im Berichtsjahr 2009 hat Thailand verstärkt Flüchtlinge aus Myanmar zurückgeschickt, weshalb es im August 30.000 Burmesen innerhalb weniger Tage nach China flohen.

Für das Jahr 2010 sind in Myanmar Wahlen angesetzt. Bis zu diesem Zeitpunkt hat die Regierung angekündigt, den Widerstand der Rebellengruppen so gering wie möglich zu halten, um die eigene Macht zu konsolidieren. Die derzeitige Verfassung, die durch ein Referendum im Mai 2008 erlassen wurde, legitimiert die Angriffe des Militärs durch einen Passus, der vorschreibt, dass sich alle ethnischen Minderheiten dem Militär unterwerfen müssen. Für die Wahlen selbst ist zu erwarten, dass sie militärisch überwacht und weder frei noch fair sein werden.

Miriam Schaper

Weiterführende Literatur und Informationsquellen:
Callahan, Mary P.: Making Enemies. War and State Building in Burma, Ithaca 2005
Esche, Annemarie: Ethnic Policy of the Union of Myanmar. The Kayin Case, in: Engelbert, Thomas/Kubitscheck, Hans Dieter (Hrsg.): Ethnic Minorities and Politics in Southeast Asia, Frankfurt a. M. 2004
International Crisis Group: Myanmar Backgrounder. Ethnic Minority Politics, 2003: http://www.icg.org
Lintner, Bertil: Burma in Revolt. Opium and Insurgency Since 1948, Bangkok 1994
May, R.J./Selochan, Viberto (Hrsg.) The Military and Democracy in Asia and the Pacific, Canberra 2004
Smith, Martin: Burma – Insurgency and the Politics of Ethnicity, London 1999
South, Ashley: Mon Nationalism and Civil War in Burma, London 2005
http://www.burmaissues.org (Nachrichtensammlung)
http://www.burmalibrary.org (gesammelte Informationen über Myanmar)
http://www.burmanet.org (gesammelte Nachrichten verschiedener Agenturen)
http://www.freeburmarangers.org (Christliche Hilfsorganisation)
http://www.irrawaddy.org (Oppositionszeitung)
http://www.karen.org (KNU-nahe Nachrichten)

http://www.khrg.org (Karennahe Hilfsorganisation)
http://www.myanmar.com/newspaper/nlm/ (Regierungsnahe Zeitung)
http://www.myanmar-information.net/ (Pressemitteilungen der Regierung)
http://www.shanland.org (Shan Presseagentur)

Pakistan (Belutschistan)

(Bewaffneter Konflikt)

Beginn: 2005 (Krieg bis 2008)
Kriegstyp: B-2
Beteiligte: BLA, BLUF / Pakistan

Gemessen an der Zahl der Getöteten und Verwundeten blieb das Ausmaß der Gewalt in Belutschistan 2009 gegenüber dem Vorjahr nahezu unterändert. Allerdings stand ein steigender Anteil der Anschläge und Zusammenstöße mit den Sicherheitskräften nicht mehr in Zusammenhang mit separatistischen Gruppen der Belutschen sondern mit den pakistanischen *Taliban* (Religionsschüler), die ihr Operations- und Einflussgebiet zunehmend auch auf Belutschistan ausdehnten (vgl. den Bericht zu Pakistan (Taliban)).

Belutschistan liegt im Südwesten des Landes und ist mit 44 Prozent die flächenmäßig größte Provinz Pakistans. Sie ist reich an natürlichen Ressourcen wie Öl und Erdgas. Die geographische Region Belutschistan ist geteilt in eine westliche Hälfte als Teil des iranischen Staatsgebietes und einen östlichen, pakistanischen Teil. Die umstrittene Grenzziehung hatte seit der Gründung Pakistans zu Unabhängigkeitsbestrebungen seitens der Belutschen und zu der Idee eines Groß-Belutschistan geführt. In einer Phase besonders repressiven Vorgehens der Staatsmacht formierten sich 1973 Organisationen wie *Independent Balochistan* und auch die *Balochistan Liberation Army* (BLA). Der anschließende Krieg von 1973 bis 1977 wurde hauptsächlich von der *Balochistan People's Liberation Front* (BPLF) geführt. Trotz der reichen Erdgasvorkommen gilt Belutschistan als die ärmste Region Pakistans und die Unzufriedenheit der Bevölkerung mit der Zentralregierung in Islamabad ist groß. Als der ehemalige Präsident Pervez Musharraf 1999 durch einen Militärputsch an die Macht kam, begann eine intensive Exploration der Erdgasfelder. Es formten sich Rebellenbewegungen, die vor allem strategische und verkehrspolitisch wichtige Ziele sowie Militärposten in der Region angriffen.

Gegen Ende des Jahres 2004 trat die zuvor kaum aktive BLA in Erscheinung und bekämpfte den Ausbau der pakistanischen Militärpräsenz in der Provinz. Ihre Vorgehensweise zeichnete sich durch gezielte Angriffe auf Armeeposten und Militärkonvois aus. Einrichtungen der Regierung, Öl- und Gaspipelines sowie auch wichtige Verkehrsknotenpunkte zählten zu ihren Zielen. Im Jahr 2005 weitete Präsident Musharraf daraufhin die Militärpräsenz in Belutschistan auf etwa 123.000 Soldaten massiv aus. Im Dezember 2005 reagierte das pakistanische Militär auf die Anschläge der BLA mit Flächenbombardements in einzelnen Bezirken. Durch dieses unverhältnismäßige Vorgehen, bei dem insbesondere auch die Zivilbevölkerung schwer getroffen wurde, eskalierte der Konflikt zum Krieg.

In der ersten Hälfte des Jahres 2006 kam es beinah täglich zu Zusammenstößen zwischen Sicherheitskräften und Rebellen oder zu Anschlägen auf militärische und strategisch wichtige Ziele und Gaspipelines. Armee und paramilitärische Einheiten setzten bei ihren Angriffen Hubschrauber, schwere Geschütze und Raketen ein. Im August 2006 startete das Militär eine groß angelegte Offensive, bei der am 26. August der Politiker, Stammes- und Rebellenführer Nawab Akbar Khan Bugti getötet wurde. Bugti, der auch der „Tiger von Belutschistan" genannt wurde, war eine führende Persönlichkeit des Widerstandes. Die Tötung Bugtis, löste Unruhen in der ganzen Provinz aus. Studenten der Universität in Belutschistan reagierten während der nächsten Tage mit gewalttätigen Protesten. Auch die Angriffe auf Polizei und Militärstützpunkte nahmen nochmals massiv zu. Ebenso übernahm die BLA die Verantwortung für gesprengte Gas- und Wasserpipelines. Obwohl es ein Kennzeichen der BLA war, sich zu verübten Anschlägen zu bekennen, ließen sich nicht alle Angriffe eindeutig zuordnen, denn die pakistanischen *Taliban* dehnten ihr Operationsgebiet zunehmend auf Belutschistan aus.

Zu Beginn des Jahres 2007 ging die Zahl der bewaffneten Auseinandersetzungen mit Militäreinheiten zunächst zurück. Die BLA war geschwächt, weil einige der Rebellenführer aufgrund der steigenden Militärpräsenz geflohen oder bei den Kämpfen ums Leben gekommen waren. Im Rahmen des traditionellen Sibbi-Festivals der Belutschen gab Präsident Musharraf bekannt, dass er bereit sei, mit den Rebellen zu verhandeln, um die Gewalt zu beenden. Das Angebot Musharrafs an die BLA umfasste weitreichende Strukturförderungsprogramme für die Provinz. Die vom Präsidenten in Aussicht gestellte Unterstützung bezog sich auf Geldmittel und den Ausbau der Landwirtschaft. Eine Beteiligung Belutschistans an den Einkünften aus den Erdöl- und Erdgasvorkommen sowie mehr politische Autonomie gehörten allerdings nicht zu den Vorschlägen der Regierung. Dementsprechend zeigten sich die Rebellen von seinem Angebot unbeeindruckt und ihr Sprecher Bebarg Baloch verkündete, die BLA werde weiter kämpfen.

Ab April 2007 kam es wieder vermehrt zu Gefechten zwischen den Sicherheitskräften und der BLA. Es gelang der Polizei aber im Verlauf des Jahres mehrere Führer der BLA und einige ihrer Gefolgsleute festzunehmen. Bei diesen Aktionen wurden auch Waffen und Munition der Rebellen sichergestellt. Am Todestag Nawab Akbar Khan Bugtis riefen die nationalistischen Parteien Belutschistans sowie verschiedene Studentenorganisationen zu einem Streik auf. Bei den anschließenden Auseinandersetzungen zwischen Polizei und Demonstranten gab es acht Tote.

Im Februar 2008 wurde sowohl in Pakistan als auch in der Provinz Belutschistan gewählt. Der neue Gouverneur der Provinz, Nawab Zulfiqar Ali Magsi, erklärte im April einen Friedensprozess zur obersten Priorität der Provinzregierung und bot den Rebellen einen Dialog an. Dieses Angebot wurde jedoch bereits nach wenigen Tagen von der BLA offiziell zurückgewiesen. Trotzdem gab der neu gewählte pakistanische Premierminister Yousuf Raza Gilani bekannt, dass die Militäroperationen in Belutschistan bis auf Weiteres ausgesetzt würden. Tatsächlich wurden die Spezialeinheiten des *Frontier Corps* aus der Provinzhauptstadt Quetta und der Stadt Gwadar abgezogen und ihre Aufgaben an die örtliche Polizei übergeben. Die Einheiten des Militärs blieben allerdings in der Region stationiert.

Im Berichtsjahr 2009 machte vor allem die bis dahin kaum in Erscheinung getretene *Baloch Liberation United Front* (BLUF) von sich reden. Im Februar entführte sie John Solecki, der Leiter des UNHCR-Büros in Belutschistan, ließ diesen später aber unversehrt wieder frei. Am 18. Oktober wurde eine Granate auf das Haus des belutschischen Informationsministers abgeschossen, ohne dass jemand verletzt oder getötet wurde. Eine Woche später wurde der Erziehungsminister Belutschistans, Shafiq Ahmed Khan, erschossen. Zu diesem Attentat bekannte sich die BLUF.

Ihren größten Anschlag im Berichtsjahr verübte die BLA im August 2009 mit der Sprengung der Sui-Guddu Gas-Pipeline. Der dadurch entstandene Versorgungsausfall betraf fünf Kraftwerke und wirkte sich mit einem vorübergehenden Stromausfall von 1.200 Megawatt auf ganz Pakistan aus. Weitere Anschläge auf Infrastruktureinrichtungen fanden das ganze Jahr über statt. Die Zahl der Todesopfer sank gegenüber dem Vorjahr von rund 350 auf etwa 270. Insbesondere ging die Zahl der getöteten Rebellen von über 100 auf etwa 30 bis 40 zurück. Dagegen stieg die Zahl der Verletzten von knapp 400 auf etwa 500. Trotzdem schwächte sich der Konflikt 2009 deutlich gegenüber dem Vorjahr ab, da der Anteil der Gewalt, der dem Konflikt zwischen den verschiedenen separatistischen Gruppen Belutschistans und der Zentralregierung zuzuschreiben war, zurückging. Dafür sind Teile Belutschistans zum dauerhaften Operationsgebiet der pakistanischen *Taliban* geworden (vgl. den Bericht zu Pakistan (*Taliban*)).

Auch wenn die Auseinandersetzungen zwischen belutschischen Rebellengruppen und pakistanischen Sicherheitskräften 2009 nicht mehr das Ausmaß eines Krieges erreichten, scheint ein Ende des bewaffneten Konfliktes nicht unmittelbar bevorzustehen. Die Angebote der Regierung für eine Verhandlungslösung wurden bislang von den Rebellen durchweg als unzureichend zurückgewiesen. Und trotz einer tendenziellen Schwächung der Rebellen waren diese bislang weiterhin in der Lage vor allem Infrastruktureinrichtungen in Belutschistan regelmäßig anzugreifen und bleiben so eine Herausforderung, der die Regierung auch in Zukunft militärisch begegnen wird.

Stefan Herden

Weiterführende Literatur und Informationsquellen:
Orywal, Erwin: Krieg oder Frieden. Eine vergleichende Untersuchung kulturspezifischer
    Ideale – Der Bürgerkrieg in Belutschistan/Pakistan, Berlin 2002
Quuddus, S.A.: The Tribal Beluchistan, Lahore 1990
Siddiqi, Akhtar Hussain: Baluchistan (Pakistan): Its Society, Resources, and Development,
    Langham 1991
http://www.dawn.com (pakistanische Tageszeitung)
http://www.pak.gov.pk (Regierung Pakistans)
http://www.pakistanconflictmonitor.org/balochistan (Pakistan Conflict Monitor des Human
    Security Report Project)
http://www.satp.org (South Asia Terrorism Portal des Institute for Conflict Management,
    New Delhi)
http://www.thefridaytimes.com (pakistanische Wochenzeitung)

Pakistan (Taliban)

(Krieg)

Beginn: 2007
Kriegstyp: AB-1
Beteiligte: *Taliban*, Stammesmilizen / Pakistan, Stammesmilizen, USA

Bereits seit Frühjahr 2004 finden Kampfhandlungen zwischen verschiedenen
Gruppen, die zusammen als *Taliban* (Religionsschüler) bezeichnet werden,
und dem pakistanischen Militär an der Grenze zu Afghanistan statt. Im Berichtsjahr ereichte der Konflikt eine weitere Stufe der Eskalation: Zunächst
ging die pakistanische Regierung im Swat-Tal einen Waffenstillstand mit den
Taliban ein. Dieser hielt jedoch nicht. Verbände der Rebellen besetzten kurzzeitig Gebiete in knapp 100 Kilometer Entfernung von der Hauptstadt Islamabad. Zwar eroberte die Armee im Sommer das Swat-Tal zurück und bekämpfte seit Oktober die *Taliban* in Südwasiristan, dem zweiten
wesentlichen Kriegsschauplatz, doch mit Anschlägen in den großen Städten
des Landes haben die militanten Islamisten gezeigt, dass sie überall zuschlagen können und keinesfalls geschwächt sind.

Räumlich lässt sich der Ausgangspunkt der Gewalt auf die Federally
Administered Tribal Areas (FATA), die North West Frontier Province
(NWFP) und Teile des südlich angrenzenden Belutschistan festmachen. Eine
zentralstaatliche Kontrolle ist insbesondere in den FATA, aber auch in der
sich östlich anschließenden NWFP und Belutschistan höchstens temporär
vorhanden. Dies liegt zum einen daran, dass die unwegsamen Gebirgsregio-
nen physische Hindernisse für Armee und Polizei darstellen. Zum anderen ist
es der pakistanischen Regierung nie gelungen, die mehrheitlich paschtunischen Stammesgebiete der FATA vollständig zu kontrollieren. Die Armee
gilt dort als illegitimer Fremdkörper. Sondergesetze und die staatliche Grenz-

polizei existieren parallel zu Stammesautoritäten mit eigenen Gesetzen und Milizen.

Die pakistanischen *Taliban* haben ihren Einfluss von den FATA auf Teile der NWFP und Belutschistans ausgedehnt und versuchten, ihre Ordnungsvorstellungen, vor allem eine orthodoxe Auslegung der Scharia als einziges Rechtssystem, lokal gewaltsam durchzusetzen. Sie arbeiteten eng mit den afghanischen *Taliban* zusammen, legen ihren Schwerpunkt aber auf Aktivitäten in Pakistan statt auf den Kampf gegen die afghanische Zentralregierung und die ausländischen Truppen im Nachbarland. Die FATA waren die erste Region Pakistans, in der sich die afghanischen *Taliban* nach dem Einmarsch der US-geführten Truppen in Afghanistan reorganisierten. Mittlerweile werden hochrangige afghanische *Taliban*-Angehörige und Mitglieder von *Al-Qaida* (Die Basis) aber nicht mehr in den FATA, sondern in der belutschischen Provinzhauptstadt Quetta vermutet. Im innerpakistanischen Krieg nehmen sie jedoch wie die USA und die Stammesmilizen nur eine Randrolle ein. Zentrale Kriegsakteure sind die pakistanische Armee und die pakistanischen *Taliban*.

Bei den pakistanischen Taliban handelt es sich um dezentral organisierte Gruppen, die untereinander in Konkurrenz stehen. Sie setzen sich nicht nur aus Milizen afghanischer und pakistanischer Herkunft zusammen, sondern werden auch durch internationale Jihadisten vor allem aus Ägypten, Saudi-Arabien, Usbekistan und Tadschikistan verstärkt. In der ersten Hälfte dieses Jahrzehnts konzentrierten sie ihre Aktivitäten im Gegensatz zur gegenwärtigen Situation auf den Kampf gegen die internationalen Streitkräfte in Afghanistan. Als sich Pakistan nach dem 11. September 2001 den USA im „Kampf gegen den Terror" anschloss, war es daher ein erklärtes Ziel von Präsident Pervez Musharraf, die Infiltration durch islamistische Kämpfer nach und von Afghanistan zu beenden. Die zivile Regierung Asif Zardaris hat dieses Ziel übernommen. Allerdings kann sowohl für Musharraf als auch für seinen Nachfolger an der Motivation, die *Taliban* zu besiegen, gezweifelt werden. Solange die *Taliban* sich auf Angriffe gegen die internationalen Truppen und den afghanischen Staat beschränken und nicht über die FATA hinaus den pakistanischen Staat bedrohen, dienen sie in den Augen vieler hochrangiger pakistanischer Politiker, Militärs und Geheimdienstler der Schwächung Afghanistans, dessen Konsolidierung und etwaige Kooperation mit Indien als strategischer Nachteil für Pakistan befürchtet wird.

Im Frühjahr 2004 begann die pakistanische Regierung auf Druck der USA mit einer groß angelegten Militäroperation. Erstmals in der Geschichte Pakistans wurden Streitkräfte in die FATA entsandt. Die ansässigen rivalisierenden Stammesgruppen beteiligten sich teils auf Seiten der Regierung, teils auf Seiten der *Taliban*. Die Kämpfe hatten ihren Schwerpunkt in Nord- und Südwasiristan, zwei der sieben Verwaltungsgebiete in den FATA. Die Operation, in deren Verlauf mehrere hundert Soldaten ums Leben kamen, dauerte bis 2006 an. Die pakistanischen Streitkräfte und Vertreter der Stämme verhandelten schließlich einen einmonatigen Waffenstillstand. Die Regierung versprach, sich aus der Region zurückzuziehen und ihre militärischen Operationen gegen militante Gruppen einzustellen. Die Einheiten der Armee wurden durch Milizen aus Stammesangehörigen der Region ersetzt. Diese sollten Übergriffe auf Ordnungskräfte und Aktivitäten ausländischer Kämpfer in den FATA, vor allem Angriffe über die Grenze hinweg nach Afghanistan, unterbinden. Zwar konnten die Kämpfe beendet werden, doch wurde insbesondere seitens der USA Kritik geäußert, die pakistanische Regierung leiste durch ihren Rückzug einem steigenden Einfluss der *Taliban* Vorschub. Bereits kurz nach der Unterzeichnung des Abkommens wurden Stammesführer, die mit der Regierung kooperierten, tot aufgefunden. Auf diese Weise versuchten die *Taliban* ihre Macht gegen kooperationsunwillige Stämme zu festigen. Im Berichtsjahr setzten sie dieses Vorgehen fort.

In von ihnen kontrollierten Gebieten gingen die *Taliban* gegen Praktiken vor, die ihnen als unislamisch gelten. Drohbriefe an Geschäftsleute und Schuldirektoren, Attentate auf Basare, Schulen und Geschäfte waren ihre Mittel der Einschüchterung. Zu den bevorzugten Zielen der Taliban zählten Friseurgeschäfte, die aufgefordert werden, keine Bärte mehr zu rasieren, und Schneider, die westliche Kleidung anboten, sowie Musik- und Videogeschäfte. Die Büros von Nichtregierungsorganisationen oder Restaurants, die auch von Frauen besucht werden, waren immer wieder Ziele von Selbstmordanschlägen. Gegen vermeintliche Kollaborateure mit der Zentralregierung und den USA verhängten die *Taliban* Todesstrafen, die öffentlichkeitswirksam in Form von Enthauptungen durchgeführt wurden. Kriminelle zählten ebenfalls zu ihren Opfern. All diese Gewaltakte haben sich im Berichtsjahr fortgesetzt und in ihrer Intensität zugenommen, so dass beispielsweise im Januar rund 80.000 Schülerinnen im Swat-Tal nicht zum Unterricht zurückkehren konnten. Gegenüber Regierung und Armee verliehen die *Taliban* ihren Forderungen durch Entführungen Nachdruck. Dies traf in den vergangenen Jahren mehrere Hundert Soldaten. Im Juni 2009 entführten die *Taliban* 71 Studenten, die allerdings rasch von der Armee befreit werden konnten. Ziel derartiger Entführungen ist es zumeist, inhaftierte Führungskräfte freizupressen.

Eine der bedeutendsten pakistanischen *Taliban*-Gruppen wird von Maulana Fazlullah angeführt. Er ist Geistlicher und hatte im Distrikt Swat der NWFP in mehreren Dörfern parallele Justizstrukturen aufgebaut, in denen seine Interpretation islamischen Rechts gesprochen wurde. 2007 führte sein Scharia-Gericht erstmals öffentliche Auspeitschungen durch. Fazlullah hat in seinem Heimatbezirk, in dem er auch einen eigenen Radiosender betreibt, großen Einfluss. Im April des Berichtsjahrs kam es zu einem Waffenstillstand zwischen Fazlullahs *Taliban*-Gruppe und der Regierung. Dieser sah den Rückzug der Armee und die Alleingültigkeit des Scharia-Rechts nach Interpretation der *Taliban* vor.

Die USA und die afghanische Regierung kritisierten den Waffenstillstand als Beschwichtigungsversuch und vor allem auch, weil das nördlicher
gelegene Swat-Tal im Gegensatz zur *Taliban*-Hochburg Südwasiristan eine
gute Ausgangsposition bietet, um die Nachschubwege der US-geführten
Truppen nach Afghanistan zu stören und das islamistische Netzwerk über den
Osten Afghanistans bis nach Zentralasien auszudehnen. Während der kurzen
Herrschaft der *Taliban* im Swat-Tal sollen die Islamisten ihren Kampf mit
dort abgebauten Smaragden und Nutzhölzern sowie der Besteuerung religiöser Minderheiten finanziert haben.

Als Reaktion auf Vorstöße der *Taliban* aus dem Swat-Tal in den Distrikt
Buner, der nur rund 100 Kilometer von Islamabad entfernt liegt, eroberte die
Armee im Sommer das Swat-Tal zurück. Nach Armeeangaben wurden hierbei rund 1.500 *Taliban*-Kämpfer getötet. Gleichzeitig lösten die Kämpfe eine
Flüchtlingswelle von circa 1 Million Menschen aus. Der Vorstoß der Taliban
nach Buner und die anschließende Gegenoffensive der Armee zeigen zweier-
lei: Erstens kann der pakistanische Staat selbst außerhalb der FATA kaum
noch für Sicherheit sorgen. Widerstand gegen die in Buner einfallenden *Taliban* leisteten in erster Linie nicht Armee und Polizei, sondern bewaffnete
Bewohner, die sich in Milizen zum Selbstschutz organisiert hatten. Zweitens
mag die Armee auf Grund ihrer Überlegenheit mit schwerem Kriegsgerät in
der Lage sein, von den *Taliban* kontrolliertes Terrain zurückzuerobern. Doch
sind die Folgen hiervon nicht weniger destabilisierend wie die Präsenz der
Taliban. So waren 80 bis 90 Prozent der Swat-Flüchtlinge mangels staatlicher Unterstützung auf die Hilfe von Verwandten angewiesen. Insofern sie in
Flüchtlingslagern unterkamen, boten sie den *Taliban* nicht nur nahezu ideale
Verstecke, sondern auch die Möglichkeit, neue Kämpfer zu rekrutieren.

Seit Herbst 2009 verdeutlichen zahlreiche Selbstmordanschläge gegen
Militär und Polizei im Swat-Tal, dass von einer lokalen Befriedung keine
Rede sein kann. Die *Taliban* waren weiterhin präsent und haben Anfang
Oktober darüber hinaus durch spektakuläre Anschläge wie diejenigen auf die
Vertretung des Welternährungsprogramms der Vereinten Nationen in Islama-
bad und auf das Hauptquartier der pakistanischen Armee in Rawalpindi, bei
dem 42 Geiseln genommen wurden, gezeigt, dass sie überall in Pakistan
zuschlagen können. Insgesamt und vor allem in den FATA und der NWFP
hat zwar die Anzahl der Angriffe durch islamistische Rebellen gegen Zivilisten seit Juni von monatlich 250 auf 170 abgenommen, gleichzeitig wurden
Selbstmordanschläge in Landesteilen durchgeführt, in denen es vor wenigen
Jahren derartige Ereignisse nicht gab.

Die Ausweitung der Anschläge auf das ganze Land bedeutet eine Zuspit-
zung der Konfrontation zwischen Regierung und *Taliban*, denn eine Ein-
dämmung der islamistischen Fundamentalisten auf die FATA hat sich als
unrealistisch erwiesen. Folglich schwindet in pakistanischen Regierungskrei-
sen die Zurückhaltung gegenüber groß angelegten Militäraktionen. Gleichzei-

tig vermehrten sich im Laufe des Jahres 2009 die Spekulationen über ein verstärktes Eingreifen der USA in den FATA und Belutschistan. Seit mehreren Jahren setzen die US-Streifkräfte auf Drohnenangriffe, um Führungspersonen der *Taliban* auszuschalten – so zum Beispiel Baitullah Mehsud im August 2009, den vermutlichen Drahtzieher des Attentats auf Benazir Bhutto, die damalige Oppositionsführerin und aussichtsreiche Kandidatin für das Amt des Premierministers. Auch US-Eliteeinheiten sollen auf pakistanischem Staatsgebiet in nächtlichen Kommandoaktionen zum Einsatz gekommen sein. Zahlreiche Berater legten US-Präsident Barack Obama nahe, die Drohnenangriffe nicht mehr auf Wasiristan zu beschränken, sondern insbesondere auf das Rückzugsgebiet der afghanischen *Taliban* um Quetta auszudehnen. Während ein solches Vorgehen eine Rückkehr zum Fokus der USA auf für Afghanistan relevante Akteure bedeuten würde, zielten die US-Drohnenangriffe im Berichtsjahr zumeist auf zentrale Personen im innerpakistanischen Krieg.

Beide Faktoren, der Druck seitens der USA und die Ausweitung der Gewalt durch die *Taliban*, waren Gründe dafür, dass die Armee Mitte Oktober mit einer Offensive in Südwasiristan mit 30.000 Mann begann. Kurz nach Beginn der Militäraktionen am Boden wurde die Zahl der so verursachten Flüchtlinge auf 150.000 geschätzt. Anfang November nahm die Armee nach Mehsuds Heimatort Kotkai gegen massiven Widerstand auch Sararogha, ein Zentrum der Operationsplanung der Islamisten, ein und erklärte, das Ende koordinierter Aktionen der *Taliban* sei nun nur noch eine Frage der Zeit. Im Dezember verkündeten Armee und Regierung den Erfolg der Militäroperation. Dessen ungeachtet kam es weiterhin zu Anschlägen in den großen Städten Pakistans – betroffen unter anderem das Hauptquartier der Marine am 2. Dezember und eine Moschee in einem von Militärangehörigen bewohnten Viertel von Rawalpindi mit 40 Opfern zwei Tage später.

Ob die Offensive in Südwasiristan zu einer Stabilisierung beitragen wird, ist äußerst fraglich. Zunächst hat bereits die Offensive im Swat-Tal die Sicherheitslage kaum verbessert. Zwar wurde die orthodoxe Scharia-Gesetzgebung abgeschafft, allerdings stellen Flüchtlingselend und Kriegsschäden destabilisierende Faktoren dar, mit denen der pakistanische Staat überfordert ist. Außerdem steigt mit der Intensität der Kämpfe tendenziell die Anzahl radikaler Schüler der Madrassen, die sich ihnen anschließen. Darüber hinaus handelt es sich beim Swat-Tal um ein eher urbanes Gebiet außerhalb der FATA, in dem die *Taliban* kaum lokale Unterstützung hatten. Im ländlichen Südwasiristan gilt die Armee hingegen als illegitimer Fremdkörper. Ohne die Unterstützung der Stämme wird sie dort wie bereits von 2004 bis 2006 auf Ablehnung stoßen. Verstärkt wird dieses Problem durch den massiven Artillerie- und Luftwaffeneinsatz, der zu hohen Verlusten unter der Zivilbevölkerung führte. Letztlich ist der Ausgang einer umfassenden militärischen Konfrontation zwischen Militär und *Taliban* offen.

Sören Scholvin

Weiterführende Literatur und Informationsquellen:
Abbas, Hassan: Pakistan's Troubled Frontier. Washington 2009
Kumar, Urvashi: Swat. A Chronolgy since 2006 (Special Report 68 des Institute for Peace
    & Conflict Studies), New Delhi 2009
Yusufzai, Rahimullah: A Who's Who of the Insurgency in Pakistan's North-West Frontier
    Province, in: Jamestown Foundation Terrorism Monitor 6.18 (2008)
http://www.globalsecurity.org (Global Security)
http://www.satp.org (South Asia Terrorism Portal des Institute for Conflict Management,
    New Delhi)

Philippinen (Mindanao)

(Krieg)

Beginn: 1970
Kriegstyp: B-2
Beteiligte: MILF, ASG, JI / Philippinen

Knapp 300.000 philippinische Flüchtlinge in der Provinz Mindanao können
seit über einem Jahr nicht in ihre Häuser zurückkehren und leben in Notbe-
helfslager. Anlass für diese Massenflucht waren die Angriffe der Rebellen
der *Moro Islamic Liberation Front* (MILF) im August 2008, die aufgrund
gescheiterter Friedensverhandlungen die Dorfbewohner aus ihren Häusern
vertrieben. Durch die anschließenden Kämpfe mit der philippinischen Armee
wurden die Flüchtlinge an der Rückkehr gehindert. Auf der Insel Jolo kam es
im Jahr 2009 immer wieder zu Zusammenstößen zwischen der philippinischen Armee und den Anhängern der *Abu Sayyaf Group* (ASG, Schwert
Gottes), die dieses Jahr erneut vor allem durch Bombenattentate und Entführungen von Zivilisten auffiel. An der international Aufmerksamkeit erregen-
den Ermordung von 57 Zivilisten in der Provinz Maguindanao im November
war keine der philippinischen Rebellengruppen beteiligt.

Die Ursachen des seit Jahrzehnten anhaltenden Konflikts sind in der Kolonialherrschaft durch Spanien und später der USA zu finden. Es gelang den
Spaniern bis zum Ende des 19. Jahrhunderts nicht, die muslimischen Bewohner auf der Inseln Mindanao und den Sulu-Inselgruppen Basilan, Tawi-Tawi
und Jolo im Süden der Philippinen zu unterwerfen. So entwickelte sich über
die Jahrhunderte hinweg ein sozialer Graben zwischen den im Süden lebenden Muslimen und den im Norden ansässigen Christen. Als die USA Anfang
des 20. Jahrhunderts die Kolonialherrschaft über die Philippinen übernahmen, führten sie massive Umsiedlungsaktionen vom Norden in den Süden
durch. Die philippinische Regierung setzte diese Politik nach der Unabhängigkeit 1946 fort, wodurch die Muslime innerhalb von 40 Jahren zu einer
Minderheit von etwa 20 Prozent in den südlichen Regionen wurden und einen Großteil ihres Landes an die Neuankömmlinge verloren. In den 1970er

Jahren verschärfte sich der Konflikt zwischen den beiden Gruppen. In diese Zeit fiel die Gründung der muslimischen *Moro National Liberation Front* (MNLF), die für eine autonome Region Mindanao kämpfte. In den ersten fünf Jahren forderte der Krieg zwischen der MNLF und der philippinischen Regierung unter Präsident Ferdinand Marcos knapp 50.000 Tote. 1976 kam es unter der Aufsicht der *Organisation of Islamic Conference* (OIC) zu Gesprächen zwischen Regierung und MNLF, in denen der MNLF die Autonomie über 13 Provinzen zugesagt wurde. Dieses Zugeständnis wurde allerdings nicht eingelöst.

Viele MNLF-Anhänger sahen die Bereitschaft ihres Anführers Nur Misuari, mit Marcos Friedensgespräche zu führen, als Verrat an. Sie gründeten aus Protest unter Salamat Hashim die *Moro Islamic Liberation Front* (MILF). Diese Gruppe strebte nicht nur die Autonomie an, sondern wollte einen eigenständigen Staat auf Basis der islamischen Kultur gründen. In den folgenden Jahren gingen die Kampfhandlungen sowohl mit der MNLF als auch der MILF weiter.

Im Jahr 1989 errichtete die philippinische Regierung ohne Zustimmung der Rebellengruppen die Autonomous Region in Muslim Mindanao (ARMM). Als die Provinzen im Süden der Philippinen per Volksentscheid über ihren Beitritt in diese Region abstimmen sollten, traten von 13 Provinzen und acht Städten aufgrund der Minderheit der Muslime aber nur Lanao del Sur, Maguindanao, Sulu, Tawi-Tawi sowie Cotabato City bei,; fünf Jahre später schlossen sich noch die Insel Basilan sowie Marawi City an. In diese Phase des Konflikts fiel 1991 die Gründung der islamistischen *Abu Sayyaf Group* (ASG), die einen islamischen Staat im Süden der Philippinen errichten wollte. Ihrem Gründer, Abualak Janjalani, wurden später enge Verbindungen zur *Al-Qaida* (Die Basis) nachgesagt Die ASG fiel zunächst vor allem durch Bombenattentate und Plünderungen auf.

Als die philippinische Regierung 1996 nach zahlreichen Gesprächen die Rechte des muslimischen Bezirks ausweitete, erkannte die MNLF die ARMM als Kompromiss an und schloss mit der Regierung Frieden. Misuari wurde Gouverneur der ARMM sowie Vorsitzender des neu gegründeten *Southern Philippines Council for Peace and Development* (SPCPD), der auch außerhalb der ARMM wirtschaftliche und soziale Projekte in allen südlichen Provinzen und Städten koordinieren sollte. Nach diesem Verhandlungserfolg begann ein umfassendes Demobilisierungs- und Reintegrationsprogramm. Bis 2004 wurden rund 5.500 MNLF-Kämpfer in die philippinische Armee integriert. Misuari selbst wurde während seiner Amtszeit Korruption vorgeworfen, so dass er 2001 nicht wiedergewählt wurde. Daraufhin baute er erneut eine Gruppe loyaler muslimischer Kämpfer auf, die bis Ende 2004 etwa 450 Rebellen umfasste. Dieser Gruppe wird bis heute nachgesagt, ASG- und MILF-Aktionen zu unterstützen und an Bombenattentaten beteiligt zu sein.

Ein Dialog mit der MILF gelang der Regierung trotz zahlreicher Gesprächsangebote erst 1999 und zwei Jahre später unterzeichneten die beiden Kriegsparteien einen Waffenstillstand. Unter der Schirmherrschaft Libyens und Malaysias wurden Friedensverhandlungen aufgenommen. Zwei Aspekte standen bei den Gesprächen im Vordergrund: Dies betraf zum einen die Ausweitung der autonomen Gebiete über die ARMM hinaus und zum anderen die Frage, welche Rechte die autonomen Gebiete bekommen sollten. Die Gespräche führten jedoch zu keinem konkreten Ergebnis. Der Verhandlungsprozess wurde durch mehrere Faktoren erschwert. Es kam immer wieder zu bewaffneten Angriffen sowohl der philippinischen Armee als auch der MILF. Viele begangene Attentate wurden nicht nur ASG-Mitgliedern, sondern auch abtrünnigen Kämpfern der MILF und MNLF zugeschrieben. Den MILF-Anführern wurde vorgeworfen, ihre eigenen Leute nicht unter Kontrolle zu haben, was ihre Glaubwürdigkeit bei der Regierung untergrub. Auch Gerüchte, die MILF würde enge Kontakte zur ASG und zur *Jemaah Islamiyah* (JI, Islamische Organisation) unterhalten, gefährdeten den Friedensprozess. Beobachter glaubten, dass Mitglieder der JI im Gebiet der MILF-Rebellen Trainingslager unterhalten würden. Ein weiteres Problem war die Stationierung von US-Truppen auf den Philippinen, die die philippinischen Streitkräfte im Kampf gegen die ASG zeitweise aktiv unterstützten.

Mitte 2002 gründeten Regierung und MILF die *Ad hoc Joint Action Group* (AHJAG), die vor allem in den von Rebellen kontrollierten Gebieten tätig war. Die Aussöhnung wurde durch eine Serie größerer Anschlägen im Frühjahr 2003 in Davao unterbrochen, bei denen 38 Menschen ums Leben kamen. Die Attentate wurden der MILF zur Last gelegt, obwohl deren Anführer jede Beteiligung abstritten. Im Juli 2003 starb der MILF-Gründer Harashim und Ebrahim Murad übernahm die Führung der Rebellen. Kurz darauf wurde ein neuer Waffenstillstand vereinbart. Die MILF und die philippinische Regierung einigten sich darauf, diesen mit Hilfe des von Malaysia geführten *International Monitoring Team* (IMT) zu überwachen. Es war der seit Oktober 2004 auf Mindanao tätigen IMT zu verdanken, dass es in den folgenden zwei Jahren nur noch zu zehn größeren Gefechten zwischen der philippinischen Armee und MILF-Rebellen kam. So konnten sich beide Seiten darauf konzentrierten gezielt gegen ASG- und JI-Mitglieder vorzugehen, die die MILF-Territorien als Rückzugsgebiete nutzten. Attentate der ASG in den Jahren 2004 und 2005 forderten weit über 100 Tote und knapp 500 Verletzte.

Im März 2007 schien die Regierung bereit zu sein, die Selbstverwaltung der Muslime zum größten Teil anzuerkennen und zum ersten Mal die historisch entstandenen Ungleichheiten zwischen den Muslimen und Christen zuzugestehen. Allerdings störte die ASG den Friedensprozess durch eine Serie von Anschlägen und Entführungen. Am 27. Juli 2008 wurde bekannt, dass in wenigen Tagen das Memorandum of Agreement on Ancestral Domain (MOA-AD) unterzeichnen werden könnte. Details des Vertrages wur-

den öffentlich bekannt: Das MOA-AD sollte den Grundstein zur Wiedergutmachung vergangenen Unrechts an den Muslimen während der Siedlerzeit
legen. Das bedeutete unter anderem eine Ausweitung des autonomen muslimischen Gebiets. Ein Jahr nach der Unterzeichnung des MOA-AD sollte die
Bevölkerung der angrenzenden Gebiete in einem Volksbegehren über den
Beitritt zum autonomen muslimischen Gebiet, nun umbenannt in Bangsamo-
ro Juridical Entity (BJE) entscheiden. Der Vertrag wurde jedoch nie unterzeichnet. Da lokale Politiker nicht in die Verhandlungen einbezogen wurden,
kam es zu Protesten christlicher Bewohner und Politiker der angrenzenden
Gebiete der ARMM. Sie legten nach Bekanntgeben konkreter Details des
MOA-AD Widerspruch beim philippinischen Obersten Gerichtshof ein. Dieser verbot im August 2008 die Unterzeichnung des Vertrages bis zur Verkündung eines endgültigen Urteils.

Infolge des Vetos kam es zu heftigen Auseinandersetzungen. MILF-
Offiziere, die sich nicht an die Vereinbarungen der MILF-Führung hielten,
stürmten mit ihren Streitkräften in Dörfer vor allem in der Provinz Nord-
Cotabato, brannten Gebäude nieder und besetzten Polizeistationen und öffentliche Einrichtungen. Sie vertrieben tausende Menschen aus ihren Häusern. Wenige Tage später breiteten sich die Kämpfe in die Provinz Lanao aus.
Innerhalb von zwei Monaten kam es zu 100 Gefechten zwischen Armee und
rebellierenden MILF-Anhängern. Hunderte Menschen starben, Hundertttau-
sende wurden vertrieben. Im September sollen bis zu einer halben Millionen
Zivilisten auf der Flucht gewesen sein. Am 14. Oktober schließlich fällte der
Oberste Gerichtshof sein Urteil und verkündete, dass das MOA-AD nicht
verfassungsgemäß sei. Im Dezember weitete die Regierung die Angriffe
gegen die Rebellen aus. Unter dem Vorwand, ASG-Mitglieder festnehmen zu
wollen, griff die Armee auf den Inseln Jolo und Basilan MILF-Anhänger an.

Im Januar 2009 entführte die ASG drei Mitarbeiter des Roten Kreuzes.
Daraufhin wurde für ein halbes Jahr über die Insel Jolo der Ausnahmezustand
verhängt. Erst nach sechs Monaten kam der letzte der drei Entführten wieder
frei. Bis zum Ende des Jahres griff die ASG immer wieder philippinische
Soldaten an, legte Bomben und entführte Zivilisten. Die Regierung ging nach
wie vor offensiv gegen Kämpfer der ASG vor. Allerdings kam es in diesem
Jahr zu keinen größeren Zusammenstößen. Zwischen der MILF und der Regierung war das Interesse am Friedensprozess trotz der Attacken rebellieren-
der MILF-Einheiten hoch. Die Konfliktparteien nahmen die Verhandlungen
erst nach sechsmonatiger Pause im Juli in Malaysias Hauptstadt Kuala Lum-
pur wieder auf. Allerdings wurde der ohnehin schon schwierige Prozess ge-
fährdet, als im August philippinische Soldaten auf der Insel Basilan in einem
Hinterhalt abtrünniger MILF-Rebellen und ASG-Mitglieder ums Leben kamen. Regierung und MILF signalisierten weiterhin Gesprächsbereitschaft
und handelten im Oktober Rahmenbedingungen zum Schutz von Flüchtlingen aus. Ein neu eingesetztes Beobachtungsteam mit Vertretern aus verschie-

denen Staaten und Nichtregierungsorganisationen sollte die Umsetzung des Vertrages überwachen. Außerdem verpflichteten sich beide Parteien nichtstaatliche Organisationen bei ihrer humanitären Arbeit zu unterstützen. Es kehrte aber trotzdem keine Ruhe im Süden der Philippinen ein. Bürgerwehren destabilisierten die Waffenruhe vor Ort. Nach wie vor forderten unzählige Bombenattentate und Entführungen zivile Opfer. Die Flüchtlinge warteten in Notbehelfslagern vergeblich auf Fortschritte.

Im November fand die Gewalt auf den Philippinen einen neuen Höhepunkt als bei einem blutigen Massaker in Maguindanao 57 Personen, darunter lokale Politiker, Journalisten und Zivilisten, ums Leben kamen. Präsidentin Gloria Macapagal-Arroyo verhängte daraufhin im Dezember in dieser Region das Kriegsrecht. Diese Tat stand allerdings nicht im Zusammenhang mit dem Mindanaokonflikt. Verantwortlich waren vielmehr rivalisierende Politiker der Region, sodass der Friedensprozess zwischen MILF und Regierung durch Tat nicht betroffen war.

Die Prognosen für eine Beendigung des Krieges sind trotz einzelner erfolgreicher Vereinbarungen zwischen MILF und Regierung düster. Zum einen fordert die MILF eine Ausweitung der ARMM-Gebiete und die Wiedergutmachung vergangenen Unrechts. Dies macht nach dem Urteil des Obersten Gerichtshofs eine Änderung der philippinischen Verfassung notwendig, der sich lokale Politiker und Großgrundbesitzer entgegenstellen. Zum anderen stehen 2010 Wahlen an, sodass aus Sicht der MILF die Arroyo-Regierung allenfalls Bedingungen für einen Waffenstillstand, aber keinen Friedensvertrag anbieten kann. Darüber hinaus haben islamistische Gruppierungen wie die JI und ASG kein Interesse an einem Frieden. Ferner wird die Sicherheit in Mindanao durch kriminelle Banden untergraben.

Patricia Konrad

Weiterführende Literatur und Informationsquellen:
Banlaoi, Rommel C.: Essays on the Abu Sayyaf Group, Quezon 2008: http://www.pipvtr.com
Banlaoi, Rommel C.: Radical Muslim Terrorism in the Philippines in: Tan, Andrew T. H. (Hrsg.): A Handbook of Terrorism and Insurgency in Southeast Asia, Cornwall 2007
Chalk, Peter: Separatism in Southeast Asia. The Islamic Factor in Southern Thailand, Mindanao and Aceh, in: Studies in Conflict and Terrorism 24/4 (2001), S. 241-269
Dizon, Nikko: MILF Deal May Expand ARMM in: Inquirer.Net 07/2008: http://www.inquirer.net
International Crisis Group: Southern Philippines Backgrounder. Terrorism and the Peace Process, Singapore – Brussels 2004: http://www.icg.org
Kreuzer, Peter: Der Bürgerkrieg in den Philippinen (Hessische Stiftung Friedens- und Konfliktforschung. Standpunkte 03/2008): http://www.hsfk.de
Loewen, Howard: Der Friedensprozess im Süden der Philippinen zwischen Terrorismus und Separatismus in: Südostasien aktuell 3/2005, Hamburg: http://www.giga-hamburg.de
Internal Displacement Monitoring Centre: Cycle of Conflict and Neglect. Mindanao's Displacement and Protection Crisis, 2009: http://www.internal-displacement.org

http://asiafoundation.org (Asia Foundation)
http://www.gov.ph/cat_defense (philippinische Armee)
http://www.manilatimes.net (Manila Times)
http://www.mindanaotimes.com.ph (Mindanao Times)
http://www.mindanews.com (Mindanao News and Information Cooperative Center)
http://www.pipvtr.com (Philippine Institute for Peace, Violence and Terrorism Research)
http://www.pvtr.org (International Centre for Political Violence and Terrorism Research)

Philippinen (NPA)

(Krieg)

Beginn: 1970
Kriegstyp: A-2
Beteiligte: NPA / Philippinen

Im Berichtsjahr 2009 gingen die Kämpfe zwischen der kommunistischen Rebellengruppe *New People's Army* (NPA) und der philippinischen Armee und Polizei unvermindert weiter. Nach wie vor griff die NPA vor allem militärische Einrichtungen und Polizeistationen an oder zerstörte mit Bomben öffentliche Einrichtungen wie Telekommunikationsanlagen. Dabei vermied sie weitgehend offene Konfrontationen mit philippinischen Soldaten. Die Armee hingegen ging sehr offensiv gegen die Rebellen vor und eroberte mehrere NPA-Lager. Erst gegen Ende des Jahres zeichnete sich ein Weg für erneute Friedensgespräche ab.

Der Auslöser für den Konflikt waren große soziale Unterschiede zwischen verarmten Bauern und Arbeitern auf der einen und Großgrundbesitzern auf der anderen Seite. Im Dezember 1968 gründete sich die *Communist Party of the Philippines* (CPP) mit dem Ziel die Regierung zu ersetzen und soziale Ungerechtigkeiten zum Beispiel durch Landreformen auszugleichen. Mitglieder der Partei waren anfangs hauptsächlich Studenten, die durch legale Proteste auf soziale Probleme aufmerksam machen wollten. Vier Monate später formierte sich der militärische Flügel der Partei, die NPA. Ein bis heute andauernder Guerilla-Kampf begann. Die Attacken richteten sich vor allem gegen Großgrundbesitzer und lokale Politiker. 1973 gründete die CPP den Dachverband *National Democratic Front of the Philippines* (NDF), dem zwölf weitere linksorientierte Gruppen angehörten und der bei Friedensverhandlungen bis heute die CPP/NPA offiziell vertritt.

Der philippinische Präsident Ferdinand Marcos (1965-1986) verschärfte durch einen diktatorisch-patrimonialen Regierungsstil die sozialen Probleme im Land. Zu Beginn der 1980er Jahre umfasste die NPA bis zu 25.000 kampfbereite Männer und Frauen und kontrollierte etwa 20 Prozent des staatlichen Territoriums. Sie bauten parastaatliche Strukturen auf, boten Dienst-

leistungen für die Bevölkerung an und trieben vor Ort Steuern ein. Nach dem
Ende des Marcos-Regimes wurden in der Amtszeit von Präsidentin Corazon
Aquino (1986-1992) wieder demokratische Grundrechte eingeführt und viele
politische Gefangene entlassen, unter ihnen der CPP-Gründer Jose Maria
Sison. Des Weiteren verabschiedete die Regierung eine Agrarreform, in deren Zuge landlose Bauern Ackerland zugesprochen bekommen sollten. In den
ersten Jahren wurde hauptsächlich staatliches Gebiet verteilt, während sich
die Großgrundbesitzer weigerten, Land abzugeben. Trotz Reformen und
Friedensgesprächen konnte kein dauerhafter Waffenstillstand erreicht werden. Im Juli 1987 schuf die Regierung paramilitärische Milizen, die der Armee bei der Zerschlagung von aufständischen Einheiten behilflich sein sollten. Diese waren vor Ort stationiert und sollten die Übernahme der Dörfer
durch Aufständische verhindern.

Unter dem nachfolgenden Präsidenten Fidel Ramos (1992-1997) gewährte das philippinische Parlament durch ein Abkommen den Führern der NDF
eine weitgehende Immunität und erkannte sie als Verhandlungspartner für
Friedensgespräche offiziell an. Die Gespräche zwischen der Regierung und
der kommunistischen Seite wurden fortgeführt, jedoch auch immer wieder
unterbrochen. Der liberale Kurs der Regierung gegenüber den Kommunisten
führte zu Richtungskämpfen und einer Zersplitterung innerhalb der
NDF/CPP. Auch die NPA verlor an aktiven Kämpfern, die Zahl sank auf
circa 15.000 Rebellen.

Im Mai 1998 unterzeichneten Vertreter von NDF/CPP und die Regierung
den ersten von vier Verträgen, die zu einem Friedensvertrag zwischen den
Konfliktparteien führen sollten. Der Vertrag sah die Untersuchung von Menschenrechtsverletzungen während der Marcos-Ära, die Entschädigung politisch Verfolgter und die Freilassung politischer Gefangener vor. Da sich aber
gleichzeitig beide Seiten weiterhin bekämpften, kam der Friedensprozess
nicht über das Stadium erster gemeinsamer Verlautbarungen hinaus. Die
USA, die EU und mehrere NATO-Mitgliedsländer stuften CPP und NPA als
ausländische Terrororganisationen ein und sperrten ihre Auslandskonten. In
der Folgezeit nahmen die Gewalthandlungen auf beiden Seiten wieder zu.

Erst im Jahr 2004 ließ sich die CPP wieder auf Verhandlungen mit der
Regierung unter der neuen Präsidentin Gloria Macapagal-Arroyo ein. In
Norwegen fanden insgesamt vier Gesprächsrunden statt, bei denen erstens die
Implementierung des Vertrages von 1998, zweitens Sozial- und Wirtschafts-
reformen, drittens eine Reform des politischen Systems und viertens die
Zukunft der NPA als bewaffneter Arm von NDF und CPP diskutiert wurden.
Die Konfliktparteien waren sich in den ersten beiden Zielen weitgehend ei-
nig, die anderen Verhandlungspunkte blieben jedoch umstritten und so wur-
den die Gespräche ergebnislos abgebrochen. Im August 2005 verkündete die
NDF schließlich, nicht mehr mit der Regierung verhandeln zu wollen, da
diese durch Korruptionsaffären innenpolitisch unter erheblichen Druck gera-

ten war und zudem des Wahlbetrugs im Jahr zuvor bezichtigt wurde. Daraufhin kündigte die Regierung die Immunitätsgarantien für die Führer der NDF auf.

Nach wie vor kontrollierte die NDF/CPP Provinzen und Gemeinden auf jeder der drei großen philippinischen Inselgruppen Luzon, Visayas und Mindanao. Vor allem ihr Einsatz für die Kleinbauern gegenüber den Großgrundbesitzern und ausländischen Unternehmen brachte ihnen weiterhin Unterstützung ein. Außerdem übernahm die NDF/CPP in ihren Gebieten soziale Funktionen wie etwa medizinische Versorgung, Armenhilfe und kulturelle Veranstaltungen. Dementsprechend versuchte die Regierung, die NPA nicht nur militärisch, sondern auch durch soziale Maßnahmen zu schwächen. So sollten Entwicklungsprogramme für die vom Konflikt betroffenen Provinzen dazu dienen, der NPA die Unterstützung aus der lokalen Bevölkerung zu entziehen. Über die strafrechtliche Verfolgung von NDF/CPP-Mitgliedern und -Anhängern sollte die politische Organisation sowie die Fähigkeit der NPA zur Nachwuchsrekrutierung geschwächt werden. 2006 stellte die Regierung offiziell ihr Ziel vor, die NPA bis 2010 besiegen zu wollen. Gleichzeitig wurde versucht, Anreize für NPA-Kämpfer zu schaffen, sich zu ergeben und die Waffen abzuliefern. Arroyo erließ eine Verordnung zur sozialen Integration ehemaliger Rebellen sowie eine Amnestie für alle sich ergebenden NPA-Kämpfer, die keine schweren Verbrechen begangen hatten.

In der Vergangenheit hatte die zentrale Befehlsstruktur der Rebellen weitgehend funktioniert und die Führungsspitzen machten weiterhin ihre Befehlsgewalt über die lokalen Einheiten geltend. Doch die Umstände ihrer jeweils lokal organisierten materiellen Reproduktion erschwerten den Zusammenhalt der Gesamtgruppe. Durch die Sperrung der CPP-Auslandskonten 2001 wurde das unabhängige Wirtschaften der Verbände und Einheiten vor Ort wichtiger, wodurch sich eigenständige Vorgehensweisen häuften und materielle Interessensgegensätze entstanden. Die Finanzierung der einzelnen NPA-Einheiten geschah zum Großteil über die Erhebung einer „Revolutionssteuer". Einige NPA-Gruppen finanzierten sich aber auch durch Entführungen. Diesbezüglich hatte CPP-Anführer Sison bereits 2005 und 2007 öffentlich zu „Säuberungsmaßnahmen" zur Aufrechterhaltung seiner Befehlsgewalt und Entkriminalisierung seiner Organisation aufgerufen.

Die Auseinandersetzungen zwischen der Armee und der NPA gingen in den letzten Jahren in Form von kleineren Zusammenstößen weiter. Die NPA agierte vor allem lokal und griff öffentliche Einrichtungen an oder attackierte Minenbesitzer und internationale Firmen. Während die philippinische Regierung und Armee eine signifikante Schwächung der Rebellen durch Tötung, Festnahme oder Kapitulation vieler ihrer Kämpfer verkündeten, sprach die NPA von einer erfolgreichen Bilanz taktischer Guerilla-Offensiven. Inoffizielle Gespräche zwischen Regierungsvertretern und dem seit Jahren im Exil in den Niederlanden lebenden Sison in Norwegen blieben ergebnislos. Die

Situation der auf den Philippinen lebenden Bauern blieb nach wie vor ungelöst und Ende 2008 lief die Agrarreform aus, ohne dass sie vollständig umgesetzt wurde. Eine Einigung bezüglich einer weitergehenden Landreform war nicht in Sicht.

Im Berichtsjahr 2009 gingen die Auseinandersetzungen zwischen Armee und Polizei auf der einen und der NPA auf der anderen Seite weiter. Die NPA blieb auch in diesem Jahr bei ihrer Guerilla-Taktik und griff vereinzelt Kasernen, Polizeistationen und infrastrukturelle Einrichtungen wie beispielsweise Funktürme an. Des Weiteren entführte sie mehrere Soldaten und Polizisten. Neue Gebiete konnte die NPA aber nicht erobern. Eigenen Angaben der Rebellen zufolge soll aufgrund der unsicheren Situation bezüglich der Agrarreform die Zahl der aktiven Kämpfer wieder auf 8.000 angewachsen sein. Die CPP war nach wie vor für einen aktiven Kampf gegen die Regierung und forderte die NPA zu Kampfhandlungen auf.

Die philippinische Armee ging 2009 sehr offensiv vor und griff verstärkt NPA-Lager an. Im Zuge dieser Aktionen kam es vor allem im Frühjahr 2009 zu größeren Gefechten, unter denen vor allem die Zivilbevölkerung litt. Als die Armee im Februar in Nord Cotabato Rebellenlager angriff, flohen 500 Unbeteiligte vor den Kampfhandlungen und im April waren 2.000 Zivilsten in Davao del Norte auf der Flucht vor den Kämpfen.

Mitte des Jahres verkündete die Regierung, dass in einzelnen Provinzen wie beispielsweise Marinduque keine NPA-Aktivitäten mehr zu verzeichnen wären. Zudem sei die Zahl der NPA-Rebellen kontinuierlich reduziert worden und die NPA würde inzwischen nur noch über knapp 4.800 Kombattanten verfügen. Infolge der Programme zur Integration hätten im Jahr 2009 an die 500 Rebellen ihre Waffen abgegeben. Im Juli garantierte die Regierung nach vier Jahren wieder Immunität für CPP/NPA-Unterhändler und machte so den Weg für erneute Friedensverhandlungen mit der NDF frei und einen Monat später verkündeten beide Konfliktparteien ihren Willen, die Gespräche in Oslo wiederaufzunehmen. Über die Ergebnisse eines Treffens im September drang aber nichts in die Öffentlichkeit. Die Kämpfe gingen währenddessen bis auf wenige Tage offiziellen Waffenstillstands weiter. Ende September wurde Sison durch ein Urteil des Europäischen Gerichtshofs von der europäischen Terrorliste gestrichen.

Die Erfolgsaussichten der wiederaufgenommenen Friedensverhandlungen sollten allerdings nicht zu hoch bewertet werden. Zum einen hatte die Regierung die NPA in den letzten Jahren militärisch geschwächt, so dass der Druck zu einer Verhandlungslösung für die Regierungsseite nicht sehr groß ist. Einerseits blockierten viele Großgrundbesitzer eine sinnvolle Umsetzung beziehungsweise eine Neugestaltung der ausgelaufenen Agrarreform, so dass eine Einigung der Konfliktparteien in diesem Bereich kaum möglich scheint. Des Weiteren stehen im Mai 2010 Präsidentschaftswahlen an. Potentielle Bewerber um öffentliche Ämter werden keine Änderungen befürworten, die sie um die Gunst der Oberschicht bringen wird, die ihren Wahlkampf finanziert. Auf der anderen Seite werden kommunistische Protestbewegungen durch die andauernden sozialen Probleme weiterhin Zulauf erhalten, so dass die NPA nicht gezwungen sein wird, ihren Kampf aufzugeben. Die Anführer der CPP werden weiter auf die notfalls auch gewaltsame Ablösung der Regierung drängen. Zudem wird der Verhandlungsprozess durch kriminelle Aktivitäten verschiedener NPA-Splittergruppen erschwert. Ein weiterer Faktor, der sich negativ auf den Friedensprozess auswirkt, sind Menschenrechtsverletzungen durch philippinischen Armee- und Polizeitruppen, auf Menschenrechtsorganisationen wie *Human Rights Watch* (HRW) oder *amnesty international* (ai) sowie die philippinische katholische Kirche seit Jahren auf hinweisen. Sie verurteilten die laut ihren Angaben über 1.000 außergerichtlichen Hinrichtungen kommunistischer Rebellen. Die Regierung scheint bislang nicht fähig oder nicht willens, diese zu unterbinden.

Patricia Konrad

Weiterführende Literatur und Informationsquellen:
Dürselen, Gisela: Landreform in den Philippinen: wenig Hoffnung für das CARP, Juni 2008: http://www.suite101.de
Ferrer Coronel, Miriam und Rayuiza, Antoinette (Hrsg.): Motions for Peace. A Summary of Events Related to Negotiating the Communist Insurgence in the Philippines 1986-1992, Manila 1963
Neistat, Anna und Seok, Kay: You Can Die Any Time, Human Rights Watch, April 2009: http://www.hrw.org
Rutten, Rosanne: Revolutionary Specialists, Strongmen, and the State. Post-Movement Carrers of CPP-NPA-Cadres in the Philippine Province, 1990-2001, in: South East Asia Research 9/3 (2001), S. 319-361
http://www.gov.ph/cat_defense (philippinische Armee)
http://www.inq7.net (Philippine Inquirer online)
http://www.karapatan.org (Alliance for the Advancement of People's Rights)
http://www.manilatimes.net (Manila Times online)
http://www.philipinerevolution.org (NDF/CPP/NPA)

Sri Lanka

(Krieg)

Beginn: 2005
Kriegstyp: B-2
Beteiligte: LTTE / Karuna-Gruppe / Sri Lanka

Der seit über 30 Jahren andauernde Konflikt zwischen den *Liberation Tigers of Tamil Eelam/ Befreiungstigern von Tamil Eelam* (LTTE) und der srilankischen Regierung verstärkte sich in der ersten Hälfte des Jahres 2009 zusehends. Das erklärte Ziel der Regierung war es, die von de Befreiungstigern besetzten Gebiete endgültig zurückzuerobern, weshalb sie ihre militärischen Offensiven intensivierte. Die LTTE-Rebellen reagierten daraufhin mit Anschlägen in der Hauptstadt Colombo, mussten sich aber im Mai militärisch geschlagen geben, da ihre Kapazitäten durch die anhaltenden Kämpfe zunehmend geschwächt wurden.

Hintergrund der Auseinandersetzungen sind die Bestrebungen der einheimischen Tamilen um Unabhängigkeit vom 1948 aus der britischen Kolonialherrschaft entlassenen Sri Lanka. Die meist buddhistischen Singhalesen stellen mit einem Anteil von circa 74 Prozent die Bevölkerungsmehrheit der 19,5 Millionen Einwohner des Landes. Die zweitgrößte Bevölkerungsgruppe sind mit etwa 18 Prozent die meist hinduistischen Tamilen, die sich zu zwei Dritteln aus einheimischen Tamilen (Ceylon-Tamilen) zusammensetzen und zu einem Drittel aus so genannten Indien-Tamilen, die während der britischen Kolonialzeit (1796-1948) aus Indien eingewandert waren und nicht direkt am gegenwärtigen Konflikt beteiligt sind.

Nach der Unabhängigkeit 1948 wurden die seit über 1.000 Jahren auf der Insel beheimateten Ceylon-Tamilen von der singhalesischen Bevölkerungsmehrheit zunehmend ausgegrenzt. Ihre privilegierte Stellung, die sie aufgrund eines traditionell guten Bildungsstandes unter britischer Kolonialherrschaft genossen, übernahm ab 1956 schrittweise die singhalesische Mehrheit. Dabei diente eine Rückbesinnung auf religiös-kulturelle Motive sowohl der Legitimierung der Vorrechte der buddhistischen Singhalesen als auch der Zementierung ihrer Feindschaft gegenüber den vorwiegend hinduistischen Tamilen. 1972 wurde der Verfassungsartikel gestrichen, der die Rechte der ethnisch-religiösen Minderheiten sicherstellte. Stattdessen wurde die Bevorzugung des Buddhismus in der Verfassung verankert. Gegen diese „Singhalisierung" Sri Lankas in den 1970er Jahren formierte sich alsbald militanter Widerstand, dessen Träger insbesondere die tamilischen Schul- und Hochschulabsolventen waren. Sie wandten sich gegen die Diskriminierung der Tamilen und forderten einen unabhängigen tamilischen Staat. Einen Höhepunkt erreichte die Polarisierung der beiden Bevölkerungsgruppen Mitte 1983 mit einem inselweiten, staatlich unterstützten Pogrom an Tamilen. Anlass war ein Überfall der 1976 gegründeten LTTE auf einen Militärkonvoi gewesen.

Die LTTE etablierten sich im Laufe der 1980er Jahre in den von Tamilen dominierten Regionen im Norden und Osten Sri Lankas als mächtigste tamilische Vertretung, indem sie Kader anderer Gruppen systematisch bekämpften oder integrierten. Gründer und charismatische Führungsgestalt der Organisation war Velupillai Prabhakaran. Die Effektivität der mehreren tausend LTTE-Kombattanten in den nördlichen Dschungeln der Hauptinsel stützte sich auf eine moderne militärische Ausrüstung, eine erfolgreiche Guerillataktik und ihr skrupelloses Vorgehen. Die militärische Organisation der LTTE verfügte über Land-, See- und Luftstreitkräfte. Zudem verübten Selbstmord-

kommandos, *Black Tigers* genannt, zahlreiche erfolgreiche Selbstmordattentate, unter anderem 1993 auf Indiens Premierminister Rajiv Gandhi und Sri
Lankas Präsident Ranasinghe Premadasa.

Im Jahr 1987 entwickelte sich der Konflikt zu einem regionalen Sicher-
heitsproblem. Indiens Süden wurde zum Ziel hunderttausender Flüchtlinge
und zur logistischen Zentrale tamilischer Guerillagruppen. Die Hegemonial-
macht Indien setzte daraufhin die Stationierung einer *Indian Peace Keeping
Force* (IPKF) durch und schlug den Zusammenschluss der tamilischen Sied-
lungsgebiete zu einer weitreichend autonomen Verwaltungseinheit vor. Die
durch Indien initiierten Friedensbemühungen scheiterten jedoch an der Ablehnung durch die LTTE. Neben den tamilischen Rebellen hatten die indischen Friedenstruppen die singhalesisch-nationalistische *Janatha Vimukhti
Peramuna* (JVP, Volksbefreiungsfront) als Gegner, die gegen eine Teilautonomie der Tamilen eintrat und Gewaltaktionen auch gegen die Regierungspartei und staatliche Institutionen durchführte. 1989 wurde der Aufstand der
JVP niedergeschlagen. In der Folge etablierte sie sich als radikale politische
Partei. Nach Jahren verlustreicher Kämpfe zog Indien schließlich 1990 seine
Truppen auf Druck der srilankischen Regierung ab.

In den folgenden Jahren lieferten sich Armee und Rebellen vor allem im
Norden Sri Lankas schwere Gefechte. Im Juli 2000 wiesen die LTTE den
Entwurf einer neuen Verfassung von Regierung und Opposition zurück, weil
sie nicht in den Erstellungsprozess einbezogen worden waren. Im Jahr darauf
scheiterte der Versuch der Regierung, den Widerstand der LTTE mit Großoffensiven zu brechen. Vertreter Norwegens, die seit Februar 2000 in dem
Konflikt vermittelten, verstärkten daraufhin ihre Bemühungen und im Februar 2002 unterzeichneten beide Seiten ein zeitlich unbegrenztes Waffenstillstandsabkommen. Dies ermöglichte die Aufnahme direkter Friedensgespräche zwischen den beiden Konfliktparteien und die Aufhebung des größten
Teils der Restriktionen gegen die Tamilen. Den LTTE-Mitgliedern wurde
gestattet, die von der Armee kontrollierten Gebiete im Norden und Osten des
Landes zu betreten und dort politisch tätig zu sein. Die *Sri Lanka Monitoring
Mission* (SLMM) überwachte die Einhaltung der Vereinbarung.

Vom 16. bis 18. September 2002 führten die beiden Konfliktparteien ers-
te direkte Verhandlungen. Ohne den in Abwesenheit zu 200 Jahren Haft
verurteilten LTTE-Anführer Prabhakaran erklärten die Rebellen dabei erst-
mals ihren Verzicht auf den bewaffneten Kampf für einen eigenen Staat. Im
Gegenzug gestand ihnen die Regierung eine weitreichende Autonomie zu.
Bei weiteren Friedensgesprächen im November und Dezember einigten sich
Regierung und Rebellen schließlich grundsätzlich auf einen föderalen
Staatsaufbau. Allerdings fühlten sich die LTTE bald nach dem viel verspre-
chenden Beginn der Gespräche zunehmend marginalisiert und zogen sich im
August 2003 schließlich aus den Verhandlungen zurück. Trotzdem wurde der
Waffnstillstand von 2002 im Wesentlichen eingehalten.

Die folgenden Jahre waren auf Seiten des srilankischen Staates von einer Durchsetzung der Hardliner in Bezug auf den Umgang mit den LTTE gekennzeichnet. Von Staatspräsidentin Chandrika Kumaratunga erwirkte Neuwahlen zum Parlament entschied der als Verfechter eines srilankischen Einheitsstaates geltende Mahinda Rajapakse von der *Sri Lanka Freedom Party* (SLFP) im April 2004 für sich. Neben der SLFP gehörte auch die singhalesisch-nationalistische JVP der von Kumaratunga geführten Parteienallianz *United Peoples Freedom Alliance* (UPFA) an. Auf Seiten der LTTE mündeten interne Machtkämpfe im März 2004 in der Abspaltung des hochrangigen LTTE-Funktionärs Vinayagamoorthy Muralitharan, der in der Folge unter dem Pseudonym Colonel Karuna die Kontrolle der Distrikte Batticaloa und Amparai im Osten des Landes übernahm. Kämpfe zwischen Anhängern der Karuna-Gruppe und den LTTE forderten auf beiden Seiten sowie unter Zivilisten immer wieder Todesopfer.

Die Präsidentschaftswahlen am 17. November 2005 endeten mit einem Sieg des bisherigen Premierministers Rajapakse, der eine harte Gangart bei neuen Verhandlungen mit den LTTE ankündigte. Dies war nicht zuletzt eine Reaktion auf eine Verschärfung des Konfliktes zwischen LTTE und Regierung in den Monaten zuvor, insbesondere nachdem Unbekannte im August den srilankischen Außenminister ermordet hatten. Wenngleich die LTTE jede Verwicklung in den Mord bestritten, bedeutete das Attentat einen herben Rückschlag für den Friedensprozess, der in der Folge durch Anschläge der LTTE untergraben wurde. Angriffe des Militärs ab Anfang Dezember 2005 markierten den Beginn eines zweiten Krieges gegen die LTTE.

Nachdem auch im Februar 2006 ein Versuch erneuter Friedensgespräche scheiterte, verschärften sich die Auseinandersetzungen in den folgenden Monaten zusehends. In den Jahren 2006 und 2007 konzentrierten sich die Kampfhandlungen vor allem auf die Gebiete im Norden und Osten des Landes, wobei es der Armee zu Beginn des Jahres 2007 gelang die Verbindung zwischen den LTTE-Gebieten im Norden und Osten zu kappen. Darauf reagierte die LTTE mit Anschlägen auf Linienbusse und Militäreinrichtungen. Am 26. März flogen die LTTE zum ersten Mal in der Geschichte des Konflikts mit zwei Leichtflugzeugen einen Luftangriff auf einen Armeeflughafen nahe der Hauptstadt Colombo. Weitere Kurzattacken ähnlicher Art folgten im April, Mai und Oktober 2007.

Im Juli 2007 konnte die Armee die Stadt Thoppigala einnehmen, was de facto die Niederlage der LTTE im Osten bedeutete. Infolge der Entscheidung im Osten konzentrierten sich die Kampfhandlungen seit Mitte 2007 auf die nordwestlichen Gebiete. Am 2. November griff die srilankische Luftwaffe gezielt das Hauptquartier der LTTE in der nördlichen Stadt Kilinochchi an und tötete dabei den Führer des politischen Flügels der LTTE, Suppayya Paramu Tamilselvan. Als Reaktion auf den Verlust ihres politischen Führers intensivierten die tamilischen Rebellen ihre Attacken auf militärische und zivile Ziele. Im November und Dezember verübten die LTTE erneut mehrere Anschläge auf Linienbusse, woraufhin die Regierung hunderte Tamilen verhaften und internieren ließ.

Am 16. Januar 2008 wurde das längst dauerhaft gebrochene Waffenstillstandsabkommen von 2002 auch offiziell durch die srilankische Regierung aufgekündigt. In der Folge kam es erneut zu einer Intensivierung der Kampfhandlungen von beiden Seiten, wobei die Armee weitere Gebietsgewinne im Norden erzielen konnte. Als Reaktion verübten LTTE-Mitglieder im April einen Anschlag auf einen Bus in Colombo, bei dem 26 Menschen ums Leben kamen. Bis November eroberten die Regierungstruppen die Kontrolle über die gesamte Westküste zurück, so dass sich erstmals auch wieder Teile der Jaffna-Halbinsel unter Kontrolle der Regierung befanden. Bis zum Dezember verschob sich die Front zudem bis an die Ränder von Kilinochchi, der faktischen Hauptstadt der LTTE-Rebellen.

Zu Beginn des Berichtjahres 2009 wurde Kilinochchi schließlich von Regierungstruppen eingenommen, was eine schwere Niederlage für die LTTE bedeutete. Darüber hinaus gelang es den Regierungstruppen Ende Januar nach schweren Gefechten, die Stadt Mullaitivu einzunehmen und so das Operationsfeld der LTTE auf ein 300 Quadratkilometer großes Areal zu reduzieren. Nach Angaben des tamilischen Internetnachrichtendienstes wurde selbst die von der Regierung eingerichtete Sicherheitszone für Zivilisten mit schwerer Artillerie beschossen, was hunderten Menschen das Leben gekostet haben soll. Auf die Einnahme Mullaitivus folgte eine zweitägige Waffenruhe, welche Zivilisten die Chance geben sollte, die Gefechtszone zu verlassen, doch auch während dieser Zeit setzten sich die Kamphandlungen zwischen den beiden Konfliktparteien fort. Dabei konnte die Regierung immer weiter in Richtung Küste der Jaffna Halbinsel vordringen. Das von den LTTE gehaltene Gebiet verkleinerte sich kontinuierlich. Am 20. Februar flogen LTTE-Rebellen einen Luftangriff auf die Hauptstadt Sri Lankas, bei dem zwei Menschen den Tod fanden und mehr als 50 verletzt wurden.

In den folgenden Wochen drang die Armee weiter in die bereits auf 20 Quadratkilometer geschrumpfte Sicherheitszone vor, wo sich die Reste der LTTE-Kämpfer und schätzungsweise 200.000 Zivilisten aufhielten, die meisten davon in von der Regierung eingerichteten Flüchtlingslagern. Am 29. April reisten der britische und der französische Außenminister nach Colombo um Präsident Rajapakse zu einem Waffenstillstand zu bewegen; dieser lehnte das Gesuch jedoch ab. Zu jener Zeit befanden sich noch ungefähr 50.000 Zivilisten mit den LTTE-Rebellen in dem mittlerweile nur noch fünf Quadratkilometer großen Gebiet. Anfang Mai intensivierte die Armee nochmals die Kampfhandlungen, wobei allein bei den Kämpfen am 11. und 12. Mai nach tamilischen Angaben über 3.000 Menschen starben. Am 16. Mai konnten die Regierungstruppen schließlich auch das letzte von der LTTE gehaltene Gebiet, den Küstenstreifen im Vellaimullaivaikkal-Gebiet unter ihre Kontrolle bringen. Am 18. Mai wurde nach Armeeangaben der LTTE-Anführer Prabhakaran von Regierungssoldaten erschossen, als ein kleiner Fahrzeugkonvoi, der das Kriegsgebiet verlassen wollte, unter Beschuss kam. Die LTTE hat daraufhin die Waffen niedergelegt und sich offiziell ergeben. Am 19. Mai erfolgte dann die offizielle Beendigung des Bürgerkrieges durch die Regierung in Colombo. Der Krieg ist damit zwar beendet, der ethnisch-soziale Konflikt allerdings nicht. Eine erste Herausforderung ist es, nun die über 300.000 Inlandsvertriebenen wieder in ihre Heimatdörfer zurückzubringen und die bei den Kämpfen zerstörten Gebiete wieder aufzubauen. Am 25. Mai veröffentlichte die srilankische Regierung die offizielle Bilanz der Armee, die seit 2006 von mehr als 6.200 gefallenen Soldaten und mehr als 22.000 getöteten LTTE-Kämpfern ausgeht. Über die Zahlen getöteter Zivilisten machte die Regierung keine Angaben. Laut Schätzungen der britischen Zeitung Times starben aber allein im Berichtsjahr bis zur offiziellen Beendigung des Krieges ungefähr 20.000 Zivilisten, wobei die Informationslage allerdings sehr unsicher ist, da Hilfsorganisationen, UN-Mitarbeitern und Journalisten während der Kampfhandlungen und auch noch danach der ungehinderte Zugang zu den zerstörten Gebieten und den Flüchtlingslagern verwehrt blieb. Klar ist nur, dass sich auch im Juni noch ungefähr 280.000 Flüchtlinge in vom Militär bewachten Notlagern befanden. Dort fehlte es nach Angaben internationaler Hilfsorganisationen an Nahrung und Medikamenten. Trotzdem forderte die Regierung in Colombo Hilfsorganisationen auf, ihre Unterstützungsleistungen zu reduzieren. Auch Monate nach dem offiziellen Ende des Krieges in Sri Lanka war die Flüchtlingsproblematik noch immer eine der primären innenpolitischen Herausforderungen. Erst im Oktober begannen die srilankischen Behörden mit der Rückführung der ersten 40.000 Tamilen in ihre Heimatdörfer.

Der Krieg in Sri Lanka dürfte zwar somit im Jahre 2009 endgültig zu einem Ende gekommen zu sein, eine Lösung für den weiterhin existierenden ethnisch-sozialen Konflikt zwischen Singhalesen und Tamilen scheint aber nicht in Sicht. Es bleibt abzuwarten, wie sich die Situation in Sri Lanka entwickeln wird, denn die LTTE ist zwar militärisch zerschlagen, aber politisch noch immer existent. Vermutungen häufen sich, dass sich die LTTE wieder in den Dschungel zurückziehen und eines Tages von dort aus den Guerillakrieg erneut aufnehmen wird, sollte die Regierung keine ernsthaften Bestrebungen zur Beendigung der Diskriminierung der tamilischen Minderheitsbevölkerung unternehmen.

Eva Hein

Weiterführende Literatur und Informationsquellen:
Fricke, Dietmar: Der Tamilen-Singhalesen-Konflikt auf Sri Lanka. Ein Handbuch, Berlin 2002
Radtke, Katrin: Sri Lanka – Die Liberation Tigers of Tamil Eelam, in: Bakonyi, Jutta/Hensell, Stephan/Siegelberg, Jens (Hrsg.): Gewaltordnungen bewaffneter

Gruppen. Ökonomie und Herrschaft nichtstaatlicher Akteure in den Kriegen der
Gegenwart, Baden-Baden 2006, S. 279-287
Uyangoda, Jayadeva: Ethnic Conflict in Sri Lanka: Changing Dynamics, Washington 2007
Wilson, Alfred J.: Sri Lankan Tamil Nationalism: Its Origins and Development in the
Nineteenth and Twentieth Centuries, London 2000
International Crisis Group: Sri Lanka: After the war, Colombo u.a. 2009:
http://www.icg.org
http://www.priu.gov.lk (Regierung Sri Lankas)
http://www.tamilnet.de (Berichterstattung aus tamilischer Perspektive)
http://www.slmm.info (SLMM)

Thailand (Südthailand)

(Krieg)

Beginn: 2004
Kriegstyp: B-2
Beteiligte: BRN-K / Thailand

Der Konflikt im südlichen Thailand zwischen separatistischen Rebellen und
der Zentralregierung forderte auch 2009 ungefähr 500 Opfer. Die Anzahl der
Anschläge stieg dabei im Vergleich zum Vorjahr an. Somit endete eine 18-
monatige Phase relativer Ruhe, die Mitte 2007 mit dem Beginn einer militärischen Offensive begann und bis zu der Amtsübernahme von Abhisit Vejjaji-
ve als neuem Premierminister Ende 2008 anhielt. Die neue Regierung konnte
bisher weder politische Akzente setzen noch überzeugende Maßnahmen zur
Wiederherstellung des Friedens einleiten. Seit Ausbruch des Krieges 2004
sind annähernd 4.000 Menschen ums Leben gekommen. Die überwiegende
Anzahl der Opfer waren Zivilisten.

Der Konflikt wird in den südlichen Provinzen Narathiwat, Yala und Pattani sowie vereinzelt im angrenzenden Songkhla ausgetragen. Die Region
bildet das historische Kerngebiet des 1390 gegründeten Sultanats Patani,
welches Anfang des 20. Jahrhunderts in das buddhistische Königreich Siam
eingegliedert wurde. Die ansässige Bevölkerungsmehrheit versteht sich kulturell mehrheitlich als malaiisch-muslimisch. Seit Abschaffung der absoluten
Monarchie 1932 wurde von der Regierung in Bangkok verstärkt eine natio-
nalstaatliche Orientierung propagiert, die durch eine zunehmende Zentralisie-
rung und eine kulturelle „Thaiisierung" der Bevölkerung durchgesetzt werden sollte. Dabei fungierten der Buddhismus, die Thai-Sprache und die
Loyalität zum König als zentrale Identitäts- und Bezugspunkte. Die Integrationsbemühungen des thailändischen Staates gegenüber der malaiisch-
muslimischen Bevölkerung im Süden waren seither mit Problemen belastet.

Erstmals formierten sich nach 1945 Widerstandsgruppen, die sich verstärkt gegen die Regierung in Bangkok erhoben. Im Jahr 1946 wandten sich

250.000 Menschen mit einer Petition an die Vereinten Nationen, in der sie um die Prüfung eines Anschlusses der Region an Malaysia baten. Besonders die 1960er und 1970er Jahre waren von gewaltsamen Auseinandersetzungen gekennzeichnet. Während anfänglich in ihrer Position bedrohte traditionelle Eliten den Widerstand organisierten, hatten seit den 1970er Jahren Studienabgänger die Führung der Rebellion übernommen. Die empfundene kulturelle Unterdrückung der malaiisch-muslimischen Identität durch staatliche Institutionen wurde durch eine soziale Benachteiligung verstärkt. So resultieren bis heute eine relativ gesehen höhere Arbeitslosigkeit, schlechtere Bildung sowie Armut in einer Ablehnung gegenüber dem thailändischen Staat. Gleichzeitig profitierten von den Integrationsbemühungen durch die Politik der „Thaiisierung" in erster Linie Buddhisten, die im Süden zwar nur ein Fünftel der Bevölkerung ausmachen, jedoch in Verwaltung und Wirtschaft einen überproportional hohen Anteil der Stellen besetzen.

In den 1980er Jahren hatten die separatistischen Aktivitäten spürbar abgenommen. Hintergrund war eine Friedensinitiative der Regierung, in deren Rahmen die Kooperation mit der Lokalbevölkerung, Religionsfreiheit und die ökonomische Entwicklung gestärkt werden sollten. Darüber hinaus wurden ein *Southern Border Provinces Administrative Centre* (SBPAC) und ein gemeinsames *Civilian-Police-Military-Command* (CPMC) eingerichtet. Das SBPAC fungierte als Mittler zwischen lokalen Eliten und der Regierung in Bangkok, während das CPMC der Koordination der Sicherheitskräfte und der zivilen Partizipation in Sicherheitsfragen diente. Beide Institutionen waren wichtige Teile eines Informantennetzes zur Aufdeckung separatistischer Aktivitäten. Viele Rebellen nahmen ein Amnestieangebot an und traten in ein Reintegrationsprogramm ein. In den 1990er Jahren wurden im Schnitt noch etwa 25 kleinere Vorfälle pro Jahr mit einer geringen Zahl von Opfern gezählt und die Rebellion schien beendet.

Der aktuelle Krieg begann mit einem Überfall von über 100 Aufständischen auf ein Militärdepot Anfang des Jahres 2004. Zeitgleich erfolgten Anschläge auf über 20 Schulen und drei Polizeiposten. Seitdem wurden nahezu täglich Attentate, Brandanschläge und Bombenanschläge verübt. Die Angriffe richten sich gegen staatliche Einrichtungen, darunter Polizeistationen, Verwaltungsgebäude und vor allem Schulen. Zu direkten Auseinandersetzungen zwischen thailändischen Sicherheitskräften und Aufständischen kam es dagegen eher selten. Die Zivilbevölkerung stellte mit über 90 Prozent die eindeutige Mehrzahl der Opfer, wobei nach Angaben von Nichtregierungsorganisationen mehr Muslime ums Leben kamen als Buddhisten.

Es existieren bis heute keine gesicherten Erkenntnisse über die Identität der Aufständischen, die keine Bekennerschreiben hinterließen und keine politischen Forderungen veröffentlichten. Das Militär geht davon aus, dass die *Barisan Revolusi Nasional – Koordinasi* (BRN-K, Revolutionäre Nationale Front), deren historische Wurzeln in die 1960er Jahre zurückreichen, über die höchste Kapazität zum Ausführen von Gewalttaten verfügt. Während die ursprüngliche BRN damals einen hierarchisch geführten Guerilla-krieg kämpfte, agierten in den letzten Jahren voneinander unabhängige Zellen im Namen der BRN-K. Eine Führungsstruktur ist nicht erkennbar. So genannte *Runda Kumpulan Kecil* (RKK, Kleine Patrouillen-Gruppen) unter dem Dach der BRN-K sollen in zwei Dritteln der über 1.500 Dörfer aktiv sein. Darüber hinaus hat die BRN-K seit Anfang der 1990er Jahre eine Jugendorganisation, die *Pemuda* (Jugend), aufgebaut, die Informationen über Ziele beschaffen und logistische Unterstützung leisten soll. Das Militär vermutet die Zahl der mit der Organisation assoziierten Aufständischen auf bis zu 7.000, von denen rund 1.800 zum militärischen Flügel gezählt werden. Neben der BRN-K sind noch weitere kleinere Gruppen aktiv, deren Organisationsstruktur und Ziele weitgehend mit denen der BRN-K übereinstimmen dürften.

Die dezentrale Organisation und das Fehlen jedweder Forderungen waren ein Grund dafür, dass bisher eine Verhandlungslösung außer Sichtweite geblieben ist. Auf der politischen Ebene ist einzig die *Pattani United Liberation Organization* (PULO) aktiv. In den 1960er und 1970er Jahren kämpfte die PULO wie auch die BRN in einem Guerillakrieg im Süden Thailands. Mittlerweile lebt ihre Führung im Exil und beansprucht die Interessen der Muslime zu vertreten. Es ist jedoch davon auszugehen, dass die PULO keinen Einfluss auf die Kämpfer ausüben kann, was ihre Autorität und Legitimität als potentieller Verhandlungspartner in Frage stellt.

Internationale Akteure hatten bislang kaum Relevanz in dem Konflikt. Malaysia akzeptierte als Nachbar und muslimischer Staat, dass der Konflikt eine innere Angelegenheit Thailands ist. Unbestätigt blieben Berichte, wonach *Al-Qaida* (Die Basis) oder islamische Staaten die Rebellen unterstützen. Die kämpfenden Gruppen bestehen – soweit dies festgestellt werden kann – aus Einheimischen, die dem globalen Dschihad lediglich das Vokabular entleihen.

Über die finanzielle Unterstützung der Rebellion ist wenig bekannt. Früher finanzierten sich die Gruppen in erster Linie durch Schutzgelderpressung und Schmuggel im Grenzgebiet zu Malaysia. Es ist nicht auszuschließen, dass diese Finanzierungsquellen weiterhin eine Rolle spielen. Die Strategie, mit Anschlägen durch unabhängige Zellen ihre Ziele zu verfolgen, hat für die Rebellen den Vorteil, dass sie die Mittel zum Konfliktaustrag größtenteils durch Eigenfinanzierung, Überfälle und gezielte Diebstähle decken können.

Eine besondere Rolle im Konfliktgeschehen spielen die Schulen im Süden Thailands. Traditionell wurde der Unterricht an kleinen Gemeindeschulen, sogenannten Ponohs, von lokalen Teilzeitlehrern durchgeführt. Der staatliche Versuch, eine größere Kontrolle über die Ponohs zu erlangen, löste 1962 den gewaltsamen Widerstand der BRN aus. Weil der Unterricht an den staatlichen Schulen auf Thai gegeben wird und außerdem buddhistische Rituale Teil des täglichen Schulablaufs sind, sehen die Rebellen in den Schulen und ihren säkularen Lehrplänen einen Angriff ihre kulturelle Identität. Seit 2004 wurden fast 300 staatliche Schulen zum Ziel von Anschlägen und über 100 Lehrer wurden ermordet. Die Ponohs und neue private islamische Schulen, die von drei Vierteln der muslimischen Kinder besucht werden, gelten wiederum den Sicherheitskräften als Rekrutierungsbasis für die Rebellen. Dass die islamischen Schulen vom Staat geduldet und subventioniert werden, verstärkt nicht nur die Segregation zwischen Buddhisten und Muslimen. Auch die Benachteiligung der Muslime wird dadurch aufrecht erhalten, weil die Lehrpläne der staatlichen Schulen stärker an den Anforderungen des Arbeitsmarktes ausgerichtet sind und ihre Absolventen daher bevorzugt werden.

Auslöser für den aktuellen Konflikt scheint die konfrontative Politik des Premierministers Thaksin Shinawatra gewesen zu sein. Mit Beginn seiner Amtszeit im Jahr 2001 ging er mit außerordentlicher Härte gegen die Drogenkriminalität besonders im Süden des Landes vor. Die im Rahmen der Friedensinitiativen der 1980er-Jahre etablierten Partizipationsrechte wurden zum Teil wieder abgeschafft. Das SBPAC und das CPMC wurden 2002 aufgelöst. Verschärfend wirkten ebenfalls Thaksins parteipolitisches Bestreben die starke Machtbasis der konkurrierenden *People's Alliance for Democracy* (PAD) im Süden zu brechen.

Nach dem Beginn des Krieges Anfang 2004 verstärkte Thaksin die Militärpräsenz in den betroffenen Provinzen massiv und erließ ein Notstandsgesetz, welches die Sicherheitsorgane mit weitreichenden Kompetenzen im Kampf gegen die Aufständischen ausstattete. Seitdem wurden Notstandsgesetz und Ausnahmezustand alle drei Monate verlängert. Diese Maßnahme bot Anlass zur Kritik, da Vergehen gegen die Menschenrechte ungeahndet blieben. Die Rebellen profitierten vom Misstrauen der Bevölkerung gegenüber den thailändischen Sicherheitskräften. Drei Ereignisse haben hier großen Symbolcharakter erlangt und gelten bis heute als Rechtfertigung zum Aufstand gegen den Staat. So starb im März 2008 ein Imam in Sicherheitsgewahrsam an den Folgen von Folter. 2004 hatte das Militär eine Moschee in Krue Se gestürmt und dabei 32 Rebellen getötet. Schließlich war im selben Jahr eine Demonstration in der Stadt Tak Bai in Narathiwat gewaltsam aufgelöst worden. Sicherheitskräfte gaben Schüsse in die Menge ab, wobei mindestens sieben Menschen starben. Insgesamt 1.300 Menschen wurden festgenommen und mit Lastwagen zu einer Militärbasis gebracht. Im Verlauf des Transports erstickten 78 von ihnen oder erlitten Genickbrüche. Trotz einer Entschuldigung durch den kommissarischen Premierminister Surayud Chulananont, der das Land nach einem Putsch gegen Thaksin von 2006 an regierte, und der Ankündigung einer strafrechtlichen Aufarbeitung kam eine gerichtliche Untersuchung 2009 Jahr lediglich zu dem Ergebnis, dass die Menschen in Obhut des Staates ums Leben gekommen sind. Ein Strafverfahren gegen die Verantwortlichen wurde aber nicht eröffnet. Die Rebellen antworteten auf diese Entscheidung mit einer Reihe von Anschlägen.

Unter Surayuds Regierung wurde auch eine neue Südstrategie durchgesetzt. Als vertrauensbildende Maßnahme wurden die SBPAC und das CPMC wieder eingesetzt. Jedoch sind beide Institutionen dem militärischen *Internal Security Operations Command* (ISOC) untergeordnet, das de facto seither die Politik im Süden diktiert. Auch nach Rückgabe der Macht an eine zivile Regierung 2008 blieb das Militär der entscheidende staatliche Akteur im des Konflikts im Süden des Landes. Die Verfassungsänderung, die die Putschregierung erließ, räumte dem Militär bei innenpolitischen Krisen weitreichende Kompetenzen ohne parlamentarische oder juristische Kontrollen ein.

Die Armee hat sich 2008 in einem Vierjahresplan vorgenommen, den Konflikt zu beenden. Bis 2009 sollte durch entschlossenes militärisches Eingreifen die Sicherheit wieder hergestellt werden. Hierzu wurden kleine Einheiten in die Hochburgen der Rebellen geschickt. Bis 2011 sollen mit Entwicklungsprojekten die Konfliktursachen bearbeitet und die Lage befriedet werden. Angesichts der erhöhten Aktivität der Rebellen dürften die Ziele jedoch nicht erreichbar sein.

Das Kriegsgeschehen zeichnete sich auch 2009 durch die weitgehende Abwesenheit direkter Auseinandersetzungen zwischen Rebellen und Sicherheitskräften aus. Eine gewisse Eskalation von Seiten der Rebellen war in Bezug auf ihre Bombenanschläge zu konstatieren. Während bisher vorwiegend kleinere Bomben eingesetzt wurden, die beispielsweise an Motorrädern platziert werden konnten, zündeten die Rebellen 2009 mehrmals Bomben mit größerer Sprengkraft von Pritschenwagen aus.

Die Gewalt richtete sich auch 2009 besonders gegen die Zivilbevölkerung. Zivilisten, die im Verdacht standen, den Zielen der Rebellen entgegenzustehen, wurden gezielt getötet. So wurde beispielsweise im März die muslimische Frauenrechtlerin und Friedensaktivistin Laila Paaitae Daoh ermordet. Die Separatisten führten zudem durch Enthauptungen, Verstümmelungen oder Verbrennungen ihrer Opfer auch einen psychologischen Krieg gegen die Bevölkerung.

Im Juni wurden zwölf Menschen bei einem Massaker in einer Moschee getötet. Die Sicherheitskräfte vermuteten dahinter einen Racheakt von Buddhisten. Viele Buddhisten sind in freiwilligen Selbstverteidigungsmilizen organisiert, die für mehr Sicherheit in den Dörfern sorgen sollen. Insgesamt über 70.000 solcher Milizionäre, die vom Staat rudimentär trainiert und mit Waffen ausgerüstet werden, gibt es in der Region. Das Massaker in der Moschee schürte Ängste, dass Teile dieser Kräfte sich gewaltsam gegen Muslime richten könnten und so das Konfliktgeschehen um eine interethnische Ebene erweitern könnten.

Seit Dezember 2008 ist mit Abhisit Vejjajva wieder ein Premier der promonarchischen *Demokratischen Partei* an der Macht. Die Hoffnung, dass damit die innenpolitischen Querelen zwischen Royalisten auf der einen und den Thaksin Anhängern auf der anderen Seite in den Hintergrund treten und Wege zur politischen Bearbeitung des Südkonflikts geöffnet würden, erfüllte sich nicht. Die Regierung hat es im Berichtsjahr nicht geschafft, aus dem Schatten des Militärs zu treten. Weder wurden die Notstandsgesetze oder der Ausnahmezustand aufgehoben noch konnte die Regierung ihre Ankündigung umsetzen, das SBPAC aus der Kontrolle des ISOC zu lösen.

Während die Regierung die Konfliktursachen in der Ungerechtigkeit und Unterentwicklung sieht, wird der kulturelle Aspekt des Konfliktes vernachlässigt und Möglichkeiten einer stärkeren Partizipation oder gar Autonomie von vornherein ausgeschlossen. Laut Nichtregierungsorganisationen gilt es aber als sicher, dass es den Rebellen nicht um Gerechtigkeit, Entwicklung und Aussöhnung geht sondern um Autonomie oder gar Separation. Die Rebellenführer verharren darüber hinaus im Untergrund ohne Forderungen zu stellen und es scheint zweifelhaft, ob Abhisit über die politische Macht und Unabhängigkeit verfügt, ihnen politisch attraktive Angebote zu unterbreiten.

Folgt man den Aussagen des Militärs, ist die Kampagne gegen die Rebellen erfolgreich und die Zunahme der Anschläge erkläre sich dadurch, dass die Rebellen am Rande einer Niederlage stehen und durch ein letztes Aufbäumen versuchen, neue Anhänger zu rekrutieren. Wahrscheinlicher erscheint angesichts der gegenwärtigen Situation aber, dass der Konflikt 2010 mit ähnlicher Intensität weitergeführt wird wie 2009.

Marco Lange

Weiterführende Literatur und Informationsquellen:
Croissant, Auriel: Unrest in Southern Thailand. Contours, Causes and Consequences Since 2001, in: Strategic Insights 4/2 (2005):
    http://www.ccc.nps.navy.mil/si/2005/Feb/croissantfeb05.asp
International Crisis Group: Political Turmoil and the Southern Insurgency, Bangkok – Brüssel 2008: http://www.icg.org
McCargo, Duncan: Rethinking Thailand's Southern Violence, Singapore 2007
Melvin, Neil J.: Conflict in Southern Thailand. Islamism, Violence and the State in the Patani Insurgency (SIPRI Policy Paper No. 20), Stockholm 2007
Wagner, Jost: Südthailand (Studien zur länderbezogenen Konfliktanalyse der Friedrich-Ebert-Stiftung), Berlin 2007
http://www.deepsouthwatch.org/english (Sammlung von Daten und Statistiken)
http://www.bangkokpost.com (Online-Zeitung)
http://www.nationmultimedia.com (Online-Zeitung)
http://www.thaigov.go.th/eng (thailändische Regierung)

Afrika

Äthiopien (Ogaden)

(Bewaffneter Konflikt)

Beginn: 2007
Beteiligte: ONLF / Äthiopien

Die Kampfhandlungen zwischen dem äthiopischen Militär und der *Ogaden National Liberation Front* (ONLF) im Somali-Bundesstaat in Ostäthiopien haben sich im Berichtsjahr fortgesetzt. Beide Seiten berichteten 2009 regelmäßig über militärische Erfolge. Die gezielte Abschottung der Region seitens der äthiopischen Regierung dauerte nach wie vor an. Der Regierung wurde von Seiten der UN, humanitärer Organisationen und der US-amerikanischen Regierung wiederholt vorgeworfen, die humanitäre Hilfe zu behindern.

Der Name Ogaden bezeichnet die größte Region des 1991 im Zuge der Einführung des ethnischen Föderalismus gegründeten Somali National Regional State (SNRS), auch Region 5 genannt. Der Bundesstaat Somali hat circa 4 Millionen Einwohner und ist flächenmäßig der zweitgrößte Bundesstaat Äthiopiens. Er liegt im Osten Äthiopiens, an der Grenze zu Somalia und wird von ethnischen Somalis bewohnt, die fest in ihre jeweiligen Clanstrukturen eingebunden sind. Ogaden ist eine ressourcenreiche Region, in der es sowohl Öl - als auch Gasvorkommen gibt.

Seit ihrer Eingliederung in die äthiopischen Grenzen im Jahre 1887 ist die Region mehrfach Schauplatz bewaffneter Auseinandersetzungen zwischen äthiopischen Truppen und den ansässigen Somalis geworden. Die überwiegend muslimische, somalische Bevölkerung in Äthiopien begreift die Eingliederung in den christlich geprägten, äthiopischen Staat bis heute als Kolonialismus.

In den Jahren nach dem Zweiten Weltkrieg wurde die Region infolge einer von den Engländern betriebenen „Greater Somalia"-Politik, also dem Versuch der Angliederung des Ogaden an das unter britischer Verwaltung stehende Somalia, sowie der britischen Besatzung des Ogaden, zum wichtigsten Bezugspunkt des somalischen Irredentismus. Die Region wurde 1954 wieder vollständig an Äthiopien angegliedert und 1963 kam es zu Kämpfen zwischen dem äthiopischen Militär und somalischen Kämpfern. Diese Auseinandersetzungen wurden von der Regierung des seit 1960 unabhängigen Somalia unterstützt, welche die Vereinigung der von Somali bewohnten Territorien sowohl diplomatisch als auch militärisch zu erreichen versuchte. Die äthiopische Regierung unter Kaiser Haile Selassie versuchte mit der Beschlagnahmung von Viehherden und der Besetzung von Wasserlöchern

Druck auf die Bevölkerung auszuüben, um so den somalischen Widerstand zu brechen. Zwischen 1966 und 1971 stand die Region unter Kriegsrecht. Der Militärputsch von General Mohammad Siad Barre in Somalia führte zu einem drastischen Rückgang der Unterstützung der äthiopisch-somalischen Nationalisten, so dass die Region 1971 vorläufig befriedet werden konnte.

Mitte der 1970er Jahre eroberte sich der Ogaden seinen Platz auf Äthiopiens und Somalias politischer Tagesordnung zurück, da das Regime Barre begann, den Kampf der Ogaden-Somalis gegen das Regime unter Mengistu Haile Mariam in Äthiopien zu unterstützen. In diesen Zeitraum fällt die Gründung der *Western Somali Liberation Front* (WSLF), die – von Somalia finanziert – den Kampf im Ogaden-Gebiet aufnahm. Die Guerilla-Kämpfe mündeten im Einsatz regulärer somalischer Truppen und führten 1977 zum Ogaden-Krieg, einem kostspieligen konventionellen Krieg zwischen Somalia und Äthiopien, den Äthiopien 1978 für sich entscheiden konnte. Die Beendigung des Krieges führte jedoch nicht zu einer Befriedung, da die Kämpfe von Seiten der WSLF als Kampf gegen das äthiopische Regime weiter geführt wurden. Als die WSLF 1984 aufgrund unterschiedlicher politischer Ziele zersplitterte, ging daraus unter anderem die ONLF hervor. Dabei sind die politischen Zielsetzungen von WSLF und ONLF folgendermaßen zu definieren: Während erstere den Anschluss an Somalia verfolgte, hatte die ONLF die Gründung eines unabhängigen Ogadeniya zum Ziel. Die ONLF kooperierte in ihrem Kampf gegen das äthiopische Regime mit anderen Antiregime-Gruppen wie der *Oromo Liberation Front* (OLF) und der *Tigray Peoples' Liberation Front* (TPLF).

Im Jahre 1991 stürzte eine Koalition verschiedener Rebellengruppen unter der Führung der TPLF das Regime Mengistu Haile Mariam. Für die Region „Äthiopisch-Somalia" (SNRS) brachte das Ende der Regierung gleichfalls einen Neuanfang. Die Einführung des so genannten ethnischen Föderalismus versprach eine stärkere Dezentralisierung und das Recht auf eine politische Autonomie der ethnischen Gruppen Äthiopiens. Die ONLF wurde bei der Neuordnung des äthiopischen Staates an der Regierung beteiligt. Allerdings distanzierte sie sich von der neuen Regierungskoalition *Ethiopian People's Revolutionary Democratic Front* (EPRDF), indem sie sich weder als Koalitionsmitglied noch als Verbündeter verstand. Obwohl sie während der ersten nationalen Wahlen 60 Prozent der Sitze im SNRS gewann, begriff sich die ONLF weiterhin in einem Unabhängigkeitskrieg gegen Äthiopien. Erklärtes Ziel blieb dabei die Abspaltung des Ogaden vom äthiopischen Staat. Innerhalb der regionalen Regierung mit der ONLF an der Spitze kam es zu ernsten Streitigkeiten über den Namen des Regionalstaates. Der Versuch, das Selbstverwaltungsrecht der Völker anzuwenden, das in der äthiopischen Verfassung seit 1991 verankert ist, führte zur Intervention der Zentralregierung. Diese stärkte Nicht-Ogaadeni-Gruppen politisch und versuchte die Spaltung zwischen den verschiedenen äthiopischen Somali-Gruppen zu instrumentalisieren. Bei den nächsten Wahlen 1995 wurde die ONLF von einem Bündnis-partner der EPRDF, der *Somali People's Democratic League* (SPDL) abge-löst, auf die nach den nächsten Wahlen 1998 die Somali *People's Democratic Party* (SPDP) folgte.

Seit Abgabe der Regierungsmacht 1995 ist die ONLF neben kleineren Gruppen militärisch die stärkste ständig operierende Anti-Regierungs-Einheit im Ogaden. Sie ist Mitglied in der *Alliance for Freedom and Democracy* (AFD), welche aus der Oppositionsbewegung der Wahlen von 2005 hervor-ging. Darunter sind auch militärische Organisationen wie die OLNF und die *Ethiopian Peoples' Patriotic Front* (EPPF), die von der Regierung als terro-ristische Bewegungen eingestuft werden. Die AFD gilt allerdings als verhält-nismäßig brüchig und handlungsunfähig. Unterstützung erhält die ONLF auch von Äthiopiens Erzfeind Eritrea. Während des Krieges zwischen Äthio-pien und Eritrea (1998-2000) hatte die ONLF militärische Ausbildung sowie logistische Unterstützung aus Eritrea erhalten. Die ONLF hatte auch zeitwei-se ihr Hauptquartier in der eritreischen Hauptstadt Asmara. Um die äthiopi-sche Armee bei ihrer militärischen Operation in Somalia im Jahr 2006 zu schwächen, hat Eritrea der ONLF große Waffenlieferungen zur Verfügung gestellt.

Die äthiopische Militärintervention in Somalia seit Dezember 2006 führ-te ohnehin zu einer Verschärfung der militärischen Auseinandersetzungen in der Ogaden-Region. Zur Eskalation im Ogaden trug bei, dass das äthiopische Militär die Region als Korridor für ihre militärischen Operationen in Somalia nutzte. Die ONLF gab bekannt, dass von ihrem Gebiet keine Angriffe auf Somalia erfolgen dürften. Trotzdem verwehrt sich die ONLF gegen den Ruf, mit islamistisch motivierten Gruppen wie den somalischen *Al-Shabaab* (Die Jugend) oder der *Al-Ittihad al-Islami* (Islamische Union) direkt zu kooperie-ren.

Ein weiterer Faktor in dem Konflikt ist die Förderung von Öl und Erdgas in der Ogaden-Region. Der Beginn von Förderungen im Jahr 2006 hat die antikoloniale Rhetorik der ONLF verstärkt, die in der Ausbeutung der natür-lichen Ressourcen den Ausverkauf lokaler Interessen sieht. Seit Beginn der Bohrungen hatte die ONLF mehrfach gewarnt, nicht länger für die Sicherheit ausländischer Angestellter der Förderunternehmen garantieren zu können. Die ONLF forderte die betroffenen Länder Schweden, Malaysia und China, die alle mit der äthiopischen Regierung in Verhandlungen um die diversen Förderkonzessionen stehen, in Pressemitteilungen und im Internet auf, sich aus der Region zurückzuziehen und keine weiteren Verträge mit Äthiopien zu schließen. Im April 2007 erhielt der Konflikt erstmals größere Aufmerksam-keit in internationalen Medien, nachdem die ONLF die Öl-Förderanlagen der chinesischen Firma *Zhongyuan Petroleum Exploration* in Obole angegriffen hatte. Bei diesem Angriff wurden 75 Menschen, darunter chinesische Mitar-beiter der Firma, getötet. Weitere chinesische Mitarbeiter wurden von der

ONLF entführt. Nachdem es zunächst zu einem Stopp der Förderarbeiten gekommen war, kehrten die chinesischen Arbeiter im November 2007 in den Ogaden zurück.

Als Reaktion auf den Angriff der ONLF und ein Attentat auf den Präsidenten des Bundesstaates Somalia, bei dem auch mehrere Zivilisten getötet wurden, entsandte die äthiopische Regierung seit Juni 2007 verstärkt Truppen in die Region Ogaden. Um die ONLF von Nachschubwegen abzuschneiden und ihre Unterstützung in der lokalen Bevölkerung zu schwächen, bombardierte die Armee Dörfer, beschlagnahmte Viehbestände und zwang Teile der Bevölkerung aus dem Einzugsgebiet der ONLF in von der Regierung kontrollierte Städte umzusiedeln.

Im September 2007 war eine UN-Mission zur Untersuchung der humanitären Lage in den Ogaden gereist. Diese rief die äthiopische Regierung dazu auf, Hilfslieferungen in das Gebiet wieder zuzulassen, und empfahl zudem weitere Untersuchungen der humanitären Lage. Erst kurz vor dem Besuch des UN-Koordinators für humanitäre Einsätze, John Holmes, in der Ogaden-Region Ende November, erteilte die äthiopische Regierung 19 Nichtregierungsorganisationen und den UN die Genehmigung, wieder Hilfslieferungen in die Region zu bringen.

Auch danach wurde der äthiopischen Regierung wurde von den UN, humanitären Organisationen und der US-amerikanischen Regierung wiederholt die Behinderung von humanitärer Hilfe in der Region für die vom Konflikt und einer Dürrekatastrophe betroffene Zivilbevölkerung vorgeworfen. Darüber hinaus wies die äthiopische Regierung als Reaktion auf einen Bericht von *Human Rights Watch* (HRW) über Menschenrechtsverletzungen seitens des Militärs alle Mitarbeiter der Organisation sowie Journalisten und Mitarbeiter des Roten Kreuzes aus.

Auch im Berichtsjahr 2009 hat die äthiopische Regierung weder Journalisten noch Hilfsorganisationen Zugang zu der Ogaden-Region gewährt, obwohl die Situation der Zivilbevölkerung sich durch die anhaltende Dürre noch verschlechtert hat. So ist die Informationslage weiterhin schwierig, da es meist nur widersprüchliche Angaben über Kampfhandlungen und Opfer gibt. Nur soviel ist eindeutig: Im Laufe des Berichtsjahres kam es aber immer wieder zu militärischen Konfrontationen zwischen äthiopischen Regierungstruppen und der ONLF.

Obwohl die ONLF für sich in Anspruch nimmt, alle Somalis in Äthiopien zu vertreten, ist gerade das Hauptziel der Errichtung eines eigenen Staates ein Grund, weshalb es die ONLF bislang nicht geschafft hat, eine clanübergreifende Unterstützung für den eigenen Kampf zu generieren. Ihre Hauptunterstützer sind dabei die Harun, ein Sub-Clan der Isaaq, und die Khalaf, ein Sub-Clan der Abdille. Damit wird die ONLF etwa von einem Drittel der Bevölkerung unterstützt. Die ONLF operiert momentan in kleinen Einheiten von 20 bis 30 Kämpfern. Dabei ist die Gesamtzahl der ONLF-

Kämpfer unklar, Schätzungen belaufen sich auf 8.000 Rebellen. Unter den Bewaffneten befindet sich auch eine relevante Zahl weiblicher Kämpferinnen.

Im Januar 2009 wurde Mohammad Seraad Dolaal, eine wichtige Führungsperson der Rebellen, von Regierungstruppen erschossen. In den darauf folgenden Monaten berichtete die ONLF regelmäßig von erfolgreichen Kämpfen gegen Regierungstruppen, wie zum Beispiel am 10. März, als ein Lager der Regierungstruppen angegriffen und 10 Soldaten getötet worden sein sollen. Die äthiopische Regierung hingegen verkündete, dass die ONLF geschwächt beziehungsweise seit Oktober des Berichtsjahres nicht mehr existent sei. Laut Pressemitteilung der ONLF töteten die Rebellen Ende Oktober allerdings 20 Soldaten, nachdem die äthiopische Armee am 17. Oktober während einer Hochzeitsfeier acht Somalis erschossen und mehrere verletzt haben soll.

Mitte November startete die ONLF eine Offensive gegen äthiopische Truppen, die mehrere Tage andauerte. Laut Rebellen wurden dabei sowohl sieben Städte von der ONLF eingenommen als auch äthiopische Soldaten getötet. Die Regierung stritt dies ab und sprach dagegen von 245 getöteten Rebellen. Bis Ende des Jahres kam es zwischen ONLF und äthiopischer Armee zu weiteren Auseinandersetzungen, wobei beide Akteure jeweils Angaben über Verluste des Gegners proklamierten, die jedoch nicht von unabhängigen Berichterstattern verifiziert werden konnten.

Es ist nicht wahrscheinlich, dass der Konflikt im Ogaden in naher Zukunft gelöst werden wird, da die ONLF an ihren Unabhängigkeitsbestrebungen nach wie vor festhält, während Äthiopien nicht bereit ist, eine Sezession des Gebietes zuzulassen. Versuche seitens internationaler Organisationen, die beiden Parteien zu einer diplomatischen Lösung zu bewegen, scheiterten, weil die ONLF sich weigerte, an Gesprächen mit der äthiopischen Regierung ohne die Anwesenheit eines internationalen Vermittlers teilzunehmen. Dieser Forderung widersetzt sich Äthiopien jedoch schon seit Jahren. Zusätzlich wirken sich die instabile Situation in Somalia und die weiterhin angespannte Beziehung zu Eritrea auf den Ogaden aus. Äthiopien beschuldigte beide Nachbarn, die ONLF logistisch und militärisch zu unterstützen.

Lena Brentrup

Weiterführende Literatur und Informationsquellen:

Hagmann, Tobias: Beyond Clannishness and Colonialism: Understanding Political Disorder in Ethiopia's Somali Region, 1991-2004, in: Journal of Modern African Studies 43 (2005), S. 509-536

Hagmann, Tobias/Khalif, Mohamud H.: State and Politics in Ethiopia's Somali Region since 1991, in: Bildhaan: An International Journal of Somali Studies 6 (2006), S.25-49

Human Rights Watch: Ethiopia: Collective Punishment. War Crimes and Crimes against Humanity in the Ogaden Area of Ethiopia's Somali Regional State, New York 2008: http://www.hrw.org

Lyons, Terrance: Avoiding Conflict in the Horn of Africa. U.S. Policy towards Ethiopia and Eritrea, (Council on Foreign Relations, Special Report No. 21), 2006
Samatar, Abdi Ismail: Ethiopian Ethnic Federalism and Regional Autonomy. The Somali Test. in: Third World Quarterly 25 (2004), S. 1131–1154
http://www.onlf.org (ONLF)
http://www.eastafricaforum.net (East Africa Forum, Nachrichten von Horn von Afrika)
http://www.sudantribune.com (in Paris ansässige Internet-Tageszeitung)
http://www.waltainfo.com (Walta Information Centre, regierungsnahe äthiopische Nachrichtenagentur)

Kongo-Kinshasa

(Krieg)

Beginn: 2005
Kriegstyp: A-1
Beteiligte: CNDP, FDLR, FRPI, FPJC / Kongo-Kinshasa, Ruanda

Anfang des Berichtsjahres wurde der Rebellenführer Laurent Nkunda in Ruanda festgenommen, was zu einem Waffenstillstand zwischen der kongolesischen Regierung und dem *Congrès National pour la Défense du Peuple* (CNDP, Nationalkongress zur Verteidigung des Volkes) führte. Auch konnten die Regierungsarmee und ihre Verbündeten weite Teile des Territoriums von der im Kongo operierenden ruandischen Rebellengruppe *Forces Démocratique pour la Libération du Rwanda* (FDLR, Demokratische Kräfte zur Befreiung Ruandas) in einer zweiten Offensive zurückerobern. Die humanitäre Lage – besonders die der durch die aktuellen Kämpfe Vertriebenen – zog weltweit erneut mediale Aufmerksamkeit auf sich.

Seit Mitte der 1990er Jahre ist die Kivu-Region im Osten des Landes Ausgangspunkt aller kongolesischen Kriege. Die Auseinandersetzungen in den östlichen Regionen des Kongo gehen unter anderem auf langjährige Konflikte zurück, in denen ethnische Identitäten im Kampf um politische und ökonomische Vorherrschaft instrumentalisiert wurden. In den beiden Provinzen Nord- und Südkivu sowie im benachbarten Ituri liegen große Vorkommen an Gold, Diamanten und Coltan. Die Bevorzugung bestimmter Bevölkerungsgruppen bereits durch die Kolonialherren verfestigte bestehende soziale Unterschiede zu ethnischen.

Als sich Anfang der 1990er Jahre das seit über 30 Jahren herrschende Regime unter Mobutu Sese Seko durch internationalen Druck einer Demokratisierung öffnen musste, wurden Fragen um die kongolesische Identität zentral. Als nicht-kongolesisch galten die teilweise schon seit der Kolonialzeit in Kivu lebenden ruandischen und burundischen Immigranten. Besonders lokale Milizen, die unter der Bezeichnung *Mayi-Mayi* (Wasser-Wasser) bekannt wurden, begingen gewalttätige Übergriffe auf diese Gruppen.

Die Situation spitzte sich in Folge des Völkermordes von Hutu-Milizen an Angehörigen der Tutsi in Ruanda 1994 zu. Nachdem dort eine überwiegend aus Tutsi bestehende Rebellenorganisation unter Paul Kagame den Genozid beendete und die Macht übernahm, flüchteten 1 Million Hutu in grenznahe Gebiete des Kongo. Hier terrorisierten sie die lokale Bevölkerung und bedrohten weiterhin Ruanda.

Mit Hilfe von Ruanda und Uganda stürzte 1997 eine Rebellenkoalition unter Laurent-Désiré Kabila das Mobutu-Regime im Kongo. Um sich innenpolitisch zu legitimieren und seine Macht zu konsolidieren, begann er jedoch, Ruanda als Besatzungsmacht zu betrachten und wandte sich daher auch gegen die vor allem im Ostkongo lebenden Ruander. In der Folge eskalierte 1998 ein neuer Krieg. Ruanda und Uganda unterstützten Rebellen gegen die Regierung und diese verbündete sich mit *Mayi-Mayi*-Milizen und ruandischen Hutu-Rebellen.

Dieser „Afrikanische Regionalkrieg" von 1998 bis 2001 destabilisierte die gesamte Region, da fast alle an den Kongo grenzenden Länder Truppen sandten. Im Jahr 2000 wurde die *Mission de l'Organisation des Nations Unies en République Démocratique du Congo* (MONUC, Mission der UN in der Demokratischen Republik Kongo) zunächst als Beobachtermission eingerichtet. Erst als Joseph Kabila 2001 die Macht von seinem ermordeten Vater übernahm, konnte ein dauerhafter Waffenstillstand geschlossen werden werden.

Trotz eines Friedensschlusses und der Bildung einer Übergangsregierung blieb die Lage instabil und vor allem im Osten des Kongo eskalierten neue Kämpfe. Eine Demokratisierung des Landes sollte in den Augen der internationalen Unterstützer die Konflikte lösen. Die Rebellen sollten demobilisiert oder in die Armee integriert werden. Die MONUC sollte mit ihrer nach und nach auf über 17.000 Soldaten aufgestockte Truppe den Frieden überwachen. In weitgehend freien Wahlen wurde Kabila 2006 zum Präsidenten gewählt. Jedoch war die neue Armee kaum funktionsfähig und ein zentraler Unsicherheitsfaktor für die Bevölkerung.

Zum stärksten Widersacher der Regierung entwickelte sich Laurent Nkunda, der in den Provinzen Nord- und Südkivu größere Gebiete besetzt hielt. Nkunda war während des Krieges ein militärischer Führer einer ehemals von Ruanda unterstützten Rebellengruppe gewesen. Die kongolesische Armee ernannte ihn nach dem Friedensschluss zum General. Mit dem Vorwurf, die Regierung gehe weiterhin zusammen mit *Mayi-Mayi*- und Hutu-Milizen gegen Tutsi vor, widersetzte Nkunda sich der Kontrolle aus Kinshasa und zog sich mit Teilen seiner früheren Truppe nach Masisi in Nordkivu zurück. Dort gelang es ihm ein größeres Gebiet zu kontrollieren und für eine relative Sicherheit für die Bevölkerung zu sorgen.

Seit 2006 organisierte Nkunda seine Anhänger im *Congrès* CNDP. Dieser umfasste bis zu 5.000 Kämpfer. Zudem bauten die Rebellen eine parallele

Regierungsstruktur auf. Ihre Haupteinnahmen bezogen sie aus der Besteuerung des Handels zwischen dem Ostkongo und den Nachbarstaaten.
Gegen Ende des Jahres 2007 schickte die Regierung 20.000 Soldaten und
schweres Kriegsgerät westlich der Provinzhauptstadt Goma in den Kampf
gegen Nkunda. Kaum eine Woche später befand sich die Armee in vollstän-
diger Auflösung. Zusammengesetzt aus verschiedenen ehemaligen Rebellen-
gruppierungen und Milizen war die Armee immer noch kaum handlungsfä-
hig, schlecht bezahlt und undiszipliniert. Nur Einheiten der MONUC
verhinderten die Einnahme Gomas durch Nkundas Truppen. Daraufhin berief
die Regierung für Anfang Januar 2008 eine Friedenskonferenz für die Kivu-
Provinzen ein, zu der fast alle Kriegsteilnehmer und auch zivile Gruppen
eingeladen waren. Ende Januar wurde ein Waffenstillstand ausgerufen, der
jedoch nie vollständig eingehalten wurde.
Die Armee ging teilweise nicht nur gegen Nkunda und seine CNDP,
sondern aufgrund des massiven internationalen Drucks auch gegen die FDLR
vor. Dieser Zusammenschluss ruandischer Hutu-Milizen besteht im Kern aus
der früheren ruandischen Armee, die für den Genozid in Ruanda verantwortlich war. Sie soll etwa 9.000 Kämpfer umfassen, die die Tutsi-Bevölkerung
im Ostkongo terrorisieren und sich über die Kontrolle der wichtigsten Zinn-
und Goldvorkommen der Provinz Nord-Kivu finanzieren. Die FDLR und
verschiedene *Mayi-Mayi*-Gruppen griffen wiederum mehrfach Nkundas
Truppen an.
Ein weiteres Waffenstillstandsabkommen im September 2008, welches
erstmals auch die kongolesische Armee zwingen sollte, der MONUC eine
militärische Vormachtstellung in der Region zu überlassen, schlug ebenfalls
fehl. Allerdings kam es Anfang Dezember auf Druck der kongolesischen
Opposition und des Sonderbeauftragten der UN, des ehemaligen nigerianischen Präsidenten Olusegun Obasanjo, zu einem Treffen zwischen Vertretern
der kongolesischen Regierung und der CNDP in Kenia.
Das Berichtsjahr 2009 war vor allem durch zwei Großoffensiven gegen
die Rebellengruppen in Nord- und Süd-Kivu geprägt. Während der Gespräche zwischen Regierung und CNDP in Kenia schloss Kongos Präsident Kabila ein heimliches Bündnis mit seinem ruandischen Amtskollegen und bisherigen Gegner Kagame. Am 20. Januar 2009 entsandte Ruanda rund 4.000
Soldaten in das Nachbarland Kongo, um die kongolesische Armee im Kampf
gegen die CNDP zu unterstützen. Die Offensive wurde unter dem Namen
Umoja Wetu (Unsere Einheit) bekannt. Darüber hinaus wurde Nkunda in
Ruanda festgenommen und sein ehemaliger Stabschef Bosco Ntaganda sein
Nachfolger. Dieser erklärte sich sofort zur Eingliederung der CNDP in die
kongolesische Armee bereit.
Nach Abzug der ruandischen Truppen startete die kongolesische Armee,
diesmal gemeinsam mit der MONUC, im März eine weitere Offensive unter
dem Namen Kimia II (Still II). Diese richte sich gegen die FDLR und dauerte

am Jahresende noch an. Nach neun Monaten konnten 1.087 FDLR-Kämpfer durch das UN-Programm für Entwaffnung, Demilitarisierung, Rückführung und Wiederansiedlung nach Ruanda umgesiedelt werden. Jedoch wurde dieser Erfolg von starken Menschenrechtsverletzungen überschattet. Am 10. Mai überfiel die FDLR die 15.000 Einwohner zählende Stadt Busurungi in Nord-Kivu, wobei mindestens 60 Zivilisten starben. Ebenso überfiel die FDLR im Juni 20 Kilometer vor Kamituga ein Dorf und brannte 80 Hütten und eine Gesundheitsstation nieder. Die Hilfsorganisation *Oxfam* berichtet von 250.000 Zivilisten, die aufgrund der andauernden Konflikte auf der Flucht waren. Ende des Jahres stellte die MONUC die direkte Zusammenarbeit mit der Regierungsarmee aufgrund des Verdachts ein, dass diese im Ostkongo ebenfalls für Menschenrechtsverletzungen verantwortlich war. Das Mandat der MONUC wurde nur um weitere fünf Monate bis Mai 2010 verlängert.

Gegen Ende des Berichtsjahres wurden Ignace Murwanashyaka und Straton Musoni, der Präsident und einer der Vizepräsidenten der FDLR, in Deutschland festgenommen, was die Spekulationen über ein intaktes weltweites Netzwerk der Rebellenorganisation unterstreicht. Darüber hinaus wurden die beiden ehemaligen Kriegsführer Germain Katanga und Mathieu Ngudjolo Chui vor dem Internationalen Strafgerichtshof (IStGH) in Den Haag wegen Kriegsverbrechen und Verbrechen gegen die Menschlichkeit in zehn Fällen angeklagt. Der Prozess ist noch nicht abgeschlossen.

Im nordöstlichen Distrikt Ituri wurden seit Ende September 2008 kleinere Milizen wieder aktiv, nachdem es dort seit Anfang 2007 weitgehend ruhig geblieben war. Der ökonomische Konflikthintergrund ist ähnlich wie in den Kivu-Provinzen. Die MONUC war bei der Bekämpfung und Demobilisierung von Rebellen in Ituri konsequent und offensiv vorgegangen, sodass sich 2008 nur noch wenige Hundert Angehörige bewaffneter Gruppen vor allem in der Region um die Provinzhauptstadt Bunia aufhielten. Einer der Hauptakteure der letzten Jahre, die *Front des Résistances Patriotiques en Ituri* (FRPI, Front der patriotischen Widerstandsbewegungen in Ituri), eine von Lendu dominierte Milizengruppe, rekrutierte erneut Kämpfer. Sie griff mehrmals die MONUC an und konnte auch die Armee aus kleineren Gebieten vertreiben. Die Regierung verstärkte daraufhin die Truppen in Ituri. Als Antwort überfiel eine neu formierte Rebellengruppe, die *Front Populaire pour la Justice au Congo* (FPJC, Volksfront für Gerechtigkeit im Kongo) am 8. Oktober das Dorf Kombokabo.

In der Region Dungu, weiter nördlich, an der Grenze zum Sudan lösten Angriffe der ugandischen Rebellengruppe *Lord's Resistance Army* (LRA) die weitgehende Entvölkerung eines über 10.000 Quadratkilometer großen Gebietes aus, da die LRA für ihre Brutalität bekannt ist. Im Jahr 2005 waren circa 400 Kämpfer der LRA in den Ostkongo geflohen. Bei mehreren Überfällen auf Dörfer im September und Oktober 2008 starben über 100 Zivilisten, außerdem entführte die Gruppe, die während des Krieges in Uganda für den Einsatz von Kindersoldaten berüchtigt war, 140 Kinder. Die Regierungen des Kongo, Ugandas und des Südsudan beschlossen Mitte Dezember ein gemeinsames Vorgehen gegen die LRA (vgl. den Bericht zu Uganda). Sie begannen umgehend mit militärischen Operationen und zerstörten das Hauptquartier der Rebellen. Vom 24. Dezember bis zum Jahresende überfiel die LRA daraufhin zwölf Orte und tötete dabei mindestens 500 Menschen.

Seit 1998 sollen 5,6 Millionen Menschen an den Folgen der Kriege im Kongo gestorben sein, vorwiegend durch Hunger und Krankheit infolge des Zusammenbruchs jeglicher Infrastruktur und des Nahrungsmittelanbaus. Die aktuellen kriegerischen Auseinandersetzungen vertrieben in diesem Jahr erneut 900.000 Menschen. Alle Kämpfenden setzten sexuelle Gewalt als Kriegswaffe in einem Ausmaß ein, das nach Angaben der UN weltweit ohne Vergleich ist. Es kann davon ausgegangen werden, dass die Festnahme des CNDP-Führers Nkunda zu einer Auflösung dieser Organisation führen wird. Inwieweit sich die Festnahmen der beiden FDLR-Führer in Deutschland auswirken werden, bleibt abzuwarten. Offen ist ebenso, ob die Offensive gegen die FDLR im Kongo selbst zu einer Befriedung der Region führen kann.

Katharina Rußmann

Weiterführende Literatur und Informationsquellen:
International Crisis Group: Bringing Peace to North Kivu, 2007: http://www.icg.org
Nest, Michael/Grignon, Francois/Kisangani, Emizet F.: The Democratic Republic of the Congo. Economic Dimensions of War and Peace, Boulder – London 2006
Putzel, James et.al: Drivers of Change in the Democratic Republic of Congo. The Rise and Decline of the State and Challenges for Reconstruction, London 2008: http://www.crisisstates.com/download/wp/wpSeries2/WP26.2.pdf
Schreiber, Wolfgang: Gewaltordnungen im Osten der Demokratischen Republik Kongo, in: Bakonyi, Jutta/Hensell, Stephan/Siegelberg, Jens (Hrsg.): Gewaltordnungen bewaffneter Gruppen. Ökonomie und Herrschaft nichtstaatlicher Akteure in den Kriegen der Gegenwart, Baden-Baden 2006, S. 125-140
http://www.irinnews.org/webspecials/Ituri (UN Integrated Regional Information Networks)
http://www.monuc.org (MONUC)

Mali

(Bewaffneter Konflikt)

Beginn: 2006
Beteiligte: ATNMC / Mali

Der im Jahr 2006 begonnene bewaffnete Konflikt zwischen der malischen Armee und Tuareg-Rebellen im Norden Malis hat zu Beginn des Berichtjahres 2009 aufgrund eines groß angelegten Militärschlags gegen die wichtigsten Stützpunkte der Rebellen und der Flucht des Rebellenführers Ibrahim Ag Bahanga seinen derzeitigen Abschluss gefunden. Der Konflikt war in den 1990er Jahren unter der damaligen Militärdiktatur erstmals kriegerisch eskaliert, unter anderem im Zuge der Öffnung des Regimes aber beigelegt worden. Seit 1996 galt die Tuareg-Region im Norden Malis als befriedet. Teilweise ungelöst gebliebene Konflikte führten jedoch in Kombination mit jüngeren Entwicklungen zur erneuten Eskalation. Seit der Beilegung des Tuareg-Konfliktes dominiert der Kampf gegen *Al-Qaïda au Maghreb Islamique* (AQMI, Die Basis im Islamischen Maghreb) das Konfliktgeschehen in Mali (vgl. den Bericht zu Algerien).

Anfang der 1990er Jahre eskalierte nach Angriffen von Tuareg-Rebellen auf Kasernen in Ménaka und Tidermène ein Krieg, der nicht nur die nördlichen Regionen Timbuktu, Gao und Kidal erfasste, sondern auch den Nachbarstaat Niger. Hauptforderung der Rebellen der *Mouvement Populaire de l'Azawad* (MPLA, Volksbewegung des Azawad) war die Autonomie für die Region Azawad im Norden Malis, die sich aus den Verwaltungsbezirken Kidal, Gao und Timbuktu zusammensetzt. Außerdem wurden allgemein verstärkte Entwicklungsbemühungen für den Norden, bessere soziale Bedingungen, eine Demokratisierung, politische Mitsprache sowie der Rückzug der Streitkräfte beziehungsweise der zentralstaatlichen Administration aus dem Norden gefordert. Ein am 11. April 1992 von der malischen Regierung unter Präsident Amadou Toumani Touré und dem Dachverband der Tuareg-Gruppen *Mouvement des Forces Unifées de l'Azawad* (MFUA, Bewegung der vereinigten Kräfte des Azawad) unterzeichneter Friedensvertrag sah neben einer gestärkten Selbstverwaltung vor allem die Integration von Tuareg-Kämpfern in die malische Armee, die Einstellung von Rebellen in die staatliche Verwaltung sowie eine verstärkte wirtschaftliche und soziale Integration der Region in den Staat vor.

Rund zwhn Jahre nach Beendigung de Kämpfe überfielen am 23. Mai 2006 im Zuge des Friedensabkommens in die malische Armee integrierte Tuareg-Kämpfer , die unter Führung von Oberst Hassan Fagaga mit Fahrzeugen und Waffen desertiert waren, Kasernen der Regierungsarmee in den nördlichen Städten Kidal, Ménaka und Tessalit. Die Neuaufnahme der Kämpfe erklärt sich mit der weiterhin bestehenden großen sozioökonomischen Kluft zwischen dem wohlhabenderen Süden und den Regionen im Norden Malis. Die Rebellen beschuldigten die Regierung, Versprechen des Wiederaufbaus und der Förderung von Investitionen in den nördlichen Regionen gebrochen zu haben, und forderten eine Autonomie für die Stadt Kidal, eine Hochburg der Tuareg-Rebellen.

Die Rebellen orgsanisierten sich zunächst unter dem Namen *Alliance Démocratique du 23 mai 2006 pour le Changement* (ADC, Demokratische Allianz vom 23. Mai 2006 für den Wandel). Die algerische Regierung vermittelte zwischen den Konfliktparteien und am 4. Juli 2006 kam es zur Unterzeichnung eines Friedensabkommens, in dem die ADC-Rebellen die Einstellung des bewaffneten Kampfes versprachen und ihre Forderung nach Autonomie für Kidal aufgaben. Die malische Regierung verpflichtete sich im Gegenzug, die wirtschaftliche Entwicklung im Tuareg-Gebiet verstärkt zu fördern und den Ausbau der Infrastruktur zu beschleunigen.

Das Abkommen erwies sich allerdings nicht als haltbar. Der nächste größere Angriff fand am 26. und 27. August 2007 statt, als Tuareg-Rebellen Einrichtungen der Regierungsarmee in Tédjérète im Nordwesten des Landes angriffen. Dabei wurden etwa 40 Soldaten entführt, sieben Rebellen und ein Soldat starben. Die Rebellen traten nun unter dem Namen *Alliance Touareg Nord-Mali pour le Changement* (ATNMC, Allianz der nordmalischen Tuareg für den Wandel) auf. Ihre Führung wurde durch Ag Bahanga gestellt, der im Gegensatz zu den meisten anderen ADC-Rebellen das Friedensabkommen von 2006 abgelehnt hatte.

Unter der Vermittlung des aus der Rebellion der 1990er Jahre bekannten ehemaligen Rebellenkommandanten Iyad Ag Ghaly wurde Anfang September 2007 ein Waffenstillstand zwischen der malischen Regierung und der ATNMC vereinbart. Das Abkommen wurde jedoch nicht eingehalten und Ag Bahanga ließ am 14. September 2007 eine Militärbasis in Tinzaouatène an der Grenze zu Algerien angreifen. Trotz heftiger Kämpfe setzten Vermittler aus Algerien und Libyen die Bemühungen um Frieden und die Freilassung von Geiseln fort.

Am 3. März 2008 unterzeichneten die malische Regierung und die Rebellen im libyschen Tripolis ein weiteres Waffenstillstandabkommen. Trotz der Vereinbarung und der Bekundung weiterer Gesprächsbereitschaft kam es bereits drei Wochen später zu neuen Kämpfen. Am 20. März fuhr ein Militärfahrzeug in Tinzaouatène auf eine Landmine. Dabei kamen drei Soldaten ums Leben. Es entwickelten sich heftige Kämpfe zwischen Tuareg-Rebellen und Regierungssoldaten. Die Rebellen der ATNMC entführten 33 Regierungssoldaten sowie eine unbekannte Anzahl an Mitgliedern der ADC, die den Frieden befürworteten. Die Rebellen begründeten den Bruch des Abkommens damit, dass die Regierung entgegen den Vereinbarungen ihre Soldaten nicht aus dem Norden abgezogen habe, während die Rebellen ihr Versprechen nach Freilassung der entführten Armeeangehörigen erfüllt hätten. Ag Bahanga und seine Männer forderten die Armee auf, einige Orte im Norden des Landes zu verlassen. Diese Forderung schien auch dem Interesse am Schmuggel entlang der Grenzen zu Niger, Algerien und Mauretanien zu dienen. Im weiteren Verlauf des Jahres griffen die Rebellen mehrfach Einheiten des Militärs an und töteten und entführten Soldaten. Als Reaktion baute die malische Regierung ihre militärische Präsenz im Norden wieder aus.

Auch das Berichtsjahr begann unruhig: Am 1. Januar 2009 starben zwei Personen bei Granatenanschlägen auf die Häuser dreier Regierungsvertreter in Gao. Die Regierung reagierte mit einer Serie von Angriffen gegen Stütz-

punkte der Rebellen. Bereits am 2. Januar forderte eine Militäroffensive mindestens vier Todesopfer. Nachdem zwei Mitarbeiter der malischen Elektrizi-
tätswerke, die eine Woche zuvor von Tuareg-Rebellen entführt worden waren, freigelassen wurden, attackierte die Armee am 12. Januar zwei Rebellen-
Stützpunkte. Bei einem Militärschlag am 22. Januar gelang es der Armee,
einen weiteren Stützpunkt Ag Bahangas zu zerstören; 31 Rebellen wurden
hierbei getötet. Am 26. Januar wurden die letzten von Tuareg-Rebellen gefangen gehaltenen Regierungssoldaten befreit.

Anfang Februar fragte Ag Bahanga offiziell an, am Friedensprozess wieder teilnehmen zu dürfen. Am 12. Februar gab die malische Regierung bekannt, sämtliche Stützpunkte der ATNMC zu kontrollieren. Zu diesem Zeitpunkt hatten sich bereits mehrere Hundert Anhänger des Rebellenchefs
anderen Rebellen-Fraktionen angeschlossen, welche an den Friedensverhandlungen teilnahmen. Dutzende Rebellen, die zuvor aus dem Militär desertiert
waren, ließen sich entwaffnen und einquartieren, um in Spezialeinheiten der
malischen Armee zur Kontrolle der Sicherheit im Norden überführt zu werden. Ag Bahanga selbst floh unterdessen außer Landes und erhielt Asyl in
Libyen. Er gab schriftlich an, in Zukunft keine politischen Aktivitäten mehr
zu verfolgen und Mali nicht destabilisieren zu wollen.

Am 17. Februar ließen sich im Rahmen einer offiziellen Zeremonie 578
Rebellen in Kidal entwaffnen, die meisten von ihnen Mitglieder der ADC.
Sie konnten nun der regulären malischen Armee beitreten oder es sollte ihnen
geholfen werden, eine andere Arbeit zu finden, um ihnen die Rückkehr ins
zivile Leben zu erleichtern. Im weiteren Verlauf des Berichtsjahres kam es zu
keinen Zusammenstößen von Armee und Tuareg-Rebellen mehr. Die Regierung bemühte sich um die Umsetzung der Vereinbarungen. Am 21. Juni
wurde die Minenräumung in der Kidal-Region abgeschlossen. Sämtliche
ehemaligen Rebellenstützpunkte wurden von Regierungssoldaten besetzt.

Am 18. Juli wurden ehemalige Rebellen zum ersten Mal offiziell in die
Hauptstadt Bamako zu Friedensgesprächen mit malischen Regierungsvertretern und den algerischen Vermittlern eingeladen. Thema der Gespräche war
unter anderem die Einführung eines Hilfsprogramms zur sozioökonomischen
Integration von mehr als 10.000 Jugendlichen in der Kidal-Region. Die ehemaligen Rebellen sagten zudem zu, die Regierung beim Kampf gegen die *Al-
Qaïda au Maghreb Islamique* (AQMI, Die Basis im Islamischen Maghreb)
zu unterstützen. Die AQMI wurde im Berichtsjahr für die Geiselnahme von
zwölf Europäern und Kanadiern und deren Verschleppung auf malisches
Territorium verantwortlich gemacht. Ehemalige Tuareg-Rebellen halfen bei
den Vermittlungen und Freilassungen. Bei Militäraktionen gegen die AQMI
kamen im Berichtsjahr knapp 60 malische Soldaten ums Leben. Während
einer Offensive am 16. Juni wurden bis zu 26 AQMI-Kämpfer getötet.

Anfang August fand im Zusammenhang des Versöhnungsprozesses in
Timbuktu zum ersten Mal seit zehn Jahren ein Treffen der verschiedenen

Bevölkerungsgruppen Nord-Malis statt. Die Teilnehmer einigten sich darauf, etwaige Konflikte friedlich zu lösen und beriefen sich auf traditionelle Konfliktlösungsstrategien. Gründe für die Konflikte liegen in der Landnutzung und der Verteilung der Macht seit den letzten Kommunalwahlen. Mali und Niger verständigten sich am 6. Oktober gemeinsam auf ein Friedensabkommen mit den meisten Rebellengruppen. Bei einer Zeremonie in Libyen legten Dutzende Tuareg-Rebellen symbolisch ihre Waffen nieder. Unter ihnen befanden sich auch Agaly Alambo, der bis vor kurzem der Chef der nigrischen Rebellenorganisation *Mouvement des Nigériens pour la Justice* (MNJ, Bewegung der Nigrer für Gerechtigkeit) war, sowie Ag Bahanga, der Libyen verlassen und angekündigt hatte, sich nun doch am Friedensprozess beteiligen zu wollen.

Der Tuareg-Konflikt in Mali scheint aufgrund der Militäroffensive von Anfang des Jahres 2009 und die damit einhergehende Flucht des Rebellenchefs Ag Bahanga ein erneutes Ende gefunden zu haben. Ag Bahanga scheint nicht mehr über ausreichende Kapazitäten und Rückhalt in der Bevölkerung zu verfügen, um die Region erneut zu destabilisieren. Sollte er es mit seiner Absicht, sich aktiv am Friedensprozess zu beteiligen, ernst meinen, so wäre dies ein wichtiger Schritt für die Konsolidierung des Friedens. Dauerhafte Stabilität kann jedoch nur erreicht werden, wenn die Regierung ihre Versprechen ernst nimmt und die nördlichen Regionen in ihrer Entwicklung und die ehemaligen Rebellen bei ihrer Reintegration unterstützt. Die bereits angelaufenen Programme sind, sofern sie auf Nachhaltigkeit und Kontinuität ausgelegt sind, ein Schritt in die richtige Richtung.

Hilke Fischer

Weiterführende Literatur und Informationsquellen:

Brüne, Stefan: Der „Tuareg-Konflikt". Friedenskonsolidierung durch Entwicklungszusammenarbeit, in:; Engel, Ulf et al. (Hrsg.): Navigieren in der Weltgesellschaft. Festschrift für Rainer Tetzlaff, Münster 2005, S. 99-111

Kétouré, Philippe S.: Demokratisierung und Ethnizität: Ein Widerspruch? Gewaltsame Konflikte und ihre friedliche Regelung in politischen Wandlungsprozessen: Beispiele Côte d'Ivoire und Mali, Hamburg 2009

Wegemund, Regina: Die Tuareg in Mali und Niger: Rebellion einer Ethnie, vergleichbare Konfliktursachen, unterschiedlicher Verlauf, in: Internationales Afrikaforum 36 (2000), S. 379-387

http://www.rfi.fr (Radio France Internationale)
http://www.maliweb.net (Nachrichten zu Mali)
http://www.temoust.org (Informationen und Nachrichten zu den Tuareg)

Nigeria (Boko Haram)

(Krieg)

Beginn: 2009
Kriegstyp: A-2
Beteiligte: *Boko Haram* / Nigeria

Nachdem es in den vergangenen Jahren wiederholt zu Unruhen in Nordnigeria gekommen ist, fanden auch im Berichtsjahr 2009 wieder neue Kämpfe statt. Anders als in den vorangegangenen Jahren war der nigerianische Staat dieses Mal jedoch aktiv beteiligt. Hauptauslöser der neuen Unruhen waren dabei nicht die Spannungen zwischen muslimischen und christlichen Bevölkerungsgruppen über die Einführung und Handhabung der Scharia, der islamischen Rechtsordnung, gewesen. Die islamistische Gruppe *Boko Haram* (Westliche Bildung ist Sünde), die sich ideologisch den afghanischen *Taliban* (Religionsschüler) verbunden fühlt, strebte vielmehr eine Islamisierung ganz Nigerias und eine striktere Anwendung islamischer Rechtsvorschriften an. Bei den in der letzten Juliwoche eskalierten Kämpfen sind mindestens 780 Menschen ums Leben gekommen.

In Nigeria kam es zwischen Christen und Muslimen immer wieder zu Unruhen. Diese lassen sich zu großen Teilen auf einen Konflikt zwischen dem Norden und dem Süden des Landes, der seinen Ursprung in der Zeit der britischen Kolonialherrschaft hat, zurückführen. Die Gesellschaftsstrukturen des hierarchisch strukturierten islamischen Nordens erfuhren in dieser Zeit nur geringe Veränderungen. Die christianisierten Einwohner des Südens wurden hingegen verstärkt in der Bürokratie und dem Handel der Kolonie beschäftigt, wodurch sie sich zu einer einheimischen Mittelschicht entwickeln konnten. Nachdem Nigeria 1960 von Großbritannien unabhängig wurde, standen sich die traditionellen, aristokratisch geprägten Eliten des Nordens und das aufstrebende Bürgertum des Südens gegenüber. Der Konflikt zwischen beiden Landesteilen stellte sich dabei insbesondere als Konflikt zwischen wirtschaftlicher und politischer Macht dar. Letztere war im Norden konzentriert, der Süden stellte zwischen 1960 und 1999 nur fünf Jahre lang den Präsidenten, während sich die Wirtschaftskraft des Landes im Süden konzentrierte.

Seit dem Ende der 1970er Jahre drückte sich der Protest gegen die bestehenden Verhältnisse zunehmend in der Bildung radikaler, muslimischer Organisationen aus, die das politische System Nigerias in Frage stellten und eine stärkere Betonung des islamischen Charakters der nördlichen Bundesstaaten forderten. Ihren Anfang nahmen diese Bewegungen mit der *Muslim Student Society* (MSS), welche das politische System des Landes anprangerte und die Stärkung des Islams in Nigeria anstrebte. Diese Gruppe sah sich selbst jedoch nicht als militante Bewegung, sondern vielmehr als politische

Opposition zum bestehenden Militärregime und machte vor allem durch meist friedlich verlaufende Hochschulbesetzungen auf sich aufmerksam. In den frühen 1980er Jahren gründeten militante Angehörige der MSS das *Islamic Movement* (IM). Sie riefen zum bewaffneten Widerstand gegen die ihrer Ansicht nach unislamische und korrupte Staatsführung auf und forderten eine islamische Revolution nach iranischem Vorbild. Dabei führte die IM mehrere militante Aktionen gegen öffentliche Einrichtungen durch.

Nach der 1999 erfolgten Ablösung der letzten Militärregierung und einem demokratischen Machtwechsel, verlor der Norden politische Macht, was sich auch in der Person des neuen, aus dem Süden stammenden, christlichen Präsidenten Olusegun Obasanjo zeigte. Bereits im November 1999 führte der Gouverneur des im Norden gelegenen Bundesstaates Zamfara, Ahmed Sani Yerimana, die Scharia ein. Dadurch wurden auch religiös moderat eingestellte Gouverneure der nördlichen Bundesstaaten innenpolitischem Druck ausgesetzt, es ihm gleichzutun. Elf weitere Bundesstaaten, mit zum Teil großen christlichen Minderheiten, folgten schließlich dem Beispiel Zamfaras und führten ebenfalls die Scharia ein. Die sich daraus ergebenden Spannungen zwischen den Religionsgruppen haben in den folgenden Jahren wiederholt zu Unruhen geführt. Allein bis 2004 sollen etwa 50.000 Menschen bei solchen Auseinandersetzungen getötet worden sein.

Obwohl der Norden mit der Einführung der Scharia mehr kulturelle und politische Autonomie vom Zentralstaat erhielt, blieb die wirtschaftliche Lage weiterhin schlecht. In dieser Situation bildeten sich radikal-islamische Gruppen, die eine weitergehende Islamisierung des Landes auch als Lösung der wirtschaftlichen Probleme propagierten. Eine dieser Gruppen war *Boko Haram*. Diese wurde 2003 von Mohammad Yusuf in Maiduguri, im Bundesstaat Borno, gegründet und errichtete 2004 ein Traninings- und Basislager in Kanamaa; an der Grenze zum Niger. Von dort aus führte die Gruppe seitdem wiederholt Überfälle auf Polizeiposten und Militärarsenale in Borno durch und dehnte ihre Aktionen schließlich auch auf die angrenzenden Bundesstaaten aus.

Im Berichtsjahr 2009 kam es erstmals im Juni zu einem größeren Zusammenstoß zwischen Anhängern der *Boko Haram* und der nigerianischen Polizei, bei dem 17 Islamisten getötet oder verwundet wurden. Mitte Juli verhinderte die Polizei den Diebstahl von Waffen aus einer Polizeistation in Bauchi im gleichnamigen Bundesstaat und führte daraufhin Razzien bei mehreren bekannten *Boko-Haram*-Anhängern durch. Daraufhin griffen am Abend des 26. Juli etwa 70 *Boko-Haram*-Mitglieder die dortige Polizeistation mit Granaten und Gewehren an. Bei den anschließenden Kämpfen kamen etwa 55 Menschen ums Leben.

Am nächsten Tag weiteten sich die Unruhen auch auf die Bundesstaaten Yobe, Borno und Kano aus, wo die *Boko Haram* Polizei- und Militärposten, Kirchen und Gefängnisse angriffen und in Brand setzten. Die schwersten

Kämpfe fanden in der Stadt Maiduguri statt, wo es etwa 100 Tote gegeben haben soll. Dort befand sich zu diesem Zeitpunkt immer noch das Hauptquartier der *Boko Haram* und die Aufständischen konnten weite Teile der Stadt unter ihre Kontrolle bringen. In Potiskum, im Bundesstaat Yobe, griffen Aufständische die dortige Polizeistation an und brannten sie nieder. Bei dem anschließenden mehrstündigen Feuergefecht sollen 23 *Boko-Haram*-Anhänger festgenommen worden sein. Auch in einem Vorort von Kano, der größten Stadt Nordnigerias und Hauptstadt des gleichnamigen Bundesstaates, griffen Aufständische Polizeistationen an. Obwohl schon seit dem Jahr 2008 mehrere muslimische Geistliche und nigerianische Militärangehörige vor dem steigenden Gefahrenpotential und der zunehmenden Radikalisierung der Gruppe gewarnt hatten, wurden die Sicherheitskräfte scheinbar überrascht.

Wiederum einen Tag später, am 28. Juli, begann das Militär auf Befehl des nigerianischen Präsidenten Umaru Yar'adua mit der Verlegung von 1.000 Soldaten mit Kampfhubschraubern, Panzern und leichter Artillerie nach Maiduguri, um den dortigen Aufstand niederzuschlagen. Die letzten Stellungen der Islamisten wurden nach zum Teil heftigen Straßenkämpfen am 30. Juli von der Armee gestürmt. Armee und Polizei gelang es dabei mehrere Rebellen einschließlich deren Anführer Mohammad Yusuf festzunehmen. Nach offiziellen Angaben wurde er am 31. Juli bei einem Fluchtversuch erschossen.

Die fünftägigen Kämpfe forderten laut Angaben des *Internationalen Roten Kreuzes* mindestens 780 Tote, unter denen auch viele Zivilisten gewesen sein sollen. Offizielle nigerianische Stellen sprachen zunächst nur von 55 Toten. Sowohl in Bauchi als auch in Maiduguri haben Aufständische Augenzeugenberichten zufolge, gezielt Zivilisten entführt und getötet. Unabhängige Beobachter warfen auch den nigerianischen Sicherheitskräften vor, während der Kämpfe wahllos auf Zivilisten gefeuert zu haben. Etwa 10.000 Menschen mussten in Folge der Kämpfe ihre Häuser verlassen und sind geflohen.

Unter den getöteten *Boko-Haram*-Rebellen befanden sich nach Angaben der nigerianischen Behörden auch Leichen mit Pässen aus dem Tschad und Niger. Damit wären erstmals nachweislich Muslime aus anderen Ländern aktiv an den religiösen innernigerianischen Konflikten beteiligt gewesen. Nigerias Präsident Yar'adua begründete das harte Vorgehen der Sicherheitskräfte gegen die *Boko Haram* mit dem großen Gefahrenpotential dieser Gruppe, die neben großen Waffenlagern auch über selbstgebaute Bomben verfügt haben soll.

Eine Woche nach dem Ende der Kämpfe veröffentlichte die *Boko Haram* am 9. August 2009 eine Erklärung, in der die Gruppe ankündigte, den Kampf bis zur vollständigen Islamisierung ganz Nigerias weiterzuführen. Als Vergeltung für ihre getöteten Anhänger wurden Bombenanschläge in Lagos und weiteren Städten in Süd- und Zentralnigeria angekündigt, die bis Jahresende jedoch nicht stattfanden.

Sowohl der Dachverband der Muslime in Nigeria als auch der höchste muslimische Würdenträger des Landes, Sultan Muhammad Sa'adu von Sokoto, haben das Vorgehen der *Boko Haram* scharf verurteilt und sich auf die Seite der Regierung gestellt. Somit dürften die Kämpfe des Berichtsjahres keine zusätzlichen Spannungen zwischen Christen und Muslimen in Nigerias unruhigem Norden verursachen. Die *Boko Haram* hat nach eigenen Angaben etwa 1.000 Kämpfer verloren. Diese Zahl ist jedoch weder von der nigerianischen Regierung bestätigt worden, noch gibt es Angaben über die Gesamtstärke der Gruppe, aus der sich Rückschlüsse über ihre aktuelle Stärke ziehen ließen. Weitere Aktionen der Gruppe für die Zukunft können daher nicht ausgeschlossen werden.

Florian Heydorn

Weiterführende Literatur und Informationsquellen:

Harnischfeger, Johannes: Demokratisierung und islamisches Recht. Der Scharia-Konflikt in Nigeria; Frankfurt – New York 2006
Loimeier, Robert: At-Takfir wa-l-Jihad: Die radikale islamische Opposition in Nord-Nigeria; in: Schmidt, Heike/Wirz, Albert (Hrsg.): Afrika und das Andere – Alterität und Innovation, Hamburg 1998; S. 345-352
Nwanaju, Isidore U. C.: Christian-Muslim Relations in Nigeria; Nijmegen 2004

Nigeria (Nigerdelta)

(Bewaffneter Konflikt)

Beginn: 2003
Beteiligte: MEND / Nigeria

Nigerias Staatspräsident Umaru Yar'Adua erließ im Sommer des Berichtsjahrs eine Amnestie für alle Rebellen im Nigerdelta. Das Gerichtsverfahren gegen den vermeintlichen Führer der *Movement for the Emancipation of the Niger Delta* (MEND) Henry Okah wurde infolge dessen eingestellt. Etwa 15.000 Rebellen akzeptierten das Angebot der Regierung und legten ihre Waffen nieder. Friedensverhandlungen brachten erstmals Vertreter von Regierung und MEND zusammen. Der Ausgang des Friedensprozesses ist allerdings ungewiss, da Yar'Adua zum Ende des Berichtsjahres schwer erkrankte und die Verhandlungen stagnierten.

Das Nigerdelta erstreckt sich über neun Bundesstaaten im Süden des Landes, darunter Delta, Bayelsa und Rivers. Es ist Siedlungsgebiet von etwa 40 verschiedenen Ethnien, von denen die Ijaw, die Itsekiri und die Urhobo zahlenmäßig dominieren. Das Nigerdelta ist das Hauptölfördergebiet Nigerias. Ölexporte sorgen für knapp 80 Prozent der Staatseinnahmen. Die Regierung Nigerias ist gemäß der Verfassung verpflichtet, 13 Prozent der Öleinnahmen an den Bundesstaat zurückzugeben, aus dessen Gebiet das Öl stammt. Davon sollen Entwicklungsprogramme für die Region und Kompen-sationszahlungen an die Bevölkerung gezahlt werden. Die Ölförderung hat Fischfang und Ackerbau als ökonomische Lebensgrundlagen der Bevölke-rung zunehmend zerstört. Da ein Großteil des Geldes in den Taschen korrup-ter Politiker verschwindet, ist das Nigerdelta trotz seines Ressourcenreich-tums eine der am wenigsten entwickelten Regionen in Nigeria.

Forderungen nach Infrastruktur- und anderen Entwicklungsmaßnahmen stehen daher auf der Agenda vieler Rebellengruppen. Allerdings verfolgen viele Gruppierungen, die sich selbst als Rebellenorganisationen bezeichnen, im Nigerdelta keine konkreten politischen, sondern vielmehr ökonomische Ziele. In ganz Nigeria hat sich eine umsatzstarke Schattenwirtschaft etabliert, die insbesondere im Nigerdelta floriert. Große Teile der Region sind wegen des sumpfigen Terrains mit verzweigten Flussarmen schwer von der Staats-gewalt zu kontrollieren. Individuelle Bereicherung durch Ölschmuggel, Er-pressungen oder Entführungen sind weit verbreitet. Aber auch politisch moti-vierte Gruppen nutzen diese Mittel zur Finanzierung, was die Differenzierung zwischen politischen und kriminellen Gruppierungen fast unmöglich macht. Insbesondere arbeitslose Jugendliche stellen eine Rekrutierungsbasis sowohl für die verschiedenen ethnisch-politisch motivierten Milizen als auch für kriminelle Banden dar.

Anfang der 1990er Jahre leistete eine Gruppierung um Ken Saro-Wiwa erstmals Widerstand gegen die Zentralregierung. Die Organisation trat für eine politische Autonomie des Ogoni-Volkes und für eine Teilhabe an der Ölförderung ein – und protestierte weitgehend gewaltlos. Nach Saro-Wiwas Ermordung 1995 wandelte sich der Konflikt und die Milizen lokaler Volks-gruppen versuchten ihre Forderungen mit Gewalt durchzusetzen. Im Zentrum des Konfliktgeschehens stehen derzeit vor allem Angehörige des Ijaw-Volkes, deren Milizen sich auch gegenseitig um Teilhabe an Ressourcenge-winnen bekämpfen. Die Namen der aktiven Milizen haben sich im Verlauf des Konfliktes mehrfach geändert. Bis ins Jahr 2000 waren nach eigenen Angaben 6.500 Kämpfer der *Niger Delta People's Volunteer Force* (NDPVF) aktiv, ihr Anführer war Mujahid Dokubo Asari. Ihnen entgegen standen die zahlenmäßig kleineren *Niger Delta Vigilantes* (NDV), die von Ateke Tom geführt wurden.

Angeblich wurden beide Milizen während des Wahlkampfs 2003 von Nigerias Regierungspartei *People's Democratic Party* (PDP) bewaffnet, um Wähler einzuschüchtern. Zunächst soll die PDP die NDPVF ausgerüstet haben; später die NDV, um den Einfluss der NDPVF wieder zu begrenzen. Im Oktober 2004 nahm die Zentralregierung Verhandlungen mit Dokubo Asari und Ateke Tom auf. Rebellen und Regierung einigten sich im Juni 2005 auf einen Waffenstillstand und Friedensverhandlungen. NDPVF Führer Dokubo Asari sollte im Gegenzug Straffreiheit erhalten. Dennoch wurde er im September 2005 wegen Staatsverrats verhaftet und erst im Jahr 2007 aus

gesundheitlichen Gründen wieder freigelassen. Die Abwesenheit ihres Anführers schwächte die NDPVF und ließ neue Gruppierungen entstehen. Mindestens fünf größere organisierte Milizengruppen mit mehreren tausend Anhängern kämpfen seitdem im Nigerdelta.

Seit dem Jahreswechsel 2005/2006 dominiert die MEND das Kriegsgeschehen. Es wird vermutet, dass es sich nicht um eine feste Gruppierung,
sondern um einen flexiblen Zusammenschluss unterschiedlicher Rebellengruppen aus allen Regionen des Nigerdeltas handelt, vor allem um Ijaw-
Milizen. Diese operieren zum Teil unter eigenem Namen, zum Teil unter der
Bezeichnung MEND. In nigerianischen und internationalen Medien sprechen
unterschiedliche Personen für die MEND. Im Jahr 2006 erklärte die MEND
der nigerianischen Regierung und den im Nigerdelta operierenden Ölfirmen
den Krieg. Sie forderten von der Regierung mehr Ressourcenkontrolle und
politische Selbstbestimmung für die Bewohner der Bundesstaaten des Nigerdeltas. In ungewohnter Härte und Intensität gingen die Rebellengruppen
gegen Regierungstruppen und private Ölfirmen vor. Sie kämpften mit Guerillataktiken und vor allem Sabotageanschläge und Entführungen ausländischer
Ölarbeiter gehörten zu ihrer Strategie.

Während die strukturellen Probleme des Nigerdeltas in der Vergangenheit häufig ignoriert worden waren, rückten die Wahlen im Jahr 2007 das
Thema in den Vordergrund. Der Konflikt im Nigerdelta war eines der zentralen Wahlkampfthemen. Die *Niger Delta Development Commission* (NDDC),
die bisher wenig Erfolge vorweisen konnte, legte den Niger Delta Development Master Plan vor. Mit dem Einsatz von 50 Milliarden US-Dollar sollte
die Region in den nächsten 15 Jahren ökonomisch und sozial stabilisiert und
neben der Ölförderung weitere Einnahmequellen gefördert werden. Die regie-
rende Partei PDP setzte sich bei den Präsidentschafts-, Gouverneurs- und
Parlamentswahlen mit deutlicher Mehrheit durch. Der neu gewählte Präsident
Umaru Yar' Adua ernannte den aus dem Nigerdelta stammenden Goodluck
Jonathan zum Vizepräsidenten. In seiner Rede zum Amtsantritt am 29. Mai
2007 rief Yar' Adua zu Friedensverhandlungen im Nigerdelta auf. Versuche,
diese bei einem Gipfeltreffen von Rebellenführern und Vertretern der Zentralregierung aufzunehmen, scheiterten 2007 jedoch am Widerstand der
MEND-Rebellen.

Der Konflikt um Ölressourcen und politische Mitbestimmung im Niger-
delta setzte sich 2008 mit unverminderter Intensität fort. Der Schauplatz der
Auseinandersetzungen verlagerte sich zunehmend vom Land auf das Wasser:
Sowohl auf den Flüssen des Nigerdeltas als auch auf offener See griffen
Rebellen Transportschiffe und Offshore-Ölfördereranlagen an. Sabotageakte
und Entführungen waren die bevorzugten Taktiken sowohl von Rebellen-
gruppen als auch von kriminellen Banden. Bis Ende 2008 wurden etwa 200
Ausländer im Nigerdelta entführt und gegen Lösegeld freigelassen. Nach
Angaben der nigerianischen Polizei haben Geiselnehmer zwischen 2006 und

2008 mehr als 100 Millionen US-Dollar eingenommen. Die Polizei machte vor allem die MEND für die Geiselnahmen verantwortlich.

Die Auseinandersetzung zwischen Rebellen der MEND und der nigerianischen Zentralregierung wurde 2008 vom Prozess gegen den vermeintlichen Rebellenführer Henry Okah dominiert. Dieser musste sich vor dem Federal High Court in Jos, Plateau State, in mehr als 62 Anklagepunkten verteidigen. Eine der zentralen Forderungen der Rebellen war die Freilassung Okahs. Nicht zuletzt an der Auseinandersetzung um Okahs Prozess scheiterten 2008 alle Versuche, einen Friedensgipfel zwischen Rebellen und Regierung zu initiieren.

Im Berichtsjahr eskalierte die Auseinandersetzung: Die Armee griff in einer neuen Offensive Rebellencamps an. Die Attacke war lokalen Medienberichten zu Folge die aggressivste seit drei Jahren. Auslöser war vermutlich ein Rebellenüberfall auf Soldaten im Mai des Berichtsjahrs in Delta State, bei dem 12 Soldaten getötet wurden. Bei den Auseinandersetzungen zwischen Militär und Rebellen wurden Zivilisten, vor allem von der Ethnie der Ijaw, getötet, verletzt und aus ihren Dörfern vertrieben. Das *Nigerianische Rote Kreuz* ging von mindestens 100 toten Zivilisten aus. *Amnesty International* zu Folge waren bis zu 10.000 Menschen auf der Flucht vor den Kampfhandlungen.

Die Kämpfe im Nigerdelta hatten im Berichtsjahr nicht nur humanitäre sondern auch wirtschaftliche Konsequenzen. Der Konflikt hat die Ölförderungsmenge Nigerias in den letzen drei Jahren um ein Fünftel reduziert. Sabotageanschläge waren auch im Berichtsjahr eine bevorzugte Taktik der Rebellen, Rohöldiebstahl eine wichtige Einnahmequelle. In den ersten sechs Monaten des Berichtsjahrs wurden mehr als 300 illegale Raffinerien im Nigerdelta geschlossen Im März des Berichtsjahrs verkündete die Regierung, der Bevölkerung des Nigerdeltas Anteile in lokalen Ölprojekten zu geben, um die Zahl der Sabotageanschläge zu reduzieren. Die Ankündigung wurde bis zum Ende des Berichtsjahres aber nicht umgesetzt.

Nach Angaben der Polizei finanzierten die Rebellen ihre Operationen auch durch Entführungen. Dies wurde im Berichtsjahr von der MEND widersprüchlich kommentiert: Teile der Gruppe erklärten, dass Entführungen nicht zu ihrer Strategie gehörten. Im Januar des Berichtsjahrs allerdings veröffentlichte eine Gruppe, die sich auch als MEND bezeichnete, Fotos von zwei britischen Gefangenen, die sich seit September 2008 in der Gewalt der Geiselnehmer befanden. Diese wurden im April beziehungsweise Mai freigelassen. Nach Angaben der MEND wurde kein Lösegeld gezahlt. Der Bundesstaat Rivers antwortete auf die steigende Zahl von Entführungen mit einem neuen Gesetz, das die Todesstrafe für Kidnapper vorsieht, deren Geiseln bei der Entführung sterben.

Frieden im Nigerdelta stand seit langem auf der Agenda der Regierung. Im Berichtsjahr machte Präsident Yar'Adua ein konkretes Angebot an die

Rebellen: Im Juni unterzeichnete er ein Amnestie-Angebot, das den Rebellen innerhalb einer 60-tägigen Frist vom 6. August bis zum 4. Oktober Straffreiheit und das Recht auf Wiedereingliederungsmaßnahmen gewährte, sofern sie ihre Waffen niederlegen und sich von Regierungsvertretern registrieren ließen. Das Angebot schloss auch jene ein, die sich bereits vor Gericht für Taten im Zusammenhang mit Rebellenaktivitäten verantworten müssen. Der Präsident kündigte an, dass nach dem Ablauf des Ultimatums alle Rebellenaktivitäten im Nigerdelta als Straftaten behandelt würden.

Die MEND lehnte das Angebot zunächst ab. Medienberichten zu Folge forderten einige Rebellen im August des Berichtsjahrs unter anderem 300.000 Naira (etwa 1.350 Euro) für jedes abgegebene Gewehr vom Typ AK-47. Andere Rebellen, die sich ebenfalls als MEND bezeichneten, dementierten diese Forderungen. Die MEND sei nicht an finanziellen Vergütungen interessiert, sondern würde ihre Waffen dann niederlegen, wenn die politischen und ökonomischen Forderungen erfüllt seien. Eine Amnestie unter den herrschenden Bedingungen lehnten sie daher zunächst ab.

Das Amnestie-Angebot spaltete die Rebellen in zwei Fraktionen. Diejenigen, welche das Angebot ablehnten, führten die bewaffneten Auseinandersetzungen fort. Nachdem die Rebellen wiederholt in den vergangenen Jahren angekündigt hatten, Anschläge außerhalb des Nigerdeltas auszuführen, machten sie die Drohung im Juli des Berichtsjahrs war: Sie verübten einen Sprengstoffanschlag auf das größte Treibstoffdepot des Landes in Lagos und töteten dabei vier Marinesoldaten und vier Zivilisten.

Die Regierung versuchte, die MEND zu Friedensverhandlungen zu bewegen, indem sie im Mai 2009 zunächst 57 der 62 Anklagepunkte gegen den inhaftierten Okah zurückzogen und ihm im Juli schließlich eine Amnestie anboten, die Okah akzeptierte. Im Verlauf des Berichtsjahres traf sich Okah sowohl mit hochrangigen MEND-Vertretern als auch mit dem Präsidenten, um das Fortschreiten des Friedensprozesses zu unterstützen. Nach der Freilassung Okahs erklärte sich die MEND zu Friedensgesprächen bereit. Am 15. Juli des Berichtsjahres rief sie schließlich einen Waffenstillstand aus, der bis zum Ende des Jahres andauern sollte. Parallel zum Auftakt der Amnestie-Aktion im August traf sich Präsident Yar'Adua mit Vertretern verschiedener Rebellengruppen des Nigerdeltas zu Friedensverhandlungen.

Die Regierung zog nach Ablauf des Ultimatums im Oktober folgende Bilanz: 8.299 Rebellen gaben ihre Waffen ab, darunter 2.760 Gewehre, 287.445 Stück Munition, 18 Kanonenboote, 1.090 Stangen Dynamit, 3.155 Magazine und anderes militärisches Equipment wie Dynamitkabel, kugelsichere Westen und Messer. Zudem hätten etwa 6.000 Rebellen die Amnestie akzeptiert, seien aber noch nicht offiziell registriert. Damit lag die absolute Zahl der Rebellen, die sich an der Aktion beteiligten, bei etwa 15.000. Die Daten sind nicht unumstritten. Teile der MEND zweifelten zum Beispiel an, dass es sich bei den Registrierten tatsächlich um Rebellen handelte.

Im Oktober des Berichtsjahres verabschiedete das nigerianische Parlament ein Sonderbudget von 10,2 Milliarden Naira (etwa 51,6 Millionen Euro), das für Maßnahme zur Wiedereingliederung der Rebellen genutzt werden soll. Die Regierung erklärte, entgegen anders lautender Vorberichte, sie würde auch weiterhin Rebellen empfangen, die bereit wären, gegen Amnestie ihre Waffen nieder zu legen. Der Minister für Öl, Rilwan Lukman erklärte, dass Frieden im Nigerdelta wiederhergestellt worden sei.

Die Friedensgespräche zwischen Repräsentanten der MEND und dem Präsidenten setzten sich im November des Berichtsjahres fort. Yar'Adua selbst traf sich wiederholt mit verschiedenen Rebellenführern. Der Präsident wurde für seine Bereitschaft zum Dialog in Nigeria und international gelobt. Jedoch erkrankte Yar'Adua im Dezember schwer und musste außerhalb Nigerias medizinisch behandelt werden. Er kehrte bis zum Ende des Berichtsjahres nicht zurück; die Friedensverhandlungen stagnierten. Vermeintliche MEND-Rebellen verübten daraufhin im Dezember des Berichtsjahres Sprengstoffanschläge auf die Hauptölpipeline von Shell und Chevron in Abonema, Rivers State. Nach Angaben der MEND handelte es sich um eine Warnung; das weitere Vorgehen hänge vom Fortgang der Verhandlungen ab.

Die politische Zukunft des gesundheitlich schwer angeschlagenen Yar'Adua ist ungewiss. Die Amnestie und der damit eingeleitete Friedensprozess wurden maßgeblich vom ihm initiiert. Sollte Yar'Adua nicht in die Politik zurückkehren können, erscheint es fraglich, dass die Verhandlungen in naher Zukunft fortgesetzt werden. Ein Machtvakuum in Nigeria wird sich nicht förderlich auf den fragilen Frieden in den Delta-Staaten auswirken. Sollten 2010 aufgrund des Ausscheidens Yar'Aduas Neuwahlen stattfinden müssen, ist eine erneute Eskalation der Gewalt zu erwarten. Bereits in den vorhergegangenen Wahlen hatten Politiker Rebellengruppen und kriminelle Banden mit Waffen ausgerüstet und für eigenen Zwecke kämpfen lassen. Ein dauerhaftes Ende des Konflikts ist für das nächste Jahr nicht zu erwarten.

Swenja Kopp

Weiterführende Literatur und Informationsquellen:
Hanson, Stephanie: MEND. The Niger Delta's Umbrella Militant Group (Council on Foreign Relations), 2007: http://www.cfr.org/publication/12920
Human Rights Watch: Chop Fine. The Human Rights Impact of Local Government Corruption and Mismanagement in Rivers State, Nigeria, 2007: http://www.hrw.org
International Crisis Group: Nigeria. Ending Unrest in the Niger Delta, 2007: http://www.icg.org
Nwajiaku, Kathryn: Between Discourse and Reality – The Politics and Ethnic Nationalism in the Niger Delta, in: Cahiers d'Etudes Africaines 45 (2005), S. 457-496
Omotola, Shola: The Next Gulf? Oil Politics, Environmental Apocalypse and Rising Tension in the Niger Delta (ACCORD Occasional Paper), Durban 2006.
http://www.ngrguardiannews.com (Nigerianische Tageszeitung).
http://www.vanguardngr.com (Nigerianische Tageszeitung).

Senegal (Casamance)

(Bewaffneter Konflikt)

Beginn: 1990 (Krieg 1990-2004)
Beteiligte: MFDC / Senegal

Vor dem Hintergrund eines niedrigen Gewaltniveaus in den letzten Jahren war im Jahr 2009 wieder eine Zunahme gewaltsamer Zusammenstöße im Konflikt zwischen Armee und Splittergruppen der *Mouvement des Forces Démocratiques de la Casamance* (MFDC, Bewegung der demokratischen Kräfte der Casamance) zu verzeichnen. Nach wiederholten Angriffen auf eine Militärbasis in der Regionalhauptstadt Ziguinchor führte die senegalesische Armee Luftangriffe durch und bombardierte mehrere Rebellenbasen. Die Attacken auf Militärstützpunkte seitens der Rebellen waren nicht nur Ausdruck des Kampfs für die der Unabhängigkeit. Vor allem spiegelten die Gewalthandlungen die Zunahme interner Spaltungen der MFDC und den Versuch einzelner Rebellenkommandanten wider, sich Einflussgebiete zu sichern.

Die Durchsetzung staatlicher Herrschaft in der Casamance gestaltete sich seit Beginn der Kolonialzeit schwierig und gewaltbelastet. Die Franzosen verwalteten den Senegal überwiegend indirekt mit Hilfe islamischer Führer. Die außerhalb der islamischen Netzwerke stehenden und wenig hierarchisch organisierten Gemeinschaften der westlichen Casamance ließen sich auf diese Weise allerdings nicht kontrollieren. Die Bevölkerung wurde schließlich vor allem durch Rekrutierung in die Bürokratie und das Militär in den Staat eingebunden. Diese Politik wurde zunächst auch nach der Unabhängigkeit 1960 fortgesetzt. Im Zuge einer Wirtschaftskrise in den 1970er Jahren wurde ein Einstellungsstopp im Staatsdienst verhängt, wodurch dieser Weg des sozialen Aufstiegs hinfällig wurde. Darüber hinaus wurde die Ausbeutung der Ressourcen der im Vergleich zum Norden fruchtbareren Casamance intensiviert. In diesem Kontext stattfindende Landenteignungen und die Ausbeutung der Fischressourcen durch Zuwanderer aus dem Norden sowie deren Bevorzugung im Dienstleistungssektor bildeten den unmittelbaren Hintergrund des Konflikts.

Die MFDC wurde 1982 von dem katholischen Geistlichen Augustin Diamacoune Senghor und dem aktuellen Auslandsgeneralsekretär Mamadou „Nkrumah" Sané gegründet. Sie begriff sich als Repräsentantin einer vom politischen Zentrum ausgebeuteten und politisch marginalisierten kulturellen Minderheit. Ideologisch verschrieb sie sich einem auf die Großregion Casamance bezogenen Nationalismus, der allerdings vor allem im Westen der Region und bei der dort majoritären Ethnie der Diola populär war. Den Auftakt der bewaffneten Auseinandersetzung bildeten zwei pro-separatistische und mit Gewalt niedergeschlagene Demonstrationen im Dezember 1982 und im Dezember 1983, in deren Folgezeit es schrittweise zur Ausweitung der Gewalt kam. Ab 1985 wurde im Untergrund unter Führung des Algerienveteranen Sidi Badji der militärische Flügel *Atika* (Krieger) aufgebaut. Seine Kämpfer rekrutierten sich aus entlassenen Soldaten der senegalesischen Armee und heranwachsenden Diola. In den letzten Jahren wurde die personelle Stärke der MFDC auf 2.000 bis 4.000 Mitglieder geschätzt.

Im April 1990 verübten die Separatisten ihren ersten planmäßig ausgeführten Anschlag auf einen Zollposten, gefolgt von einer Serie von Angriffen auf staatliche Einrichtungen. Die Auseinandersetzungen, die heute 3.500 bis 5.000 Menschenleben forderten, fanden praktisch ausschließlich im westlichsten Drittel der Casamance statt. Das Kampfgeschehen folgte über die Jahre weitgehend demselben Muster. Jedes Jahr fanden mehrere, meist nur sehr kurz dauernde Angriffe auf die Streitkräfte beziehungsweise staatliche Institutionen statt, in deren Anschluss sich die Rebellen zurückzogen. Hinzu kamen Raubüberfälle auf Dörfer und Fahrzeuge. Ein bis zwei Mal pro Jahr startete die Armee größere Offensiven und durchkämmte Landstriche, wobei es regelmäßig zu Kämpfen kam. Schließlich kämpften sporadisch Splittergruppen der Rebellen gegeneinander um interne Führungspositionen und die Kontrolle bestimmter Gebiete.

Ein wesentliches Merkmal des Kriegsgeschehens waren auch die vielen Anläufe zu einer Verhandlungslösung. Lange unter Hausarrest stehend näherte sich Diamacoune zunehmend dem Staat an, er konnte sich jedoch gegen mehrere seiner Kommandanten nicht durchsetzen. Der Staat wiederum machte vor allem symbolische Zugeständnisse an die MFDC. Zwischen 1991 und 2004 wurden acht Waffenstillstände und Friedensverträge unterzeichnet, die jedoch jeweils nur von kleinen Gruppen innerhalb der MFDC anerkannt wurden.

Die MFDC war seit ihrer Gründung Verfallstendenzen ausgesetzt. Bereits 1992 manifestierte sich als Konsequenz eines Waffenstillstandes die erste Spaltung der MFDC in eine *Front Nord* unter Militärchef Sidi Badji und eine *Front Sud* unter Diamacoune. Badji hatte einen Friedensvertrag unterzeichnet, der von Diamacoune nicht anerkannt worden war. Der *Front-Nord*-Anführer zog sich mit seinen Kämpfern in seine Heimatgegend, das Département Bignona im Nordwesten der Casamance, zurück.

Nach annähernd zehn Jahren friedlicher Koexistenz von Institutionen des Staates und *Front Nord*-Truppen fanden im Jahr 2001 wieder heftige Kämpfe statt. Den Hintergrund hierzu bildete ein Machtwechsel im Jahr zuvor infolge der Wahl des langjährigen Oppositionspolitikers Abdoulaye Wade zum Präsidenten. Seine Partei hatte angesichts des Legitimitätsverlustes der alten Regierung eine starke Position in der Casamance aufbauen können. Wade hatte daher damit gerechnet, den Konflikt schnell beilegen zu können. Nachdem diese Erwartungen enttäuscht wurden, verfolgte die Regierung wieder verstärkt eine militärische Lösung des Konflikts. Die Großoffensive 2001 konnte kurzzeitig die Kontrolle der *Front Nord* über das Hinterland Bignonas brechen, in den folgenden Jahren konnten die Rebellen jedoch schleichend ihre Position zurückgewinnen. Im Mai 2003 verstarb Sidi Badji, der langjährige Anführer der *Front Nord*. Als neue Anführer galten politisch Abdoulaye Diédhiou und militärisch Ismail Magne Diémé.

Diamacoune kontrollierte innerhalb seiner im Département Ziguinchor aktiven *Front Sud* faktisch nur einen Teil der Kämpfer. Dies war insbesondere die nach der größten MFDC-Basis im benachbarten Guinea-Bissau benannte *Kassolol-Faktion*, welche aktuell unter dem Kommando von César Atoute Badiatte steht. Ihr gegenüber stand insbesondere die von Salif Sadio angeführte Splittergruppe, die als radikalste galt und für die Mehrzahl der Raubüberfälle auf Autos und Dörfer sowie Kämpfe mit Regierungstruppen verantwortlich gemacht wurde. Sadio hatte wiederholt Tendenzen zum eigenständigen Handeln gezeigt. In dem Versuch, durch eine strategische Postenvergabe die Kontrolle wieder zu erlangen, war Sadio 1995 von Diamacoune zum Militärchef der *Front Sud* ernannt worden. Sadio hatte jedoch weiterhin eigenständig agiert und war 1999 wieder abgesetzt worden. Innerhalb der *Front Sud* war Diamacoune häufig Anfechtungen ausgesetzt gewesen. In der Folge kam es am 20. September 2004 mit seinem Rücktritt zu einem offiziellen Führungswechsel.

Zu seinem Nachfolger an der Spitze der MFDC wurde Jean-Marie Biagui gewählt. Biagui war zunächst in der französischen Auslandssektion der MFDC aufgestiegen und dann von Diamacoune in der Inlandsführung aufgebaut worden. Biaguis erklärtes Ziel war, im Rahmen eines landesweiten Dezentralisierungsprogramms eine möglichst große Autonomie für die Casamance zu erreichen. Allerdings blieb Diamacoune faktisch die bedeutendste Führungsperson der MFDC. Am 31. Dezember 2004 unterzeichneten er und Abdoulaye Wade einen Friedensvertrag. Zwar wurde dieser nicht von anderen Splittergruppen der MFDC anerkannt. Jedoch sank das Ausmaß der Gewalt soweit, dass von einem Ende des Krieges gesprochen werden kann.

Nachdem 2005 vergleichsweise friedlich verlaufen war, erfolgte 2006 wieder eine Zunahme der Kämpfe sowohl zwischen einzelnen Rebellenfaktionen als auch gegen das Militär. Eine der Konfliktparteien war meist die von Salif Sadio geführte Splittergruppe. Mit dem Tod Augustin Diamacoune Senghors im Januar 2007 vertiefte sich die Spaltung der *Front Sud* auf allen Ebenen. Offizieller politischer Anführer blieb Generalsekretär Jean-Marie Biagui. Die letzte noch von Diamacoune kontrollierte militärische Faktion unter César Badiatte schien sich dieser Führung jedoch nicht zu unterwerfen und autonom zu agieren. In der Öffentlichkeit präsentierte sich zunehmend der Kommandant Antoine Diamacoune, ein Neffe des verstorbenen Rebellenchefs, als Sprecher der *Kassolol-Faktion*.

Die Gruppierung galt als moderat und hatte in der Vergangenheit zum Teil gemeinsam mit der senegalesischen Armee gegen Salif Sadios Truppe gekämpft. Im Januar 2007 gingen Einheiten César Badiattes gemeinsam mit der *Front Nord* gegen Stützpunkte Sadios vor. Seit 2008 versuchte der Staat jedoch, die Rückkehr von Binnenflüchtlingen in das von Badiatte kontrollierte Gebiet an der bissauischen Grenze zu forcieren, um als Schutzmacht der Zivilisten seine territoriale Kontrolle auszuweiten. Seither haben insbesondere die Gewalthandlungen zwischen der *Kassolol-Faktion* und staatlichen Sicherheitskräften zugenommen.

Der Konflikt hat eine deutliche regionale Komponente. Sowohl die Regierung Gambias als auch Teile des Militärs von Guinea-Bissau unterhielten zeitweilig enge Verbindungen mit den Rebellen. Der gambische Präsident Yaya Jammeh, selbst durch einen Militärputsch an die Macht gekommen, hatte Kämpfer der *Front Nord* in seine Leibgarde integriert. Diese sollen jedoch seit 2006 durch jene der Faktion um Salif Sadio ausgetauscht worden sein, da sie einen angeblichen Putschversuch hochrangiger gambischer Militärs unterstützt haben sollen. Sadio wurde seither in Gambia vermutet und seine Faktion schien nur noch wenig in das Kampfgeschehen in der Casamance verwickelt. In direktem Zusammenhang mit dem angeblichen Putschversuch wurden etwa 20 MFDC Mitglieder, darunter nahezu die gesamte Führungsriege der *Front Nord,* in Gambia festgenommen.

Die seit 1999 angetretenen bissauischen Präsidenten haben sich um gute Beziehungen zum Senegal bemüht und das Militär ist zum Teil in Kooperation mit der senegalesischen Armee mehrfach gegen radikale Rebellenfaktionen vorgegangen. Seit 2005 war mit Tagmé Na Waié ein General für die Sicherung der Grenze zuständig, der in Dakar hohes Ansehen genoss. Na Waié wurde allerdings im März 2009 ermordet und die folgende politische Krise in Guinea-Bissau beeinträchtigte die Kapazitäten des Landes, die Grenze zu sichern.

Im ersten Halbjahr 2009 kam es in der nördlichen Casamance gehäuft zu Plünderungen und Überfällen an Landstraßen. Unter anderem wurden binnen kurzer Zeit am 7. Juni zwei Kleintransporter überfallen und dabei drei Zivilisten getötet. In ähnlicher Weise schossen Unbekannte zwischen Bignona und Diouloulou am 25. August auf einen Kleinbus und töteten zwei Insassen. Darüber hinaus wurden im Mai drei Angriffe von Rebellen auf Militärstützpunkte bei Diouloulou ausgeführt, in deren Folge kürzere Gefechte stattfanden. Als Urheber mehrerer Raubüberfälle und Angriffe verdächtigt wurde eine autonom agierende *Front Nord*-Einheit unter Führung von Bertrand Sané, einem Kommandanten mehrerer Basen bei Diouloulou. Die Militärpräsenz in der Gegend wurde daraufhin verstärkt und Landstriche wurden durchkämmt. Unter ungeklärten Umständen wurden dann am 19. Oktober mehrere Rebellenkommandanten tot aufgefunden. Darunter war auch Ousmane Goudiaby, der über viele Jahre eine wichtige autonome Faktion geführt hatte und als Urheber zahlreicher Überfälle in der Nord-Casamance galt. Des Weiteren ermordete am 10. Juni eine Splittergruppe unter Bertrand Sambou den Anführer einer Faktion bei Diakaye, Youssouf „Rambo" Sambou. Dieser war kritisiert worden, weil er sich aktiv um Friedensverhandlungen zwischen Staat und MFDC bemüht hatte. Zudem hatte er sich kurz vor seiner Ermordung der *Kassolol-Faktion* angenähert.

Ein weiteres Anzeichen für die sich vertiefende Spaltung und die Rivalitäten innerhalb der MFDC war ein Versuch der Absetzung Jean-Marie Biaguis durch die Auslandsfaktion um Mamadou „Nkrumah" Sané. Der am 15. August ernannte, Sané nahe stehende Sprecher der MFDC, Lansana Goudiaby, sprach sich bei einer Rede öffentlich für die Absetzung des Generalsekretärs aus und kündigte grundlegende Neubesetzungen und Umstrukturierungen innerhalb der MFDC an. Zudem wurde von einer neuen militärischen Splittergruppe unter Führung von Damien Manga, einem ehemaligen Leibwächter Diamacounes, berichtet. Diese soll Sané anhängen und sich hauptsächlich aus Kombattanten der *Front Sud* zusammensetzen. Manga warf César Badiate vor, sich vom Ziel der Unabhängigkeit zu entfernen. Sané hatte bereits in der Vergangenheit eine wichtige Rolle in den internen Auseinandersetzungen der MFDC gespielt.

Im August 2009 fanden im Süden der Casamance die schwersten Kampfhandlungen des Berichtsjahrs statt. Am 21. August schossen Rebellen auf ein Militärfahrzeug und in der Nacht vom 25. zum 26. August wurde eine Kaserne bei Ziguinchor angegriffen. Bei dem Gefecht wurden auch Gebäude der Universität von Ziguinchor durch die Explosion einer Granate zerstört. Für diese Vorfälle wurden Kombattanten der *Kassolol-Faktion* unter César Badiatte verantwortlich gemacht, der am 1. September öffentlich bekanntgab, dass die Wiederaufnahme der Kampfhandlungen das Resultat von Provokationen durch die Militärpräsenz wäre. Er forderte einen sofortigen Rückzug der Armee sowie die bedingungslose Freilassung aller Rebellen.

In den weiteren Monaten spitzte sich die Situation zu. Nachdem Rebellen am 3. September erneut die Militärbasis bei Ziguinchor angriffen und einen Soldaten töteten, startete das Militär eine Gegenoffensive. Am 4. September bombardierte sie bei Luftangriffen Rebellenbasen im Département Ziguinchor. Angesichts der Eskalation traf sich am 19. September Abdoulaye Wade mit dem *Collectif des Cadres de Casamance* (Kollektiv der Kader der Casamance), einem Zusammenschluss regierungsnaher Eliten der Casamance. Bei diesem Anlass sicherte Abdoulaye Wade in Erinnerung an das Friedensabkommen von 2004 allen Rebellen der Casamance eine Amnestie zu und schloss hierin ausdrücklich Salif Sadio und Sané ein. Insbesondere Sadios Amnestierung war fraglich gewesen.

Am 2. Oktober attackierten Rebellen im süd-östlichen Département Sédhiou, ein bisher vergleichsweise wenig vom Kriegsgeschehen betroffenes Gebiet, mit einer Granate ein Militärfahrzeug. Dabei kamen sechs Soldaten ums Leben und drei weitere wurden verletzt. Dies war der schwerste Verlust der senegalesischen Armee in den vergangen drei Jahren. Daraufhin verstärkte das Militär seine Patrouillen in diesem Gebiet. Dennoch fanden im weiteren Verlauf des Jahres immer wieder Angriffe von Rebellen auf das Militär sowie Raubüberfälle im Gebiet Sédhiou statt.

Das Jahr war von zunehmenden Gewalthandlungen mit verstärkter Gewaltintensität geprägt. Die Angriffe auf die Armee sowie die Offensive des Militärs erhöhten die Instabilität der Region. Auch durch die zunehmende Zersplitterung der MFDC konnten keine Fortschritte bei angesetzten Friedensverhandlungen erzielt werden. In Anbetracht der sich vertiefenden Spaltung und der Auseinandersetzungen um Führungspositionen innerhalb der MFDC erscheint es unwahrscheinlich, dass sich die verschiedenen Rebellenfaktionen in absehbarer Zeit einigen werden. Die Zersplitterung der Rebellen erschwert sowohl Verhandlungen als auch einen militärischen Sieg der Regierung und bleibt damit das bedeutendste Hindernis für eine Beilegung der Gewalt.

Felicitas Schmidt

Weiterführende Literatur und Informationsquellen:

Evans, Martin: "The Suffering is Too Great": Urban Internally Displaced Persons in the Casamance Conflict, in: Journal of Refugee Studies 20/1 (2007), S. 60-85

Foucher, Vincent: The Resilient Weakness of Casamançais Separatists, in: Bøås, Morten/Dunn, Kevin C.: African Guerrillas. Raging Against the Machine, Boulder und London 2007, S. 171-196

Marut, Jean-Claude. Le conflit de Casamance. Ce qui disent les armes, Paris, 2010

Gerdes, Felix: Herrschaft und Rebellion in der Casamance, in: Bakonyi, Jutta/Hensell, Stephan/Siegelberg, Jens (Hrsg.): Gewaltordnungen bewaffneter Gruppen. Ökonomie und Herrschaft nichtstaatlicher Akteure in den Kriegen der Gegenwart, Baden-Baden 2006, S. 85-97

Jong, Ferdinand de: Masquerades of Modernity. Power and Secrecy in Casamance, Senegal, Bloomington 2008

http://casamance.ifrance.com (MFDC)

http://www.gouv.sn (Regierung Senegals)

Somalia

(Krieg)

Beginn: 1988
Kriegstyp: A-1
Beteiligte: Al-Shabaab / Somalia, Äthiopien, AMISOM

Somalia erregte im Jahr 2009 wiederholt international Aufmerksamkeit. Diese ist jedoch zum großen Teil der am Horn von Afrika um sich greifenden Piraterie zuzuschreiben, welche die nach UN-Angaben augenblicklich weltweit größte humanitäre Katastrophe überdeckt. Der Abzug der äthiopischen Truppen und eine darauf folgende Offensive der Aufständischen destabilisierten die Lage weiter. Noch immer hat keine Partei die Kontrolle über die Hauptstadt Mogadischu erlangt, Clanmilizen sowie islamistische Rebellen der *Al-Shabaab* (Die Jugend) lieferten sich heftige Gefechte mit den Truppen der Übergangsregierung. Die Rebellen verübten darüber hinaus eine hohe Anzahl von Anschlägen, die vor allem auch die Zivilbevölkerung in Mitleidenschaft zogen. Die unterdimensionierten Truppen der *African Mission to Somalia* (AMISOM) der *Afrikanischen Union* (AU) standen den Entwicklungen weitestgehend machtlos gegenüber.

Der Krieg in Somalia begann 1988, als die Kämpfe gegen das diktatorische Regime von Siad Barre eskalierten. Dieser war 1969 an die Macht gekommen und hatte in der Zwischenzeit einen umfassenden Verwaltungs- und Gewaltapparat aufgebaut, um seine Herrschaft abzusichern. Die Niederlage im Ogadenkrieg gegen Äthiopien 1977/78, die sowohl verheerende finanzielle Folgen als auch Flüchtlingsströme von ethnischen Somali aus Äthiopien Richtung Somalia nach sich zog, führte erstmals zu einer deutlichen Schwächung des Regimes. Es entstand die zersplitterte Oppositionsbewegung, die von Beginn der 1980er Jahre an vornehmlich in der Hauptstadt Mogadischu gegen Barre kämpfte. In den Jahren nach 1988 dehnten sich die Kampfhandlungen auf ganz Somalia aus. Anfang des Jahres 1991 schließlich marschierte der *United Somali Congress* (USC) in Mogadischu ein und konnte Barre am 21. Januar stürzen, woraufhin die Regierung floh.

In der Folgezeit formierten sich in allen Teilen des Landes entlang der Clanstrukturen organisierte aufständische Gruppierungen, was zwischen 1991 und 1992 de facto zu einem Zerfall des somalischen Staates führte. Als problematisch erwies sich die Tatsache, dass die verschiedenen Gruppierungen außer dem gemeinsamen Ziel, die Diktatur zu stürzen, allenfalls über vage politische Vorstellungen verfügten und sich zudem teilweise untereinander bekämpften. Auch der USC spaltete sich in der Folge von Streitigkeiten über die Nachfolge Barres. Eine neue Regierung konnte nicht gebildet werden. Verschärft wurde die Konfliktsituation zusätzlich von einer Hungersnot, worauf die UN Anfang 1992 eingriff, ein Waffenembargo verhängte und die *United Nations Operation in Somalia* (UNOSOM) entsandte, die eine sichere Verteilung der Hilfsgüter gewährleisten, die Kriegsparteien entwaffnen und politisch vermitteln sollte. Nach schweren Gefechten zwischen der *Somalia National Alliance* (SNA) und UNOSOM-Truppen zwischen Juni und Oktober 1993 zogen die USA ihre nicht direkt den UN unterstellten Truppen ab. Die UN-Mission wurde aufgrund mangelnden Erfolgs im März 1995 ebenfalls abgebrochen.

Im weiteren Verlauf nahmen die Machtkämpfe innerhalb Mogadischus kein Ende und auch der Rest des Landes spaltete sich immer mehr in clanstrukturell organisierte Zonen auf, die jeweils unter der Kontrolle von Warlords oder bewaffneten Milizen standen, die vor allem eigenen Machtansprüchen und wirtschaftliche Interessen verfolgten. Die Kriegshandlungen konzentrierten sich dabei vor allem auf das fruchtbare und infrastrukturell entwickelte Dreieck im Süden des Landes zwischen Mogadischu, Kismaayo und Baidoa. In einigen Teilen Somalias konnten sich infolge des Machtvakuums islamische Gerichtshöfe durchsetzen, die in den von ihnen kontrollierten Zonen eine zumindest ansatzweise Rechtssicherheit auf Basis der islamischen Rechtssprechung (Scharia) gewährleisteten. 2005 schlossen sich diese Gruppierungen zur *Union of Islamic Courts* (UIC) zusammen.

Eine Folge des Krieges ist auch eine geographische Dreiteilung des Landes: 1991 spaltete sich Somaliland ab, 1998 erklärte Puntland seine Autonomie. Somaliland wurde von der *Somalia National Movement* (SNM) gegründet, als sich diese in ihre nördliche Herkunftsregion zurückzog. In der Folge gelang es der SNM, staatliche Strukturen zu etablieren und 2003 erste Präsidentschaftswahlen abzuhalten. Außer vereinzelten Landstreitigkeiten gab es innerhalb von Somaliland seither keine größeren Konflikte. Ein Problem bildete jedoch der umstrittene Grenzverlauf zwischen Somaliland und der 1998 von der *Somali Salvation Democratic Front* (SSDF) ausgerufenen Region Puntland innerhalb Somalias. In den darauf folgenden Jahren kam es mehrfach zu Spannungen und vereinzelt auch zu Kämpfen zwischen Somaliland und Puntland. Beide Teilregionen werden weder von Somalia noch international als unabhängig anerkannt.

Im gesamtsomalischen Konflikt erklärten sich Ende 2002 eine Vielzahl der Kriegsparteien zur Teilnahme an Friedensverhandlungen bereit. Im Oktober wurde im kenianischen Eldoret ein Waffenstillstandsabkommen von 22 am Krieg beteiligten Gruppen unterzeichnet, welches allerdings nicht zu einer Beendigung der Kampfhandlungen in Somalia führte. In der Folge wurde dennoch eine Übergangsverfassung ausgearbeitet und ein Übergangsparlament gebildet, das am 14. Oktober 2004 Abdullahi Yussuf zum neuen Präsidenten wählte. Zudem wurde auf internationale Initiative in Nairobi eine Übergangsregierung gegründet, um das Machtvakuum zu beenden und Somalia zu stabilisieren. Nach 16 Jahren ohne effektive Exekutive wurde in diese Regierung viel Hoffnung gesetzt. Jedoch konnte sie zunächst, auch aufgrund innerer Unstimmigkeiten, kaum zu einer Befriedung des Landes beitragen.

Im Jahr 2006 änderte sich die Konstellation der Kriegsakteure. Während in den vorangegangenen Jahren die Kämpfe zwischen Milizen auf Basis der verschiedenen Clans und Subclans ausgetragen wurden, bildete sich zu Beginn des Jahres eine neue Frontstellung heraus: Auf der einen Seite stand die UIC, auf der anderen die *Alliance for the Restoration of Peace and Counter-Terrorism* (ARPCT), die von den USA politische Unterstützung erhielt. Die ARPCT genoss die Unterstützung der vier größten Clans Mogadischus und sollte der auf dem Vormarsch befindlichen UIC begegnen. Als im Februar 2006 die Kämpfe zwischen ARPCT und UIC in Mogadischu begannen, stellte sich jedoch schnell heraus, dass die ARPCT der UIC unterlegen war. Am

4. Juni 2006 erklärte die UIC ihren Sieg und ein Großteil der ARPCT-Mitglieder floh oder lief zur UIC über. Nachdem Mogadischu über vier Monate heftigen Gefechten ausgesetzt war, kehrte nun erstmals wieder Ruhe in der Stadt ein. Die UIC richtete nach ihrem Sieg islamische Gerichte in der Stadt ein und schaffte die von den Clanmilizen eingeführten Straßensperren ab. Diese Maßnahmen wurden von der Bevölkerung positiv aufgenommen, da sich die Bürger erstmals seit über 15 Jahren wieder frei auf den Straßen bewegen konnten. Nach der Eroberung Mogadischus begann die UIC, ihren Einfluss auf weitere Gebiete Somalias auszuweiten. Der als Hardliner geltende und von den USA mit *Al-Qaida* (Die Basis) in Verbindung gebrachte Sheikh Hassan Dahir Aweys wurde im Juni 2006 zum neuen Befehlshaber über die Streitkräfte der UIC ernannt.

Die Übergangsregierung stand der Machtausweitung der UIC relativ hilflos gegenüber. Als Streitkräfte der UIC im September 2006 die wichtige Hafenstadt Kismaayo gewaltlos einnahmen, beendete die Regierung ihre Bemühungen um Verhandlungen mit der UIC. Die Spannungen zwischen beiden Seiten stiegen und im Dezember 2006 autorisierte der UN-Sicherheitsrat die Entsendung der afrikanischen Friedenstruppe AMISOM, die aus 8.000 Soldaten aus Uganda, Nigeria, Ghana, Malawi und Burundi bestehen und von der EU und den USA finanziert werden sollte.

Kurz darauf kam es jedoch zu Kampfhandlungen zwischen Milizen der UIC und Truppen der Übergangsregierung nahe der Stadt Baidoa, die zum offenen Eingreifen Äthiopiens auf Seiten der Regierungstruppen führten. Am 24. Dezember erklärte Äthiopien, welches die islamistischen Entwicklungen in Somalia schon länger mit Sorge beobachtet hatte, der UIC den Krieg und äthiopische Einheiten flogen neben der Bodenunterstützung auch Luftangriffe auf Stützpunkte der islamistischen Milizen. Durch das äthiopische Eingreifen gelang es der Regierung bereits Ende Dezember, die Hauptstadt Mogadischu und rund 95 Prozent der zuvor von der UIC kontrollierten Teile Somalias zurückzuerobern. Nachdem die Regierungstruppen die südsomalische Stadt Ras Kamboni eingenommen hatten, löste sich die UIC de facto auf und der Vorsitzende Sheik Sharif Ahmed stellte sich im Januar 2007 kenianischen Behörden. Die Übergangsregierung rief gleichsam Warlords und ehemalige Kämpfer der UIC zur Abgabe ihrer Waffen auf und bot im Gegenzug die Eingliederung in die reguläre Armee und Ämter in Verwaltung und Regierung an. Präsident Abdullahi Yussuf schaffte es jedoch in der Folgezeit nicht, alle maßgeblichen Akteure politisch einzubinden, was den islamistischen Rebellen wiederum Zulauf verschaffte.

Trotz der Niederlage der UIC kehrte keine Ruhe in Somalia ein. Die seit März 2007 stationierten AMISOM-Truppen, die statt der ursprünglich vereinbarten 8.000 nur über 1.500 Soldaten verfügten, konnten nicht verhindern, dass aufständische Splittergruppen zahlreiche Anschläge verübten. Viele davon richteten sich auch direkt gegen die AMISOM, die von den Rebellen als feindlich angesehen wurden. Ende März 2007 brachen erneut schwere Gefechte um die Hauptstadt Mogadischu aus, im April auch in Kismaayo. Ende April verkündete die Übergangsregierung zwar den Sieg über die Rebellen, die Lage blieb jedoch instabil. Trotz starker Verluste konnten sich die islamistischen Kämpfer reorganisieren, wobei sich vor allem der militante Flügel *Al-Shabaab* hervortat, der von den USA mit *Al-Qaida* in Verbindung gebracht wurde. Die Kämpfe dehnten sich im Laufe des Jahres auch auf andere Regionen Somalias aus und ließen die humanitäre Lage immer prekärer werden. Die Balance verschob sich dabei wieder in Richtung der Aufständischen. Im September 2007 schlossen sich einige Gruppen der zersplitterten Oppositionsbewegungen zur *Alliance for the Re-liberation of Somalia* (ARS) zusammen, geeint durch den Wunsch nach einem Abzug der äthiopischen Streitkräfte. Zu ihrem Vorsitzenden wurde der ehemalige UIC-Chef Sheik Sharif Ahmed gewählt, politische Unterstützung erhielt man von Eritrea.

Im Mai 2008 unternahmen die UN einen neuen Vermittlungsversuch und etablierten einen Friedensprozess im benachbarten Djibouti, der allerdings von *Al-Shabaab* boykottiert wurde. Am Verhandlungstisch einigten sich die Übergangsregierung und die ARS tatsächlich auf eine Koalitionsregierung, die jedoch wie zu erwarten keine Akzeptanz bei den radikalen Islamisten unter Führung von *Al-Shabaab* fand. Die militärische Koalition aus Übergangsregierung, AMISOM und äthiopischen Einheiten zeigte zudem zusehends Schwächen und konnte nicht verhindern, dass Ende des Jahres 2008 die islamistischen Rebellen in Folge einer Großoffensive wieder weite Teile des Südens unter ihre Kontrolle brachten.

Im Berichtsjahr 2009 war der Konflikt abermals von bedeutenden Umwälzungen geprägt. Ende Dezember 2008 war Abdullahi Yussuf nach heftigen Spannungen mit dem Parlament als Präsident zurückgetreten, nachdem er versucht hatte, den Premierminister Nur Hassan Hussein durch einen eigenen Kandidaten zu ersetzen, dem jedoch die Anerkennung verweigert wurde. Im Januar 2009 wurde daraufhin überraschend der ehemalige Vorsitzende der UIC, Sheik Sharif Ahmed, vom in Djibouti tagenden Parlament zum neuen Präsidenten gewählt. Das Parlament verlängerte zudem das Mandat für die Übergangsregierung um weitere zwei Jahre. Außerdem wurde der Parlamentssitz wieder nach Mogadischu verlegt.

Ebenfalls noch im Januar 2009 zog Äthiopien, wie im Vormonat angekündigt, seine Truppen offiziell komplett aus Somalia ab, was einem Eingeständnis eines Scheiterns der Mission gleichkam. Hohe Kosten und Verluste, gepaart mit einer Ablehnung durch die somalische Bevölkerung zwangen die äthiopische Regierung letztlich zu der Entscheidung. Anfangs hofften die Übergangsregierung und die Vermittler, dass durch den Abzug neue Bewegung in den Friedensprozess kommen könnte. Die neue Konstellation der Kräfte machten sich jedoch vor allem Kämpfer der *Al-Shabaab* zunutze und starteten umgehend eine neue Offensive. Noch im Januar konnten die Rebellen Baidoa einnehmen. Die Schwäche der Regierungstruppen ausnutzend, griffen die Truppen von *Al-Shabaab* zusammen mit weiteren Milizen im Mai 2009 erneut Mogadischu an, worauf in weiten Teilen des Landes die seit Jahren schlimmste Gewaltwelle ausbrach. Am 13. Mai kontrollierten die Rebellen nach Gefechten mit mehreren hundert Toten weite Teile der Hauptstadt. Die Präsenz der Übergangsregierung, unterstützt von den AMISOM-Truppen, die im Juni eine Truppenstärke von 4.300 erreicht hatten, beschränkte sich nunmehr auf Teile der Hauptstadt und sah sich ständigen Angriffen ausgesetzt.

Unter den chaotischen Zuständen hatte vor allem die Zivilbevölkerung zu leiden. Nach UN-Angaben kamen in den letzten zwei Jahren mehr als 10.000 Somalis ums Leben, rund 3,2 Millionen Einwohner waren dringend auf Hilfsgüter, speziell Nahrungsmittel, angewiesen. Infolge der Zustände haben mehrere hunderttausend Flüchtlinge das Land in Richtung Kenia oder Djibouti verlassen. Nach dem Abzug der äthiopischen Streitkräfte stand zudem die von *Al-Shabaab* als feindlich eingestufte Friedenstruppe der AMISOM im Fokus der Aufständischen und sah sich ständigen Angriffen ausgesetzt. Daneben fanden gezielte Attentate auf wichtige Persönlichkeiten der Zivilgesellschaft, etwa auf Clanführer, statt, wodurch die Bevölkerung zusätzlich eingeschüchtert und terrorisiert wurde.

Trotz des Friedensprozesses in Djibouti ist die Lage in Somalia weit von einer Entspannung entfernt. *Al-Shabaab* beteiligt sich weiterhin nicht an den Verhandlungen und in der Folge verschärfte sich der Konflikt im Berichtsjahr zusätzlich. Am 18. Juni wurde zudem der Minister für nationale Sicherheit, Omar Hashi Aden, getötet, worauf das Parlament den Ausnahmezustand erklärte. Die Verbindungen von *Al-Shabaab* zu *Al-Qaida* gelten mittlerweile als bestätigt, viele Kämpfer kommen aus Pakistan oder Afghanistan und sind gut ausgebildet. Zudem steigt der technische Ausrüstungsstand der Rebellen, die nach wie vor den Sturz der Regierung und die Gründung eines islamischen Staats zum Ziel haben.

Trotzdem setzen große Teile der somalischen Bevölkerung Hoffnungen in den Friedensprozess, der momentan mangels Alternativen die einzige Perspektive für Fortschritte bietet. Präsident Sharif Ahmed ist weiterhin bemüht, die nationale Koalition zu stärken und konnte Einigungen mit mehreren Rebellengruppen erreichen, unter anderem mit Teilen der einflussreichen, aus einem Zusammenschluss von vier islamistischen Gruppen bestehenden *Hizbul Islam* (Partei des Islam). Der Konflikt sorgte noch immer für eine hohe regionale Mobilisierung, vor allem Äthiopien und Eritrea griffen immer wieder direkt oder indirekt in die Geschehnisse ein. Ein großes Problem stellt parallel weiterhin die moderne Piraterie dar, die das fehlende Gewaltmonopol des Staates in Somalia nutzt, um sich sichere Rückzugsgebiete zu verschaffen. Mittlerweile operieren zudem viele Piraten auch von Puntland aus.

Matthias Leese

Weiterführende Literatur und Informationsquellen:

Bakonyi, Jutta: Konturen der Gewaltordnung in Somalia, in: Bakonyi, Jutta/Hensell, Stephan/Siegelberg, Jens (Hrsg.): Gewaltordnungen bewaffneter Gruppen. Ökonomie und Herrschaft nichtstaatlicher Akteure in den Kriegen der Gegenwart, Baden-Baden 2006, S. 98-112

Barnes, Cedric/ Hassan, Harun: The Rise and Fall of Mogadishu's Islamic Courts, Journal of Eastern African Studies 1 (2007), S. 151-160

Dersso, Solomon A.: The Somalia Conflict. Implications for Peacemaking and Peacekeeping Efforts (ISS Paper 198), September 2009: http://www.issafrica.org

de Waal, Alex: Islamists and its Enemies in the Horn of Africa, Indiana University Press 2004

Höhne, Markus Virgil: Somalia zwischen Krieg und Frieden. Strategien der friedlichen Konfliktaustragung auf internationaler und lokaler Ebene, Hamburg 2002

International Crisis Group: Counter-Terrorism in Somalia: Losing Hearts and Minds?, 2005: http://www.icg.com

Marchal, Roland: Warlordism and Terrorism: How to Obscure an Already Confusing Crisis? The Case of Somalia, in: International Affairs 83 (2007), S. 1091-1106

Matthies, Volker: Äthiopien, Eritrea, Somalia, Djibouti. Das Horn von Afrika, München 1997

Roque, Paula Cristina: Somalia: Understanding Al-Shabaab (ISS Situation Report), Juni 2009: http://www.issafrica.org

http://www.banadir.com (Nachrichten und Links)
http://www.somali-gov.info (Somalia)
http://www.somalilandgov.com (Somaliland)

Sudan (Darfur)

(Krieg)

Beginn: 2003
Kriegstyp: B-2
Beteiligte: SLA/AW, JEM / Sudan, *Dschandschawid*

Die Kämpfe in der westsudanesischen Region Darfur zwischen den Rebellengruppen *Sudan Liberation Army* (SLA) und *Justice and Equality Movement* (JEM) und zahlreichen Splittergruppen auf der einen sowie Regierungstruppen und als *Dschandschawid* (Bewaffnete Reiter) bekannte Milizen auf der anderen Seite verloren in diesem Jahr an Intensität. Trotz erneuter länger anhaltender kriegerischer Auseinandersetzungen gab es im Vergleich zu den letzten Jahren weniger Tote und Vertriebene. Der Krieg forderte bisher 250.000 bis 300.000 Todesopfer und machte circa 3 Millionen Menschen zu Flüchtlingen.

Bis zum Jahr 2002 dominierte der Krieg zwischen der sudanesischen Regierung und der südsudanesischen Rebellenbewegung *Sudan People's Liberation Movement/Army* (SPLM/A) das Konfliktgeschehen im Sudan. Der 2002 eingeleitete Friedensprozess mündete 2005 in die Unterzeichnung eines

Friedensvertrages. Allerdings eskalierte bereits im Februar 2003, nur wenige
Wochen nach dem Ende der Kampfhandlungen im Südsudan, die Gewalt in
der westsudanesischen Region Darfur.

Die Geschichte Darfurs seit der Kolonialzeit ist geprägt von einer anhaltenden politischen Marginalisierung und, vor allem seit der Präsenz verschiedener Rebellengruppen in den 1970er Jahren, von einer zunehmenden Polarisierung der Gesellschaft. Bereits unter britischer Kolonialherrschaft wurde
Darfur von der Zentralregierung lediglich als Peripherie betrachtet, dessen
Entwicklung keine hohe Priorität eingeräumt wurde. An diesem Status änderte sich auch nach der Unabhängigkeit wenig. Stattdessen diente Darfur in den
1970er Jahren sowohl tschadischen als auch von Libyen unterstützten Rebellengruppen als Stützpunkt in ihrem Kampf gegen die Regierung im Tschad.

Die Präsenz der Rebellengruppen führte zunehmend auch unter der Bevölkerung Darfurs zu Spannungen, die durch Konflikte zwischen Kamel oder
Vieh züchtenden Nomaden und Ackerbauern um die Aufteilung des fruchtbaren Landes und den Zugang zu Wasserstellen verstärkt wurden. Mit der Zeit
übernahmen auch mit den Rebellengruppen verbündete Nomadengruppen in
Darfur die vornehmlich durch die von Libyen unterstützten Rebellen verbreitete Ideologie einer arabischen Überlegenheit und versuchten so, sich von den
als „afrikanisch" bezeichneten sesshaften Ackerbauern abzuheben. Als sich
Ende der 1980er Jahre die Spannungen gewaltsam entluden, unterstützte die
Regierung die Milizen der Nomaden. Im darauf folgenden Jahrzehnt interve-
nierte auch die 1989 an die Macht gekommene islamistische *National Islamic
Front* (NIF) bei gewaltsamen Auseinandersetzungen wiederholt zu Gunsten
dieser Milizen. Nach Ausbruch des Krieges im Jahr 2003 griff die Regierung
auf die Milizen zurück und setzte sie im Kampf gegen die Rebellen ein.

Neben der konfliktreichen Geschichte Darfurs gelten die Friedensverhandlungen im Südsudan, die auf eine Machtteilung hinausliefen, als Ursache
für den Ausbruch des Konflikts. In den Friedensverhandlungen wurde Darfur
dem Norden zugeordnet, was bei Teilen der Bevölkerung Darfurs bereits
vorhandene Vorbehalte gegen die Dominanz der Zentralregierung verstärkte.
So schlossen sich Teile der Rebellen zwischen 2001 und 2003 zunächst unter
dem Namen *Darfur Liberation Front* (DLF) zusammen, was den regionalen
Charakter der Rebellion unterstreicht. Im Frühjahr 2003 benannten sich die
Rebellen schließlich in *Sudan Liberation Army/Movement* (SLA/M) um.
Allem Anschein nach wurde die SLA/M in der Anfangsphase von der südsudanesischen SPLA unterstützt. So soll die SPLA unter anderem im März
2002 spätere SLA-Kämpfer ausgebildet haben. Auch das Programm der SLA
war stark an die SPLA-Ideologie eines „New Sudan" angelehnt. Es betonte
die Einheit des Sudan, forderte Demokratie, Säkularisierung und die Gleichheit aller Bürger, ungeachtet ihrer Herkunft, Kultur und ihres Glaubens. Ihre
Rekrutierungsbasis hatte die SLA/M zunächst unter darfurischen Schul- und
Hochschulabgängern in der Hauptstadt Khartum und städtischen Zentren in

Zentral- und Westsudan. Dabei rekrutierte sie sich vor allem aus den drei ethnischen Gruppen Fur, Zaghawa und Masalit. Während die Zaghawa ihre Heimat in Norddarfur haben und traditionell von ihren Kamelherden leben, betreiben die beiden anderen Gruppen im zentralen und südlichen Darfur vorwiegend Ackerbau.

Gleich zu Beginn des Krieges eroberten die Rebellen im März 2003 die Bergregion Jebel Marra im zentralen Darfur und die Stadt Tine an der Grenze zum Tschad. Im Juli startete die Regierung eine Offensive gegen die Rebellen, bei der schwere Waffen eingesetzt und Luftangriffe geflogen wurden. Gleichzeitig setzte die Regierung nicht nur auf reguläre Truppen, sondern auch auf die lokalen Milizen der Abbala Rizeigat, einer Nomadengruppe. Sie wurden unter dem Namen *Dschandschawid* bekannt. Diese zerstörten bereits in dieser frühen Phase des Krieges ganze Dörfer und töteten deren Bewohner. Frauen wurden systematisch vergewaltigt.

Durch Vermittlung des Tschad wurde Anfang Mai 2004 ein Waffenstillstand vereinbart. Das besondere Interesse der tschadischen Regierung an einer Konfliktbeilegung ist auf die hohe symbolische und strategische Bedeutung Darfurs für den tschadischen Präsidenten Idriss Déby zurückzuführen. Da Déby wie ein Teil der Darfur-Rebellen Zaghawa ist, geriet er innenpolitisch enorm unter Druck, sich für eine Lösung des Konflikts in Darfur einzusetzen. Darüber hinaus ging die Rebellion im Tschad, die Déby 1990 an die Macht brachte von Darfur aus und wurde vom Sudan unterstützt (vgl. auch den Bericht zu Tschad). Die Waffenstillstandsvereinbarung erwies sich jedoch als nicht sonderlich haltbar. Bis auf vage Versprechen zur Entwicklung der Darfur-Region machte die Regierung keinerlei Zugeständnisse und ein Großteil der Rebellen war mit den ausgehandelten Verhandlungsergebnissen nicht zufrieden. Dies brachte einer bis dahin wenig in Erscheinung getretenen Rebellengruppe Namens *Justice and Equality Movement* (JEM) erheblichen Zulauf. Die JEM rekrutierte sich aus ehemaligen Kadern der NIF, die der Regierung vorwarfen ihre Ziele verraten zu haben. Sie gehörten mehrheitlich einer Untergruppe der Zaghawa an und traten unter anderem für die Einheit des Sudan, die Gleichheit aller Bürger und das Recht aller Regionen auf Teilhabe an der Macht ein. Da die JEM nicht die Trennung von Staat und Religion fordert, wird ihr unter anderem von den anderen Rebellengruppen vorgeworfen, eine islamistische Agenda zu vertreten. Ziel der JEM ist es einen Regierungswechsel herbeizuführen.

Die Kämpfe zwischen JEM und *Dschandschawid* führten schließlich dazu, dass auch der Waffenstillstand zwischen der SLA und der Regierung häufig gebrochen wurde. Im August 2004 begannen in Abuja unter Vermittlung der *Afrikanischen Union* (AU) Friedensverhandlungen zwischen der sudanesischen Regierung und den beiden Rebellengruppen SLA und JEM, die nach erheblichen Verzögerungen und Unterbrechungen am 5. Mai 2006 zum Abschluss des Darfur Peace Agreement (DPA) führten. Allerdings wurde das Abkommen nicht von allen beteiligten Rebellengruppen unterzeichnet, sondern lediglich von der Regierung und einer Fraktion der SLA unter der Führung von Minni Minnawi.

Die SLA hatte sich bereits 2005 in eine Faktion um Abdel Wahid Mohamed Al-Nur (SLA/AW) und eine um Minni Minawi (SLA/MM) gespalten. Nach Unterzeichnung des DPA wurde die Fraktion um Minawi nominell zum Verbündeten der Regierung und Minawi zum Berater des Präsidenten und später zum Vorsitzenden der *Darfur Transitional Regional Authority* (TDRA). Sowohl die SLA/AW als auch die JEM verweigerten sich dem DPA, weil ihnen die Zugeständnisse der Regierung im Hinblick auf eine Autonomie der Region Darfur und eine stärkere politische und wirtschaftliche Teilhabe nicht weit genug gingen.

Weder die im Jahre 2005 beschlossenen UN-Resolutionen 1591 und 1593, die unter anderem die Verhängung von Sanktionen gegen Verantwortliche für die in Darfur begangenen Menschenrechtsverletzungen, eine Ausweitung des UN-Waffenembargos gegen alle Beteiligten, sowie ein Verbot offensiver militärischer Flugeinsätze über Darfur beinhalteten und die in Darfur verübten Kriegsverbrechen an den Internationalen Strafgerichtshof verwiesen, noch die Präsenz der von der AU im Jahr 2004 entsendeten *African Mission in Sudan* (AMIS) waren geeignet und in der Lage, die Gewalt in Darfur zu beenden. Ende Juli 2007 autorisierte schließlich der UN- Sicherheitsrat mit der Resolution 1769 die Entsendung einer Hybridmission zum 1. Januar 2008. Die *United Nations/African Union Mission in Darfur* (UNAMID) sollte mit einer Personalstärke von 19.555 Soldaten, 6.432 Polizisten und 5.105 Zivilisten die größte Peacekeeping Mission der Welt sein. Ihre Aufgabe ist es, die Umsetzung des Darfur Peace Agreement (DPA) von 2006 zu unterstützen, bewaffnete Konflikte zu verhindern sowie die Zivilbevölkerung und humanitäre Hilfsorganisationen zu schützen.

Nachdem sich zu Beginn der Mission die Entsendung der vorgesehenen Truppen und der nötigen Ausstattung erheblich verzögerte, verbesserte sich im Jahr 2009 die Situation vor allem in Bezug auf die Personalstärke. Bis Ende September waren circa 85 Prozent der Soldaten, 61 Prozent der Polizisten und 64 Prozent der Zivilisten vor Ort. Dennoch fehlten bis zuletzt 18 Helikopter für den Transport der Soldaten und der Ausrüstung, so dass die Mobilität und Durchsetzungskraft der UNAMID eingeschränkt blieb. Mit Ausnahme einiger weniger Anschläge und Überfälle auf Soldaten und Mitarbeiter der UNAMID wurde die Mission im Berichtsjahr in keine größeren Kampfhandlungen verwickelt. Am 30. Juli wurde das Mandat der UNAMID erwartungsgemäß um ein weiteres Jahr verlängert.

Auch im Jahr 2009 kam es sowohl zwischen der sudanesischen Armee und den Rebellengruppen als auch zwischen den Rebellengruppen wiederholt zu kriegerischen Auseinandersetzungen. Im Januar und Mai lieferten sich vor allem die JEM und die sudanesische Armee Gefechte in Nord- und Süddar-

fur. Nachdem die JEM am 16. Januar die von der mit der Regierung verbündeten SLA/MM gehaltene Ortschaft Muhajeria in Süddarfur einnehmen
konnte, bombardierte die sudanesische Armee die Stellungen der JEM bis die
Rebellen sich am 3. Februar zurückzogen. Als Folge der Bombardements
flüchteten 40.000 Menschen aus Muhajeria in nahe gelegene Flüchtlings-
camps. Das gleiche Muster wiederholte sich bei Kämpfen zwischen der JEM,
der Armee und der SLA/MM im Mai in der Gegend um Umm Barru und um
einen Militärstützpunkt in Kornoi in Norddarfur. Auch hier zog sich die JEM
nach Luftangriffen aus beiden Ortschaften zurück. In den Monaten September und Oktober griff die sudanesische Armee schließlich Stellungen der
SLA/AW in Korma und Ain Siro sowie einer Splittergruppe der SLA in Jebel
Moo in Norddarfur an. Bei den Angriffen starben etwa 40 Menschen, ungefähr 26 weitere wurden verwundet. Im Februar kam es zwischen der regie-
rungstreuen SLA/MM und der lokalen Bevölkerung in Wada'ah in Norddarfur zu gewalttätigen Auseinandersetzungen, als sich Dorfmilizen der
Zwangsrekrutierung der lokalen Bevölkerung durch die SLA/MM gewaltsam
widersetzten.

Das seit September 2008 im Auftrag der *Arabischen Liga* (AL) vermit-
telnde Katar und das UN/AU Joint Mediation Team konnten trotz neuen
Schwungs in den Verhandlungen bisher keine nennenswerten Fortschritte bei
den Friedensgespräche erzielen. Katar vermochte es nicht die verschiedenen
Rebellengruppen dazu zu bewegen, gemeinsam in direkte Friedensverhandlungen zu treten. Ein Grund für das Scheitern aller bisherigen Vermittlungsbemühungen einschließlich der von der sudanesischen Regierung im Oktober
2008 gestarteten Sudan's Peoples Initiative war das Misstrauen der Rebellen
gegenüber der Regierung.

Ein anderer Grund war die Fragmentierung der Rebellen und die daraus
resultierende Uneinigkeit. Im Laufe des Krieges spalteten sich immer wieder
einzelne Kommandeure und Gruppen von der SLA/AW, der JEM aber auch
der SLA/MM ab und stellten immer wieder neue Forderungen. Nachdem die
JEM und die sudanesische Regierung am 17. Februar in Doha in Katar eine
Erklärung des guten Willens und der Vertrauensbildung unterzeichneten,
stellte die JEM nach der Ausweisung von 13 internationalen und der Suspen-
dierung von drei nationalen Nichtregierungsorganisationen durch die sudanesische Regierung am 4. März die Verhandlungen wieder ein. Nachdem die
Fortführung der Gespräche mehrmals verschoben wurde, weigerte sich die
JEM schließlich im Oktober diese fortzusetzen. Der gemeinsame Chefunter-
händler der AU und UN, Djibril Bassolé, hatte mithilfe des Sondergesandten
der neuen US-Regierung, Scott Gration, in der Zwischenzeit versucht, kleinere Rebellengruppen dazu zu bewegen, sich der sogennanten Doha-Runde
anzuschließen. Obgleich sich nach mehreren viel versprechenden Treffen
einige Gruppierungen zu den *Sudan's Liberation Revolutionary Forces*
(SLRF) zusammenschlossen, zogen sich wichtige Gruppen kurz danach wie-

der aus der SLRF zurück. Darüber hinaus gelang es den Vermittlern nicht die SLA/AW zur Aufnahme von Friedensgesprächen zu bewegen. Die SLA/AW lehnte weiterhin Verhandlungen mit der Regierung ab, solange ihre Forderungen nach Sicherheitsgarantien nicht erfüllt werden.

Das angespannte Verhältnis zwischen Tschad und Sudan verschlechterte sich in diesem Jahr deutlich. Die Regierungen beider Länder beschuldigen sich weiterhin gegenseitig, oppositionellen Rebellen in den Grenzregionen Unterschlupf zu gewähren und sie im Kampf gegen die jeweils andere Regierung zu unterstützen. Nachdem sich der Tschad und der Sudan am 3. Mai in einer Abmachung unter anderem dazu verpflichteten die Unterstützung für bewaffnete oppositionelle Rebellengruppen einzustellen, verschlechterten sich die Beziehungen zwischen den beiden Staaten kurz darauf erneut, als nach einem Angriff auf den Tschad am 4. Mai durch in Darfur stationierte tschadische Rebellen, die tschadische Luftwaffe Angriffe auf Stellungen der Rebellen in Darfur flog. Die tschadische Regierung rechtfertigte die Angriffe mit ihrem Recht auf Selbstverteidigung und beschuldigte den Sudan die Rebellen unterstützt zu haben. Ein hoher Vertreter der sudanesischen Regierung bezeichnete die Luftangriffe als Kriegsakt. Dennoch kam es zu keinen weiteren kriegerischen Handlungen.

Der Streit zwischen der sudanesischen Regierung und dem *Internationalen Strafgerichtshof* (IStGH) um die Überstellung von Ali Kushayb, den ranghöchsten Anführer der *Dschandschawid*, und Ahmad Harun, den ehemaligen Innenminister (2003-2005), sowie um die Ausstellung eines Haftbefehls gegen den sudanesischen Präsidenten Omar Al-Bashir setzte sich 2009 fort. Am 30. Januar erließ der IStGH Haftbefehl gegen Kushayb und gegen Harun wegen Verbrechen gegen die Menschlichkeit und Kriegsverbrechen. Allerdings weigerte sich die Regierung die beiden auszuliefern und ordnete stattdessen bereits am 14. Oktober 2008 ein Gerichtsverfahren gegen Kushayb vor einem sudanesischen Gericht an. Am 4. März gab der IStGH schließlich dem Antrag auf Ausstellung eines Haftbefehls wegen Verbrechen gegen die Menschlichkeit und Kriegsverbrechen gegen Präsidenten Bashir statt. Dies war das erste Mal, dass gegen einen amtierenden Staatspräsidenten Haftbefehl erlassen wurde. Als Reaktion auf die Anklage wies die Regierung 13 internationale Nichtregierungsorganisationen aus und suspendierte drei nationale Nichtregierungsorganisationen, weil sie mit dem IStGH kooperiert hätten.

Der Krieg in Darfur ist im Vergleich zu den vorangegangenen Jahren nicht weiter eskaliert. Die UNAMID konnte zwar ihre Präsenz im Laufe des Berichtsjahres ausbauen, dennoch bleibt abzuwarten, ob sie tatsächlich für eine Verbesserung der Sicherheitslage sorgen kann. Obgleich bei den Friedensbemühungen kaum Fortschritte erzielt worden sind, gibt der neue Schwung in den Gesprächen Anlass zu neuer Hoffnung. Das Berichtsjahr wurde geprägt von der Anklage gegen Sudans Präsidenten Bashir und dessen

Versuchen sich politisch zu rehabilitieren. Welche Auswirkungen die Anklage auf den Krieg in Darfur hat, bleibt noch abzuwarten.

Ciaran Wrons-Passmann

Weiterführende Literatur und Informationsquellen:
Daly, M.W.: Darfur Sorrows: A History of Destruction and Genocide, Cambridge u.a.
    2007
Flint, Julie/Waal, Alexander de: Darfur: A New History of a Long War, London 2008
Prunier, Gerard: Darfur: Der „uneindeutige" Genozid, Hamburg 2006
Waal, Alex de (Hrsg.): War in Darfur and the Search for Peace, Cambridge 2007
http://www.sudantribune.com (in Paris ansässige Internet-Tageszeitung)

Tschad

(Krieg)

Beginn: 2006
               (zuvor Krieg 1966-1996, bewaffneter Konflikt 1997-2005)
Kriegstyp: A-2
Beteiligte: UFR, Sudan / Tschad

Im Berichtsjahr 2009 kam es erneut zu kriegerischen Auseinandersetzungen
zwischen dem tschadischen Staat unter seinem Präsidenten Idriss Déby und
diversen Rebellengruppen. Neun der Rebellenfraktionen haben sich zu Jahresbeginn unter dem Banner *Union des Forces de la Résistance* (UFR, Vereinigung der Widerstandskräfte) vereint und Anfang Mai von Sudan aus den
Tschad angegriffen. Diesmal gelangten sie aber nicht – wie 2008 und 2006 –
bis zur Hauptstadt N'Djamena, sondern wurden von den Regierungstruppen
noch im Osten des Tschad zurückgeschlagen. Insgesamt war im Berichtsjahr
ein leichter Rückgang kriegerischer Gewalt im Tschad zu verzeichnen. Darüber hinaus war das Jahr 2009 im Tschad von der andauernden Flüchtlings-
katastrophe vor allem im Osten des Landes, von einer großen Flutkatastrophe
im Süden und vom Übergang der EU-Schutztruppe (EUFOR Tchad/RCA)
zur *Mission des Nations Unies en République Centrafricaine et au Tchad*
(MINURCAT II, Mission der UN in der Zentralafrikanischen Republik und
im Tschad) geprägt.

Bewaffnete Auseinandersetzungen fanden im Tschad praktisch ohne Un-
terbrechung seit 1966 statt. Dabei handelte es sich zumeist um Machtkämpfe
innerhalb der kleinen politischen und militärischen Elite des Landes. Ehemalige Präsidenten, Minister oder ranghohe Offiziere organisierten bewaffnete
Oppositionsgruppen, die nach Übernahme oder Beteiligung an der Regierung
strebten, um an die damit verbundenen Machtressourcen zu gelangen. Dies
sind hauptsächlich die Kontrolle über den wirtschaftlich potenten Süden und
zum anderen die Kontrolle über die Armee. Der offenkundige Amtsmiss-

brauch der Regierungen und der teilweise Erfolg der Rebellen, mit Waffengewalt politische Ämter und eine Integration in die überproportional aus
Offizieren bestehenden nationalen Streitkräfte zu erzwingen, schufen dabei
Anreize zur Gründung immer neuer bewaffneter Bewegungen. Welche der
zahlreichen Rebellengruppen erfolgreich war, hing maßgeblich von der Unterstützung der Nachbarstaaten Sudan und Libyen ab sowie von der Gunst
Frankreichs, das im Tschad einen wichtigen Militärstützpunkt unterhält.

Auch der derzeitige Präsident Déby erlangte 1990 sein Amt durch eine
gewaltsame Rebellion gegen seinen Vorgänger Hisséne Habré, unter dem er
als Oberbefehlshaber der Armee gedient hatte. Sein Vormarsch auf die
Hauptstadt N'Djamena erfolgte von sudanesischem Territorium aus und wurde finanziell und logistisch auch von Libyen unterstützt. Nachdem Déby das
Präsidentenamt erobert hatte, dauerte es noch bis Mitte der 1990er Jahre, bis
die kriegerischen Auseinandersetzungen innerhalb des Tschad sich soweit
abschwächten, dass die Kämpfe ab 1996 als bewaffneter Konflikt und nicht
mehr als Krieg einzustufen waren. Die abnehmende Intensität und Kontinuität der Kämpfe ging einher mit einer Stärkung der Position Débys. Er erreichte dies zum einen durch den Ausbau militärischer Stärke und zum anderen
durch politische Reformen, über die im März 1996 ein Verfassungsreferen-
dum durchgeführt wurde. Trotzdem blieben Débys Regierungsstil autoritär
und seine Regierung von bewaffneter Opposition bedroht.

Mit Beginn des Darfurkrieges 2003 entwickelte der Machtkonflikt im
Tschad eine neue Dynamik. Die bewaffnete Opposition konzentrierte sich
nun zum einen um ehemalige Angehörige des Regierungszirkels, die der
zahlenmäßig kleinen, aber seit Débys Amtsübernahme sehr einflussreichen
Zaghawa-Ethnie angehörten. Diese übten zunehmend Druck auf Déby aus,
um ihn zur Unterstützung der Zaghawas in Darfur gegen den ehemaligen
Verbündeten Sudan zu bewegen. Zum anderen wandte sich auch die sudanesische Regierung gegen Déby. Diese fürchteten, die tschadische Regierung
würde die Darfur-Rebellen unterstützen, und rüstete deshalb ihrerseits tschadische Rebellenbewegungen aus und rekrutierte tschadische Exilanten für
den bewaffneten Kampf gegen Idriss Déby.

Alle Konfliktparteien versuchten von nun an, bestehende Landnutzungs-
konflikte in Darfur und im Tschad zur weiteren Rekrutierung zu nutzen, was
dem Konflikt eine zusätzliche Dynamik verlieh. Die Koalitionen zwischen
den einzelnen Gruppen waren von Beginn an sehr fragil. Sie scheiterten zum
einen an Konflikten innerhalb ihrer jeweiligen Bevölkerungsgruppen, zum
anderen am mangelnden Organisationsgrad der Gruppen, die zum Teil von
einfachen kriminellen Banden kaum zu unterscheiden waren.

In der ersten Jahreshälfte 2006 konzentrierte der Sudan seine Unterstüt-
zung vor allem auf die *Front Uni pour le Changement Démocratique* (FUC,
Vereinigte Front für den demokratischen Wandel) von Mahamat Nour, der
Déby bei seinem Putsch 1990 noch unterstützt hatte. Nour opponierte gegen

die Vormacht der Zaghawa und begann im Grenzgebiet zum Sudan Widerstand zu organisieren. Im April 2006 gelang es der etwa 3.000 Kämpfern
umfassenden FUC, bis in die Hauptstadt N'Djamena vorzudringen, wo die
Rebellion erst mit Unterstützung des französischen Militärs von Regierungstruppen zurückgeschlagen werden konnte. Dabei verloren etwa 400 Kämpfer,
davon größtenteils Rebellen, ihr Leben. Der anschließend angestrengte Friedensvertrag zwischen Rebellen und Regierung scheiterte.

Nach der Niederlage der FUC im April wandte sich der Sudan mit seiner
Unterstützung hauptsächlich der *Union des Forces pour la Démocratie et le
Développement* (UFDD, Vereinigung der Kräfte für Demokratie und Ent-
wicklung) zu. Diese führte in der zweiten Jahreshälfte 2006 kleinere Offensi-
ven und Überfälle entlang der Grenze durch. Dabei kamen Hunderte von
Rebellen und Regierungssoldaten ums Leben. Die UFDD wird angeführt von
Mahamat Nouri, einem ehemaligen Kabinettsmitglied der Regierung Idriss
Débys.

Neben der UFDD kämpfte eine zweite große Rebellengruppe gegen die
Regierung: Diese kämpfte unter dem Namen *Rassemblement des Forces pour
le Changement* (RFC, Sammlung der Kräfte für den Wandel, bis 2006 *Rassemblement des Forces Démocratiques* (RAFD, Sammlung der Demokratischen Kräfte) und rekrutierte sich aus Mitgliedern der Zaghawa, die vom
Präsidenten enttäuscht waren. Diese einst wichtigste Gruppe innerhalb des
klientelistischen Netzwerks, auf das sich der Präsident stützte, wandte sich
aus Unzufriedenheit über Débys Regierungsstil und über seine mangelnde
Unterstützung für die sudanesischen Zaghawa im Darfurkrieg von Déby ab.

Während der Präsident noch versuchte, die drohende Gefahr aus dem
Grenzgebiet diplomatisch abzuwenden, griffen die tschadischen Zaghawas
ohne offizielle Zustimmung auf sudanesischem Boden in den Krieg ein. Der
Sudan bezichtigte Déby in der Folge der Duldung sudanesischer Rebellen,
sodass er paradoxerweise beim einstigen Verbündeten Sudan zum gleichen
Zeitpunkt in Ungnade fiel, wie auch seine Machtbasis bei den Zaghawa zu
bröckeln anfing.

Der Präsident hat seitdem seine Machtbasis ethnisch diversifiziert, um
nicht länger allein auf die Unterstützung durch seine Zaghawa-Ethnie abhängig zu sein. Allerdings führte die Reorganisation seines Sicherheitsapparates,
die diesem Zweck dienen sollte, dazu, dass viele Zaghawas ihre Pfründe
verloren und sich noch mehr von ihnen von Präsident Déby lossagten. Die
Deserteure schlossen sich zum Großteil der RFC an, die somit über eine
beträchtliche Zahl gut ausgebildeter Offiziere verfügte. Ähnlich wie die
UFDD lieferte sich auch die RFC während der zweiten Jahreshälfte 2006
schwere Gefechte mit der Regierungsarmee, bei denen bis zu 600 Kombattanten getötet wurden.

In 2007 erlebte der Tschad die heftigsten Auseinandersetzungen seit Débys Machtübernahme 1990. Der Sudan drängte die Rebellen zu einem ge-

meinsamen Vorgehen unter Leitung von Nouris UFDD. Zahlreiche Zusammenstöße zwischen Rebellen und Regierungsarmee kosteten Schätzungen zur Folge über 1000 Menschen das Leben.

Zugleich hatte ein gigantischer Flüchtlingsstrom den Osten und Südosten des Tschads erreicht. Flüchtlinge aus Darfur, innerhalb des Tschads Vertriebene und zunehmend auch Flüchtlinge aus der benachbarten Zentralafrikanischen Republik hatten die Summe der schutzlosen Hilfsbedürftigen auf über 500.000 anschwellen lassen. Die Flüchtlingslager und die humanitäre Hilfe verliehen dem Konflikt zusätzliche Dynamik, da sich hier alle Konfliktparteien über Raub versorgen und neue Kämpfer rekrutieren konnten. Keine der Seiten schreckt vor der Zwangsrekrutierung von Kindern zurück, die teilweise gerade einmal 12 Jahre alt sind.

Der UN-Sicherheitsrat beschloss die Stationierung der MINURCAT, die vor allem im Grenzgebiet zwischen Tschad, Sudan und der Zentralafrikanischen Republik die Flüchtlingslager schützen sollte. Zudem sollte für die Dauer eines Jahres ein EUFOR-Kontingent stationiert werden, um Flüchtlingslager zu schützen und eine umfassendere militärische Komponente von MINURCAT vorzubereiten. Beide Missionen litten von Beginn an unter der mangelnden Unterstützungs- und Finanzierungsbereitschaft der internationalen Gemeinschaft. Die Stationierung verzögerte sich bis in den September 2008 hinein.

Im Jahr 2008 setzten sich die Kämpfe zwischen Regierung und Rebellen fort. Die Rebellen starteten am 28. Januar einen gemeinsamen Angriff auf N'Djamena. Ein Konvoi mit etwa 2000 Kämpfern der UFDD, RFC und anderer Rebellenfraktionen mit 250 Fahrzeugen, der laut Beobachtern vom sudanesischen Verteidigungsminister koordiniert wurde, überschritt von Al-Geneina aus die Grenze. Am 2. Februar erreichten die Rebellen N'Djamena, wo sie sich zwei Tage lang heftige Kämpfe mit der tschadischen Armee lieferten und die Stadt bis auf das Regierungsviertel einnehmen konnten. Frankreich, das sich gemessen an früheren Angriffen zunächst militärisch zurückhielt, stützte den angeschlagenen Präsidenten schließlich abermals. Nachdem die Rebellen 200 bis 300 Kämpfer verloren hatten, zogen sie sich aus der Stadt zurück. Déby sprach nach der Rebellenoffensive von 700 Todesopfern allein in N'Djamena.

Einmal mehr profitierte Idriss Déby davon, dass es den Rebellengruppen nicht gelang, die Führungsfrage für den Fall einer Machtübernahme zu klären. Dieser Konflikt verhinderte eine gemeinsame Strategie der Rebellengruppen und führte nach ihrer Niederlage zur Abspaltung des RFC. Die übrigen Gruppen schlossen sich im Februar unter Führung Mahamat Nouris zur *Alliance Nationale* (AN, Nationale Allianz) zusammen, die weiterhin Unterstützung aus dem Sudan erhielt.

In Folge der heftigen Auseinandersetzungen zwischen Rebellen und Regierungsarmee rief Déby den Ausnahmezustand aus und nutzte die Gelegenheit, um zahlreiche Oppositionelle verhaften zu lassen, darunter auch drei der prominentesten politischen Figuren des Tschad.

Die AN blieb auch in der Folge aktiv. Auf kleinere Gefechte folgte am 13. Juni eine erneute Offensive der AN Richtung N'Djamena. Bei Am Zoer trafen sie auf Armeeeinheiten. Die Regierung gab an, dass bei den darauf folgenden Kämpfen am 17. Juni 161 Rebellen und drei Regierungssoldaten getötet worden seien. Weiterhin habe sie 61 Fahrzeuge erbeutet.

Verschiedene Staaten und Organisationen, hierunter die Organisation der Islamischen Konferenz, die Afrikanische Union, aber insbesondere Libyen und Bahrain engagierten sich für eine Konfliktbeilegung zwischen Tschad und dem Sudan. Diverse Abkommen, die von beiden Seiten unterschrieben wurden, scheiterten aber umgehend an der kaum verhohlenen Unterstützung der Rebellengruppen durch beide Konfliktparteien.

Da half es auch nicht, dass sich Frankreich zumindest rhetorisch von Déby distanzierte und starken Druck auf die Regierung ausübte. Die Weltbank zog derweil die Konsequenzen aus der mangelhaften Umsetzung der von Déby im Rahmen der Ölförderung zugesagten Armut mindernden Verwendung der Öleinnahmen und beendete im September ihr Engagement im Ölprojekt im Süden des Landes.

Im Berichtsjahr 2009 zeichnete sich früh eine erneute Auseinandersetzung zwischen Regierung und Rebellen ab. Mitte Januar gab Mahamat Nouri eine neue Rebellen-Koalition bekannt: Seine UFDD und weitere Rebellengruppen, die im Vorjahr unter dem Banner der AN gekämpft hatten, vereinten sich erneut mit dem RFC, den Rebellen der Zaghawa-Ethnie. Das neue Bündnis heißt *Union des Forces de la Résistance* (UFR, Union der Widerstandskräfte).

Unterdessen bemühte sich die internationale Gemeinschaft um eine Entschärfung des Konflikts zwischen Tschad und dem Sudan in der Absicht, so die jeweiligen Bürgerkriege im Grenzgebiet beider Länder zu beenden, wo sich auch der Großteil der Flüchtlingslager befindet. Am 19. Januar beschloss der UN-Sicherheitsrat, dass eine 5.200 Mann starke MINURCAT II die abziehenden EUFOR-Truppen ersetzen soll. Doch während die EU-Truppe sich bis November des Berichtsjahres zurückzog, hat das MINURCAT-Kontingent bis heute knapp die Hälfte der mandatierten Truppenstärke erreicht. Es finden sich weder ausreichend Truppensteller, noch Länder, die die Mission finanzieren wollen.

Die wenigen EUFOR- und UN-Soldaten vor Ort waren nicht in der Lage der wachsenden Unsicherheit im Osten des Landes Herr zu werden. Eine gemeinsame Strategie der EUFOR-Truppe und von Minurcat bestand deshalb in der Ausbildung einer Gendarmerie namens *Détachement Intégré de Sécurité* (DIS). Diese Einheit aus tschadischen Polizisten sollte die Flüchtlingslager beschützen und besser für Ordnung sorgen – wozu die internationalen Kontingente nicht mandatiert waren. Dieser zu Beginn viel versprechende

Ansatz scheiterte aber an den mangelnden Ressourcen aller Beteiligten, sodass die DIS-Gendarmen marodierenden Rebellen und Banditen machtlos
gegenüber standen. In den ersten fünf Monaten erlitten allein die Hilfsorganisationen über 190 Angriffe, mehrere versuchte und drei erfolgte Entführungen ihrer Mitarbeiter. Auch die DIS wurde mehrmals angegriffen, drei ihrer
Polizisten wurden ermordet. Vier große Hilfsorganisationen zogen sich daraufhin im Frühjahr für mehrere Wochen zurück, unter ihnen das *Rote Kreuz*
und *Ärzte ohne Grenzen*. Der Großteil der 450.000 Flüchtlinge war auf sich
allein gestellt.

Nachdem sich Sudan und Tschad am 3. Mai in Doha (Katar) auf einen
Waffenstillstand geeinigt hatten, der nur auf den großen äußeren Verhand-
lungsdruck under der Führung von Lybien und Katar hin zustande gekommen
war, eskalierte der Konflikt am 4. Mai erneut. Die UFR griff den Tschad an.
Die tschadische Regierung beschuldigte den Sudan, den Rebellenangriff
lanciert zu haben, und bombardierte mit seiner Luftwaffe Rebellenstellungen
auf sudanesischem Territorium. In den folgenden Tagen intensivierte auch
die JEM ihre Angriffe innerhalb Nord-Darfurs. Die Regierungen beider Länder warfen sich erneut gegenseitig die Unterstützung von Rebellen vor und
übten sich in den bewährten Drohgebärden.

Die Offensive der UFR im Tschad scheiterte bereits 600 Kilometer vor
N'Djamena in der Grenzstadt Abéché. Nach Regierungsangaben starben bei
den dreitägigen Kämpfen 247 Menschen, hiervon 22 Regierungssoldaten und
225 Rebellen.

Massive Regenfälle und Fluten, die die Region im Sommer heimgesucht
haben, verhinderten über lange Monate weitere Auseinandersetzungen. Erst
am 12. und 13. Dezember kam es erneut zu Zusammenstößen zwischen den
Rebellen der UFR und der Regierungsarmee im Osten des Tschad. Die UFR
beschuldigte die Regierungsarmee, ihre Stellungen aus der Luft bombardiert
zu haben. Es habe vier tote Zivilisten und Dutzende Verletzte auf allen Seiten
gegeben. Ein Regierungssprecher hingegen behauptete, eine Patrouille sei
angegriffen worden, woraufhin die Luftwaffe zur Hilfe kam. Zivile Opfer
habe es nicht gegeben. Die Konfrontation ereignete sich just zwei Tage nachdem die UFR eine Presseerklärung veröffentlicht hatte, in der sie die Berichte
dementierte, denen zufolge sich die UFR in Auflösung befinde.

Auch im Berichtsjahr spielte Frankreich eine ambivalente Rolle im
Tschad-Krieg. Einerseits hat Frankreich von einer direkten Militärhilfe abgesehen, als die UFR im Mai in Tschad einfiel. Des Weiteren spielte Frankreich
mit dem Gedanken, seine in etwa 1200 im Tschad stationierten Soldaten
abzuziehen. Andererseits zeigte ein Bericht des französischen Verteidi-
gungsministeriums über Waffenexporte im Jahr 2008, dass Déby nach wie
vor auf die Unterstützung aus Paris zählen kann. Nach Südafrika war Tschad
der beste Kunde der französischen Waffenindustrie in der Subsahara, und das
obwohl die EU offiziell keine Waffen in Länder exportiert die Krieg führen

oder Menschenrechte verletzen. Auf den Tschad trifft beides zu. Im November wurde Idriss Déby vom französischen Präsidenten Nicolas Sarkozy empfangen. Kritische Äußerungen Sarkozys über die tschadische Regierung wurden dabei nicht bekannt.

Im Herbst des Berichtsjahres kam es zu Bewegungen in dem bis dahin festgefahrenen Streit über mögliche Parlamentswahlen im Jahr 2010. Anfang Dezember gab die Nationale Wahlkommission bekannt, alle Parteien hätten sich darauf geeinigt, Wahlen abzuhalten. Ob es zu den Wahlen, die die internationale Gemeinschaft mit Nachdruck fordert, tatsächlich kommt, ist unklar. Präsident Déby zeigte sich in seinen öffentlichen Aussagen skeptisch über die Realisierbarkeit.

Es ist wahrscheinlich, dass auch 2010 Auseinandersetzungen zwischen Rebellen der Regierungsarmee stattfinden. Solange Sudan und Tschad sich gegenseitig mit der Unterstützung von Rebellenbewegungen bekriegen, ist ein Friede in der Region nicht absehbar. Die Flüchtlingslager gewähren den Kämpfern auf beiden Seiten einen stabilen Ressourcenzustrom. Dieser ließe sich zwar durch einen robusten Einsatz von MINURCAT und einer intensiveren Aufrüstung der DIS verhindern, doch kein westliches Land zeigt ein ernsthaftes Interesse, die Region aktiv zu befrieden – trotz des bestehenden Mandats.

Sebastian Huld

Weiterführende Literatur und Informationsquellen:

Azevedo, Mario Joaquin: Roots of Violence. A History of War in Chad, Amsterdam 1998

Burr, J. Millard/Collins, R.O.: Africa's Thirty Years War. Libya, Chad and the Sudan (1963-1998), Boulder, CO, 1999

International Crisis Group: Tchad: Un Nouveau Cadre de Resolution de Conflit 2008: http://www.icg.org

Marchal, Roland: Chad/Darfur: How two Crises Merge, in: Review of African Political Economy 109 (2006), S. 467-482

May, Roy/Massey, Simon: The Crisis in Chad, in: African Affairs 105 (2006), S. 443-449

Nolutshungu, Sam C.: Limits of Anarchy. Intervention and State Formation in Chad, Charlottesville – London 1996

Petry, Martin: Wem gehört das schwarze Gold? Engagement für Frieden und Gerechtigkeit in der Auseinandersetzung mit dem Erdölprojekt Tschad-Kamerun. Frankfurt a.M. 2003

United Nations Office for the Coordination of Humanitarian Affairs (OCHA): Rapport sur la situation humanitaire Tchad, du 19 mai au 01 juin 2009

Weir, Erina: Greater Expectations: UN Peacekeeping and Civilian Protection, 2009: http://www.refugeesinternational.org

http://www.defense.gouv.fr (Website des französischen Verteifigungsministeriums)

http://minurcat.unmissions.org (Website der UN-Mission im Tschad)

http://www.alwihdainfo.com (Nachrichten)

http://www.reliefweb.int (Nachrichten)

http://www.tchadactuel.com (Pressemitteilungen, Interviews und Nachrichten)

Uganda

(Krieg)

Beginn: 2008
Kriegstyp: A-1
Beteiligte: LRA / Uganda, Kongo-Kinshasa, Südsudan,
             Zentralafrikanische Republik

Der Konflikt zwischen der ugandischen Regierung und der *Lord's Resistance Army* (LRA) ist im Berichtsjahr 2009 weiter eskaliert. Er wurde jedoch nicht mehr auf ugandischem Boden ausgetragen, sondern hat sich regional auf den Südsudan, die Demokratische Republik Kongo und die Zentralafrikanische Republik ausgeweitet. Mit einer gemeinsamen Militäroperation der Regierungen Ugandas und des Kongo sowie der südsudanesischen Autonomieregierung gegen die LRA im Nordosten des Kongo war am 14. Dezember 2008 ein 28-monatiger Waffenstillstand zwischen der LRA und der ugandischen Regierung beendet worden. Die LRA reagierte mit Gewalt gegen die kongolesische Zivilbevölkerung, die sich durch das gesamte Berichtsjahr zog. Nach Angaben einer UN-Organisation wurden bereits bis Mitte Januar im Osten des Kongo 900 Menschen durch die LRA getötet und 130.000 in die Flucht getrieben.

Den Hintergrund für den seit über 20 Jahren in wechselnder Intensität andauernden Konflikt bilden sowohl soziale und ökonomische Ungleichheiten zwischen den einzelnen Landesteilen Ugandas als auch eine nach der Unabhängigkeit 1962 von Gewalt zwischen verschiedenen Ethnien und mehreren militärischen Machtübernahmen geprägte Geschichte. Konflikte zwischen den verschiedenen Ethnien auf dem Gebiet des heutigen Uganda bestanden schon vor der Kolonialzeit und wurden von der Kolonialmacht Großbritannien noch verstärkt. In der Kolonialzeit wurde im Süden des heutigen Uganda die landwirtschaftliche Entwicklung gefördert, während die Armee vor allem aus den nördlichen, von Acholi und Langi bewohnten Gebieten rekrutiert wurde. Diese Volksgruppen bildeten während der zwei Regierungszeiten von Milton Obote, selbst ein Langi, von 1962 bis 1971 sowie von 1980 bis 1985, den Kern von Armee und Regierung. Nach Obotes Sturz 1985 durch den Acholi Tito Okello wuchs der Einfluss dieser Bevölkerungsgruppe in Armee und Regierung, bis Okello ein Jahr später von der *National Resistance Army* (NRA) des heutigen Präsidenten Yoweri Kaguta Museveni besiegt wurde. Die Soldaten der NRA, die überwiegend aus den südlichen Regionen Ugandas stammten, bildeten daraufhin die neue Armee. Die Bevölkerung im Norden Ugandas verlor damit an Status, Einkommen und politischem Einfluss.

Entlassene Angehörige der Armee zogen nach der Machtübernahme Musevenis 1986 in den Norden des Landes, was zur Destabilisierung der Region beitrug. Die schlechte ökonomische Lage und die geringen Möglichkeiten zur politischen Einflussnahme Nordugandas sowie das Unvermögen, die zurückkehrenden Soldaten in die Gesellschaft zu integrieren, führten zur Gründung mehrerer Rebellenbewegungen, die zunächst bei der Bevölkerung Unterstützung fanden. Während die *Holy Spirit Mobile Force* (HSMF) von Regierungstruppen geschlagen werden konnte, wurde zwischen der Regierung und der anderen signifikanten nordugandischen Rebellengruppe *Ugandan People's Defence Army* (UPDA) 1988 ein Friedensabkommen vereinbart.

Etwa zur selben Zeit gründete Joseph Kony seine Rebellengruppe, die spätere LRA, und rekrutierte zunächst vor allem Kämpfer aus den beiden anderen Rebellenorganisationen. In Anlehnung an die HSMF, welche von der Bevölkerung respektiert wurde, weil es ihr gelungen war, durch die Kombination von militärischer Kriegsführung mit einem spirituellen Geister-Kult für ihre Mitglieder eine soziale Ordnung in Zeiten der Unsicherheiten aufzubauen, bezog auch Kony von Anfang an religiöse Elemente in seine Strategie ein. Auch wenn er bis zu letzt an einigen religiösen Elementen festhielt, die ihm von seinen Kämpfern immer wieder Respekt und Furcht einbringen konnten, richteten sich Konys Angriffe nicht wie die der HSMF primär gegen die ugandische Armee, sondern vor allem gegen die Zivilbevölkerung in Norduganda. Entsprechend gelang es ihm nicht, die Unterstützung der Bevölkerung zu halten. Kennzeichnend für Konys LRA waren auch das Fehlen eines politischen Flügels und die zeitweise fast vollständige Abwesenheit eines politischen Programms. Während Kony zunächst angab, für eine bessere Behandlung der Acholi in Uganda zu kämpfen, wurden später die Einführung der Zehn Gebote und der Sturz der ugandischen Regierung als Ziele benannt.

Die LRA, der sich kaum Freiwillige anschlossen, stützte sich seit Anfang der 1990er Jahre vor allem auf die Zwangsrekrutierung von Kindersoldaten. Die aus ihren Dörfern entführten Kinder und Jugendlichen wurden bewaffnet und zu zahlreichen Gewalttaten, auch gegen ihre Familien und Kameraden, gezwungen, um sie als Mittäter schuldig zu machen und so an die LRA zu binden. Der Anteil an derart rekrutierten Kindersoldaten an der Gesamtstärke der LRA erhöhte sich seit Beginn des Krieges kontinuierlich. Anfang 2004 bestand die LRA nach Schätzungen der UN nur noch aus ein paar hundert erwachsenen Kämpfern und etwa 2.000 bis 3.000 Kindersoldaten.

Bis 1995 wurde der Konflikt mit relativ geringer Intensität ausgetragen. Angriffe der LRA richteten sich zunächst vor allem gegen Einrichtungen der ugandischen Armee, verlagerten sich jedoch nach und nach verstärkt auf zivile Ziele. Im Jahr 1994 scheiterte ein Versuch, die Kampfhandlungen durch Verhandlungen beizulegen, woraufhin sich der Konflikt intensivierte und seitdem als Krieg eingestuft werden kann. Die Kriegsführung der LRA zeichnete sich seitdem vor allem durch eine hohe Gewaltanwendung gegen die Zivilbevölkerung aus, die in dem Konflikt bald eine Eigendynamik entwickelte: Durch willkürliches Töten und „Bestrafen" der Bevölkerung versuchte die LRA eine soziale Kontrolle aufrecht zu erhalten und gleichzeitig Druck auf die Regierung auszuüben.

Um der LRA ihre Ressourcen zu entziehen, konzentrierte die Regierung die Bevölkerung Ende der 1990er Jahre in Lager für Binnenflüchtlinge. Die unzähligen Menschenrechtsverletzungen und die schlechte humanitäre Lage in den Lagern führten dazu, dass die Bevölkerung sich auch von der Regierung angegriffen sah. Die Regierung Ugandas hatte den Konflikt in Norduganda lange nicht mit Priorität behandelt. Zwar hat der Konflikt vielen Zivilisten das Leben gekostet, doch war die Stabilität der Regierung selbst nie direkt bedroht. Die Soldaten, die in Norduganda stationiert waren, hatten oft aufgrund der niedrigen Bezahlung eine geringe Motivation und waren schlecht organisiert. Sie beschränkten sich lange darauf, wenige Straßen zu kontrollieren sowie Zivilisten zu bewaffnen und in Selbstverteidigungsmilizen zu organisieren. Oft vermieden sie die direkte Konfrontation mit den Rebellen. Erst als es der LRA gelang, weiter in Richtung des Zentrums Ugandas vorzudringen und die Acholi-Region zu verlassen, änderte die Regierung ihre Strategie. Im Jahr 2002 wurde mit der Operation Iron Fist der militärische Druck auf die Rebellen stark erhöht. Gleichzeitig wurde allen Überläufern Straffreiheit angeboten.

Die Konflikte in Norduganda und im Südsudan wurden lange Zeit durch die ugandische und die sudanesische Regierung angeheizt, die die jeweiligen Rebellengruppen im Nachbarland unterstützten. Seitdem erste Friedensverhandlungen zwischen der Regierung Ugandas und der LRA im Jahr 1994 gescheitert waren, lieferte Sudan nicht nur Waffen an die LRA, sondern stellte dieser auch ein Rückzugsgebiet im Südsudan zur Verfügung. Gleichzeitig finanzierte die ugandische Regierung die *Sudan People's Liberation Army* (SPLA) im Südsudan. Dies änderte sich ab dem Jahr 2002, als die sudanesische Regierung den ugandischen Soldaten zusicherte, die LRA-Rebellen bis 90 Kilometer hinter die Grenze in den Südsudan hinein verfolgen zu dürfen. Die entscheidende Wendung brachte der Friedensschluss im Südsudan im Jahr 2005, bei welchem dem Südsudan den Status einer Autonomie mit der *Sudan People's Liberation Movement* (SPLM), dem politischen Flügel der SPLA, als Autonomieregierung zugesichert wurde. Für die LRA bedeuteten das Abkommen zwischen den beiden Regierungen und der Friedensschluss im Südsudan eine entscheidende Schwächung und führten dazu, dass Teile der LRA sich ab Oktober 2005 in den Garamba-Nationalpark im Nordosten des Kongo zurückzogen, wo die ugandische Armee sie zunächst nicht verfolgen konnte. Der Kongo sagte zu, die LRA selbst über die Grenzen zurück in den Südsudan zu treiben und damit zu zwingen, an den angebotenen Friedensverhandlungen teilzunehmen. Auch wenn es der kongolesischen Armee nicht gelang, die LRA aus dem dichten Regenwaldgebiet zu vertreiben, führte die beginnende Kooperation zwischen Uganda und Sudan sowie die Militäroperation Iron Fist schließlich dazu, dass die geschwächte LRA sich im Juli 2006 zu Friedensverhandlungen bereiterklärte. Mit einem Waffenstillstandsabkommen im August 2006 wurden die Kampfhandlungen zwischen der LRA und der ugandischen Armee eingestellt. Die LRA hatte ihre Stützpunkte zu der Zeit in den Ostkongo verlegt, erschien jedoch Anfangs auch an den vereinbarten Treffpunkten im Südsudan.

Die Friedensgespräche zwischen der LRA und der Regierung Ugandas fanden in der südsudanesischen Provinzhauptstadt Juba statt und wurden von Riek Machar, einem ehemaligen Anführer der SPLA und aktuellen Vizepräsidenten des Sudan, moderiert. Dieser erhoffte sich von einer Beilegung des Konfliktes auch eine Verbesserung der Sicherheitslage im Südsudan. Die Friedensverhandlungen von Juli 2006 bis Dezember 2008 hatten ähnliche Schwierigkeiten wie schon die vorangegangenen Verhandlungen: Die LRA verzögerte die Friedensgespräche, indem vor allem ihr Anführer Joseph Kony wiederholt nicht zu verabredeten Terminen erschien. Außerdem bestand das Verhandlungsteam der LRA kaum aus tatsächlichen LRA-Kämpfern, sondern rekrutierte sich vor allem aus der ugandischen Diaspora, die kaum eine Verbindung zur LRA hatte. Die LRA schien zudem uneinig über ihre Position in den Gesprächen. So tötete Kony im Oktober 2007 seinen Stellvertreter Vincent Otti, dem nachgesagt wurde, bei den Gesprächen kompromissbereiter zu sein.

Während die Verhandlungsbereitschaft bei der LRA zurückging, stellte der ugandische Präsident Museveni immer wieder Ultimaten und drohte mit einem Militärschlag. Noch während der Verhandlungen schloss er im September 2007 mit dem Kongo das Ngurdoto-Abkommen, in dem eine Kooperation zur Entwaffnung der LRA explizit erwähnt wurde, und drohte einen gemeinsamen Militärschlag mit Südsudan und Kongo bereits im Juli 2008 an.

Die LRA stellte vor allem die Haftbefehle des Internationalen Strafgerichtshofes (IStGH) gegen Kony und vier weitere LRA-Angehörige als größtes Hindernis für den Friedensprozess dar und verzögerte so die Verhandlungen. Uganda hatte im Jahr 2005 den IStGH um Hilfe gebeten und dieser hatte gegen Kony und vier seiner Kommandeure einen internationalen Haftbefehl erlassen. Diese hatten daher eine Auslieferung nach Den Haag zu befürchten, sobald sie gefangen werden oder die Waffen niederlegen. Daher gab die LRA an, so lange weiterzukämpfen, bis die Haftbefehle aufgehoben würden, wenngleich in den Friedensverhandlungen als Alternative zum IStGH, eine Verurteilung nach traditionellen Acholi-Verfahren, vereinbart wurde.

Als Joseph Kony Ende November 2008 ein neues Ultimatum verstreichen lies, indem er nicht zur Unterzeichnung des von seinen Vertretern und der ugandischen Regierung ausgehandelten Friedensvertrages in Juba erschien, scheiterten die Friedensgespräche endgültig. Am 14. Dezember 2008 begann die ugandische Armee die Operation Lightning Thunder mit Luftangriffen auf die sechs Lager der LRA im Garamba-Nationalpark im Nordostkongo. Die LRA verließ die Lager und bewegte sich anschließend in kleinen Gruppen, die aufgrund ihrer geringen Größe für die Regierungsarmee schwerer zu finden waren, durch den Osten des Kongo. Ob bei dem Luftangriff überhaupt LRA-Kämpfer getroffen wurden, konnte nie nachgewiesen werden.

An der Operation waren neben Truppen der ugandischen Regierungen auch solche der Regierung des Kongo und der südsudanesischen Autonomieregierung beteiligt. Die Kampfhandungen wurden aber fast nur von ugandischen Soldaten ausgetragen. Die Militäraktion wurde unterstützt von der im Ostkongo stationierten *Mission de l'Organisation des Nations Unies en République Démocratique du Congo* (MONUC, Mission der UN in der Demokratischen Republik Kongo), deren Mandat unter anderem beinhaltet, die kongolesische Regierung bei der Durchsetzung des staatlichen Gewaltmonopols und damit auch der Bekämpfung verschiedener Rebellengruppen zu unterstützen. Die MONUC flog Anfang Januar 2009 die Truppen der kongolesischen Armee bei der Operation Lightning Thunder in die Kampfregion und versorgte sie mit Nahrung, Wasser, Medizin und Treibstoff und beteiligte sich so indirekt an der Operation.

Die LRA reagierte auf die Angriffe mit Gewalt gegen die kongolesische Zivilbevölkerung. Ende des Jahres 2008 überfielen LRA-Truppen mehrere Dörfer im Garamba-Nationalpark. Dabei töteten und entführten sie die Bewohner und unterstrichen so ihren Ruf als besonders skrupellose Rebellenbewegung. Nach Schätzungen des *Office for the Coordination of Humanitarian Affairs* (OCHA) der UN wurden bereits im ersten Monat der Militäroperation 900 Zivilisten von der LRA getötet und 130.000 verließen aus Angst vor Übergriffen durch die LRA ihre Häuser. Im Januar 2009 überquerten Truppen der LRA auch die Grenze zum Südsudan, wo sie ebenfalls die Zivilbevölkerung überfielen und Menschen in die Flucht trieben. Damit kehrte die LRA zu ihrer alten Taktik der Kriegsführung zurück, Gewalt vor allem gegen die Zivilbevölkerung anzuwenden. Im Osten des Kongo entstanden gegen die LRA zum Teil lokale Selbstverteidigungsmilizen, da die Regierungstruppen und die MONUC unfähig waren, die Bevölkerung zu schützen.

Es gelang den verbündeten Regierungstruppen kaum militärische Erfolge vorzuweisen. Die Operation wurde vor allem für ihre schlechte Planung und Umsetzung, aber auch wegen mangelnder Kooperation und Absprache zwischen den drei Regierungsarmeen kritisiert. Nach Angaben der ugandischen Regierung wurden innerhalb von drei Monaten 150 LRA-Kämpfer, darunter sieben Kommandeure, getötet und über 400 Entführte befreit. Am 16. März zog sich die ugandische Armee offiziell aus dem Kongo zurück. Wenngleich es kein offizielles Abkommen darüber mit dem Kongo gab, blieben mehrere Einheiten der ugandischen Armee weiterhin im Kongo, um die LRA zu verfolgen und zu bekämpfen. Mehrere Einheiten der LRA zogen im Berichtsjahr aus dem Kongo zunächst in die Zentralafrikanische Republik (ZAR), welche die LRA mit ihrer sehr schwachen Armee kaum bekämpfen konnte. Aus diesem Grund richtete die LRA dort nahe der kongolesischen Grenze im Bezirk Haut-Mbomou ihr Hauptquartier ein. Sie bewegte sich weiterhin nur in kleinen Einheiten im Kongo, der ZAR und dem Südsudan. Nach Angaben der südsudanesischen SPLM zogen im zweiten Halbjahr 2009 LRA-Truppen auch Richtung Darfur im Westen des Sudan.

Als die LRA im Mai 2009 begann, Dörfer im Osten der ZAR zu überfallen, erlaubte auch deren Regierung der ugandischen Armee, auf ihrem Gebiet zu operieren und die LRA zu bekämpfen. Die ugandische Armee weitete ihre militärische Präsenz in der ZAR im Verlauf des Berichtsjahrs stark aus. Immer wieder kam dort zu Kampfhandlungen zwischen der LRA und der ugandischen Armee. Seitdem große Teile der LRA in die ZAR gezogen sind, waren die Armeen des Kongo, Südsudans und der ZAR sowie die UN-Missionen im Kongo und im Südsudan mit dem Schutz der Bevölkerung vor der LRA befasst.

Die Sicherheitslage für die Zivilbevölkerung vor allem im Osten des Kongo, aber auch in den Grenzgebieten der ZAR und im Südsudan hat sich im Berichtsjahr dramatisch verschlechtert. Nach UN-Angaben wurden 2009 mindestens 220 Menschen im Südsudan durch die LRA getötet, 157 entführt und 68.000 vertrieben. In den Distrikten Haut- und Bas-Uélé im Nordosten des Kongo, in denen die LRA die meisten Angriffe auf die Zivilbevölkerung verübte, wurden nach Angaben des UNHCR seit Dezember 2008 über 1.800 Menschen getötet, 2.500 entführt und 280.000 vertrieben, obwohl ugandische Militärquellen die Stärke der LRA auf nur wenige hundert Kämpfer beziffern.

Im Dezember 2009 verübte die LRA in Makombo, einem Dorf in Haut-Uélé, den bislang gravierendsten Angriff auf die Zivilbevölkerung, bei dem 321 Menschen getötet und 250 entführt wurden. Das Ereignis zeigt, dass die Operation Lightning Thunder und die darauf folgenden Militäroperationen der ugandischen Armee im Kongo und der ZAR die LRA nicht signifikant schwächen konnten, sondern dazu beigetragen haben, dass der Konflikt in der Region weiter eskaliert ist. Eine Verbesserung der Sicherheitslage in der Region oder gar eine Beendigung des Konfliktes scheint damit in weite Ferne gerückt.

Sophie Haarhaus

Weiterführende Literatur und Informationsquellen:

Dunn, Kevin C.: Uganda. The Lord's Resistance Army, in: Boas, Morten/Dunn, Kevin (Hrsg.): African Guerrillas. Raging against the Machine, Boulder – London 2007

Haarhaus, Sophie: Offensive gegen die Lord's Resistance Army im Kongo (AKUF Analysen Nr. 5), Hamburg 2009

Quaranto, Peter J.: Northern Uganda. Emerging Threats to Peace Talks (Institute for Security Studies. Situation Report), 2007

Schlichte, Klaus: Gewaltordnungen in Uganda, in: Bakonyi, Jutta/Hensell, Stephan/Siegelberg, Jens (Hrsg.): Gewaltordnungen bewaffneter Gruppen. Ökonomie und Herrschaft nichtstaatlicher Akteure in den Kriegen der Gegenwart, Baden-Baden 2006, S. 151-163

Zentralafrikanische Republik

(Krieg)

Beginn: 2006
Kriegstyp: A-2
Beteiligte: FDPC, CPJP / Zentralafrikanische Republik

Die im Dezember 2008 geweckten Hoffnungen auf eine baldige Stabilisierung der Sicherheitslage in der Zentralafrikanischen Republik wurden im Berichtsjahr 2009 zu großen Teilen enttäuscht. Der relativen Stabilisierung im Norden des Landes standen das Erstarken neuer Rebellenorganisationen, das Wiederaufleben ethnischer Konflikte sowie Verzögerungen bei der Umsetzung von während des politischen Dialogs getroffenen Vereinbarungen gegenüber.

Die Zentralafrikanische Republik wurde seit der formalen Unabhängigkeit 1960 und insbesondere seit dem Sturz des selbst ernannten Kaisers Bokassa 1979 von ständigen Unruhen erschüttert. Ange-Félix Patassé gewann 1993 die ersten demokratischen Wahlen des Landes gegen den bisherigen Amtsinhaber André Kolingba. Eine ausbleibende Besoldung der Armee führte 1996 zu drei Aufständen, die nur mit Hilfe französischer Truppen zurückgeschlagen werden konnten und in deren Verlauf es zu Hunderten Toten und Verletzten unter den Kombattanten und der Zivilbevölkerung kam. Im Norden des Landes traten im Zuge der verschlechterten Sicherheitslage zunehmend bewaffnete *Zaraguinas* (Straßenräuber) auf, die Angriffe auf Dörfer durchführten.

Im Mai 2001 griffen schwer bewaffnete Rebellen unter der Führung des Stabschefs der Armee, Francois Bozizé, den Präsidentenpalast an. Der Angriff wurde zunächst zurückgeschlagen und Bozizé floh in den Tschad. Im Oktober 2002 nahmen etwa 150 von Bozizés Kämpfern die Vororte der Hauptstadt Bangui ein und konnten nur mit der Unterstützung libyscher Soldaten und von Söldnern des kongolesischen Rebellenführers Jean-Pierre Bemba zurückgedrängt werden. Beide Seiten verübten dabei Massaker an Zivilisten mit mehreren Hundert Toten.

Die ehemalige Kolonialmacht Frankreich signalisierte ihre Unterstützung für den weiterhin im Norden des Landes aktiven Bozizé. So nahm dieser schließlich im März 2003 die Hauptstadt ein, obwohl zu dem Zeitpunkt eine 300 Mann starke Friedenstruppe der *Communauté Économique et Monétaire de l'Afrique Centrale* (CEMAC, Wirtschafts- und Währungsgemeinschaft Zentralafrikas) in Bangui stationiert war; Patassé befand sich zu diesem Zeitpunkt im Ausland. Bozizés Truppen, die zum überwiegenden Teil aus Kämpfern aus dem Tschad bestanden, plünderten anschließend die Hauptstadt. Die Machtübernahme Bozizés wurde gefestigt durch die Entsendung weiterer 500 Soldaten aus dem Tschad, welche die Ordnung in Bangui wiederherstellten. Dies verdeutlicht die enge Zusammenarbeit zwischen und die Abhängigkeit Bozizés vom Tschad.

Bozizé setzte die Verfassung außer Kraft und leitete eine zweijährige Phase der Transition ein, an deren Ende eine neuen Verfassung und demokratische Wahlen stehen sollten. Zwar gelang es Bozizé teilweise, die humanitäre Situation in der ZAR zu verbessern. Gleichzeitig verkomplizierte sich allerdings die Sicherheitslage, da ehemalige Kämpfer aufgrund ausbleibender Entlohnung für den Staatsstreich Dörfer und Regierungseinheiten überfielen. Auch Angriffe der *Zaraguinas* nahmen zu. Die Armee und insbesondere die Präsidentengarde verübten Menschenrechtsverletzungen an der Zivilbevölkerung im Norden, der sie die Unterstützung der Aufständischen vorwarfen.

Am Ende des Transitionsprozesses wurde Bozizés Herrschaft durch demokratische Wahlen legitimiert; er erhielt am 24. Mai 2005 knapp 65 Prozent der Stimmen. Die Wahl galt unter Beobachtern weitestgehend als frei und fair, obgleich der ehemalige Präsident Patassé von den Wahlen ausgeschlossen war. Nach der Wahl intensivierte sich die Gewalt im Norden des Landes, wo neben *Zaraguinas* und ehemaligen Soldaten Bozizés auch tschadische Rebellen, lokale Selbstverteidigungsgruppen zur Abwehr von Armee, Rebellengruppen und *Zaraguinas* sowie die tschadische Armee, welche bis zu 60 Kilometer tief in der ZAR operierte, aktiv waren. Hinzu kam die unsichere und durchlässige Grenze mit dem Sudan. Im Dezember 2005 zeichnete sich eine Veränderung der Vorgehensweise aufständischer Akteure ab, die darauf schließen ließ, dass organisierte Rebellengruppen in dieser Region operierten. Es häuften sich Angriffe auf die letzten staatlichen Sicherheitskräfte in der Region, auf Militärbasen und Polizeistationen.

Im Nordwesten der ZAR operierten seit 2006 Teile der ehemaligen Präsidentengarde Patassés und anderer bewaffneter Gruppen organisiert unter der Bezeichnung *Armée Populaire pour la Restauration de la République et de la Démocratie* (APRD, Volksarmee für die Wiederherstellung der Republik und der Demokratie). Diese verfolgte ursprünglich das Ziel, die Regierung Bozizé zu stürzen, die sie als illegitim ansah.

Die im Nordosten um dieselbe Zeit ausbrechenden Aufstände wurden dagegen durch ehemalige Gefolgsleute Bozizés getragen, die aus der Regierung gedrängt worden waren. Die Aufstände verbanden sich mit ethnischen Konflikten in der Region und führten zur Gründung der *Union des Forces Démocratiques pour le Rassemblement* (UFDR, Union der demokratischen Kräfte für den Zusammenschluss), die hauptsächlich aus ethnischen Gula besteht. Im zentralen Norden agierte als dritte Rebellengruppe die *Front Démocratique du Peuple Centrafricain* (FDPC, Demokratische Front des Zentralafrikanischen Volkes). Die drei Gruppen waren die Hauptakteure im Krieg gegen die Regierung in den kommenden Monaten, daneben gab es zahlreiche kleinere Rebellengruppen. Die Motivation der Gruppen blieb insgesamt unklar. Trotz teils wechselnder öffentlich bekundeter Motive schienen das Machtstreben der Anführer sowie die Gewährleistung von Schutz vor Übergriffen der Armee und Straßenräuber der Hauptantrieb der Rebellen zu sein. Alle Rebellengruppen setzten auch Kindersoldaten ein.

Die heftigsten Gefechte fanden ab Mitte des Jahres 2006 zunächst in der nördlichsten Provinz Vakaga zwischen APRD und Regierungstruppen statt. Der UFDR gelang im Oktober die Einnahme der Provinzhauptstadt Birao im Norden. In den folgenden zwei Wochen dehnte die UFDR ihren Einflussbereich weiter Richtung Süden aus und besetzte weitere Städte, darunter eine weitere Provinzhauptstadt, Ndéle. Mit Unterstützung der französischen Armee begann im November ein Gegenangriff, der zur Rückeroberung Biraos und Ndéles führte. Die Armee eroberte in den folgenden zwei Wochen alle besetzten Städte zurück.

Im Januar 2007 wurden bei Kämpfen zwischen der APRD und den Regierungstruppen 54 Dörfer niedergebrannt und 100 Zivilisten erschossen. Etwa 40.000 Menschen wurden in Folge der Kämpfe zu Flüchtlingen. Damit stieg die Gesamtzahl der Flüchtlinge seit Beginn des Krieges auf mehr als 300.000 an. Im März des gleichen Jahres gelang der UFDR erneut die Einnahme der Stadt Birao, wobei eine französische Militäreinheit eingeschlossen wurde. Einer französischen Fallschirmjägerkompanie und der zentralafrikanischen Armee gelang die Rückeroberung der Stadt in den darauffolgenden Tagen. Hierbei wurden 70 Prozent der Häuser in der 15.000 Einwohner zählenden Stadt niedergebrannt. Etwa 30 Rebellen wurden getötet.

Bereits im Februar 2007 vereinbarten die Regierung und die FDPC einen Waffenstillstand. Im April schloss sich die UFDR diesem an. Vereinbart wurde eine nicht näher bestimmte Mitbeteiligung der Rebellen am politischen Prozess sowie die Eingliederung von Rebellen in die Armee. Die APRD forderte einen umfassenden Dialog und lieferte sich weiterhin Kämpfe mit Regierungstruppen. Erst im Oktober erklärte auch sie sich zu Friedensgesprächen bereit.

Nach andauernden Gefechten schlossen die APRD und die Regierung im Mai 2008 einen Waffenstillstand. Dieser bildete die Grundlage für ein umfassendes Friedensabkommen zwischen Regierung, UFDR und APRD im Juni in Libreville im Gabun. Die FDPC trat später ebenfalls bei. Das Abkommen beinhaltete ein Amnestiegesetz, das von zentraler Bedeutung sowohl für die Anführer der Rebellenorganisationen als auch für Bozizé war, da alle in der Vergangenheit schwere Menschenrechtsverletzungen begangen hatten. Ebenso beinhaltete das Abkommen Vereinbarungen über ein Programm zur Entwaffnung, Demobilisierung und Reintegration von Rebellen. Während eines politischen Dialogs im Dezember sollten zudem wesentliche Fragen zur Zukunft des Landes unter Einbeziehung der Rebellen diskutiert werden.

Trotzdem blieb die Sicherheitslage 2008 angespannt. Eine weitere Rebellengruppe, die ugandische *Lord's Resistance Army* (LRA), trat im Südosten des Landes in Erscheinung. Sie führte Angriffe gegen Dörfer und Entführungen durch und benutzte die ZAR als Stützpunkt (vgl. den Bericht zu Uganda). Trotz der Friedensverhandlungen kam es auch zwischen APRD, UFDR, FDPC und Armee zu sporadischen Kämpfen. Ebenso gab es weiterhin Konflikte zwischen *Zaraguinas*, lokalen Selbstverteidigungsmilizen und der Armee. Die tschadische Armee führte mit informeller Billigung der Regierung Angriffe gegen Rebellen im Norden.

Vom 8. bis 20. Dezember 2008 trafen sich alle wesentlichen politischen Kräfte der ZAR zu einem politischen Dialog: Regierung, Oppositionsparteien, Rebellenorganisationen und Vertreter der Zivilgesellschaft. Ziel des Dialogs war es, Vereinbarungen zur Beendigung der Rebellionen im Norden, zur Entwaffnung der Rebellenorganisationen und zur Abhaltung von Präsidentschaftswahlen zu treffen. Trotz einiger Rückschläge, etwa dem zeitweisen Austritt einiger Akteure aus dem Prozess, konnte der politische Dialog Erfolge vorweisen. So wurde neben 2010 abzuhaltenden Wahlen auch ein Programm zur Demobilisierung der Rebellen beschlossen. Der Dialog verdeutlichte außerdem die Möglichkeit politischer Konfliktlösungen und erkannte Rebellenorganisationen als politische Akteure an. Allerdings nahm die FDPC am Dialog nicht aktiv teil.

Schon im Januar 2009 kam es zu Rückschlägen bei der Umsetzung der getroffenen Vereinbarungen. Gegen den Protest der Opposition ernannte Bozizé erneut Faustin-Archange Touadera zum Premierminister. Dieser bildete ein neues Kabinett, dem neben alten Ministern nun formal auch Minister der Rebellen, der politischen Opposition und der Zivilgesellschaft angehören. Die Oppositionsparteien und die organisierte Zivilgesellschaft distanzierten sich allerdings von den ausgewählten Kandidaten. Vertreter der APRD und der UFDR erhielten die Ministerien für Umwelt sowie Wohnungsbau.

Bei der Verabschiedung des Wahlgesetzes kam es zu Verzögerungen, nachdem Bozizé im August Absprachen geändert und damit Boykottaufrufe der Opposition und ein Gerichtsverfahren provoziert hatte. Es ist fraglich, ob die Wahlen nach diesen Verzögerungen wie geplant im ersten Quartal 2010 stattfinden können. Der im November nach Jahren im Exil wieder eingereiste Ex-Präsident Felix Patassé sowie APRD-Anführer Jean-Jacques Demafouth kündigten ihre Kandidatur für die Wahl an. Der ebenfalls kandidierende Vorsitzende der größten Oppositionspartei *Mouvement pour la Libération du Peuple Centrafricain* (MLPC, Bewegung für die Befreiung des Zentralafrikanischen Volkes), Martin Ziguélé, beklagte Ende des Jahres Einschüchterungsversuche im Hinblick auf die kommenden Wahlen.

Eine Umsetzung des Programms zur Demobilisierung hat nicht stattge-
funden. Bislang wurden keine Rebellen entwaffnet, lediglich der offizielle
Beginn des Programms wurde von Bozizé im August verkündet. Tatsächlich
bestand im Berichtsjahr allerdings aufgrund der Sicherheitslage und der fi-
nanziellen Situation keine realistische Möglichkeit, eine Entwaffnung der
Rebellen durchzuführen. Mit der Verzögerung wuchs bei Beobachtern die
Sorge, dass die auf ihre Entwaffnung wartenden Rebellen wieder zu den
Waffen greifen, um ihre Versorgung mit Nahrungsmitteln zu sicherzustellen.
    Die Sicherheitslage blieb weiterhin angespannt. Keiner der beteiligten
Akteure hat im Berichtsjahr auf Gewalt verzichtet. Gleichzeitig hat sich jedoch auch die Akteurskonstellation verändert. Im April starben bei einem
Angriff der Armee 21 Zivilisten, denen die Unterstützung von Rebellen vorgeworfen wurde. Die nicht an dem Friedensprozess teilnehmende FDPC
führte Kämpfe gegen die Armee im Februar und im April. Auch lokale
Selbstverteidigungsmilizen und *Zaraguinas* lieferten sich weiterhin Kämpfe.
    Das Friedensabkommen zwischen Regierung, UFDR und APRD hat
gehalten. Die Rebellenorganisationen sorgten für ein relatives Maß an Sicherheit in den von ihnen kontrollierten Regionen und befanden sich im
Kampf gegen *Zaraguinas* in stetem Kontakt zu Behörden. Die UFDR handelte dabei sogar mit offizieller Autorisierung seitens der Regierung.
    Dies hat zu einer Verschärfung der schwelenden ethnischen Konflikte
geführt. Die hauptsächlich aus ethnischen Gula bestehende UFDR diskrimi-
nierte andere ethnische Gruppen in der Region. Dies hat zur Bildung einer
neuen Rebellenorganisation beigetragen: Die *Convention des Patriotes pour
la Justice et la Paix* (CPJP, Übereinkommen der Patrioten für Gerechtigkeit
und Frieden), bestehend aus ethnischen Runga, forderte den Rücktritt Bozizés und des Anführers der UFDR. Im Januar griff die Armee die Basis der
CPJP an. Im November nahm die CJCP zeitweise die Stadt Ndélé ein. Zuletzt
im Dezember startete die Armee eine Offensive gegen Basen der CPJP.
    Darüber hinaus haben Angehörige der Ethnie der Kara unter Ahamat
Mustapha den Kampf gegen eine Diskriminierung seitens der UFDR aufgenommen. Im Juni starben bei Angriffen auf die UFDR und die Armee etwa
30 Kämpfer. Im August griffen Kara-Rebellen drei UFDR-kontrollierte Dörfer an, die UFDR reagierte mit einem Angriff auf ein von ethnischen Kara
bewohntes Dorf.
    Das Auftreten der CPJP und der bewaffneten Kara stellt ein großes Hin-
dernis für den Demobilisierungsprozess dar, da sich die UFDR nicht entwaffnen lassen wird, solange Gefahr von diesen Gruppen droht. Ähnlich sieht
sich die APRD einer etwa 500 Mann starken Gruppe von *Zaraguinas* gegenüber und lehnt eine Entwaffnung ab, bis dieses Problem gelöst ist. Auch kam
es vermehrt zu Zusammenstößen zwischen der APRD und lokalen Selbstverteidigungsmilizen. 2010 wird aufgrund der anstehenden Wahlen ein bedeu-
tendes Jahr für den Friedensprozess. Die Entwicklungen des Berichtsjahrs,

insbesondere die Verzögerung bei der Verabschiedung des Wahlgesetzes, lassen eine pünktliche Wahl allerdings unwahrscheinlich werden. Die durch das Auftreten neuer Rebellengruppen fragile Sicherheitslage könnte sich daher wieder deutlich verschärfen.

Jannis Ludwig

Weiterführende Literatur und Informationsquellen:

African Union: Report of the Chairperson of the Commission on the Situation in the Central African Republic (CAR), Addis Abeba 2010: http://www.reliefweb.int/rw/rwb.nsf/db900sid/MDCS-83ZGNT

International Crisis Group: Central African Republic: Keeping the Dialogue Alive, Nairobi/Brüssel 2010: http://www.icg.org

United Nations: Report of the Secretary-General on the Situation in the Central African Republic, New York 2009: http://daccess-dds-ny.un.org/doc/UNDOC/GEN/N09/619/41/PDF/N0961941.pdf

http://hdptcar.net (Humanitarian and Development Partnership Team Central African Republic)

Vorderer und Mittlerer Orient

Afghanistan

(Krieg)

Beginn: 1979
Kriegstyp: AE-1
Beteiligte: *Taliban, Al-Qaida* / Afghanistan, USA, ISAF

Bei Kämpfen und Anschlägen starben 2009 nach Angaben der *United Nations Assistance Mission in Afghanistan* (UNAMA) 2.412 Zivilisten. Unter dem neuen US-Präsidenten Barack Obama wurde der bereits unter seinem Amtsvorgänger George W. Bush begonnene Strategiewechsel weiter verfolgt. Die bisherige Präferenz für Luftangriffe mit dem Ziel, die eigenen Verluste auch auf Kosten ziviler Opfer gering zu halten, wurde durch vermehrte Einsätze von Bodentruppen ersetzt. Hierfür wurde insbesondere das US-Truppenkontingent aufgestockt. In das Berichtsjahr fiel zudem die zweite Präsidentschaftswahl in Afghanistan seit dem Sturz des *Taliban*-Regimes. Hierbei kam es zu systematischen Wahlfälschungen.

Seit der Schaffung des afghanischen Staates Ende des 19. Jahrhunderts waren dessen Grenzverlauf und Bevölkerungsstruktur der Hintergrund einer konfliktreichen Geschichte. Die Gründung des Staates war eine Folge geostrategischer Erwägungen Russlands und Großbritanniens. Durch diese Art der Grenzziehung entstand eine vielsprachige und ethnisch heterogene Bevölkerung. Dies erschwerte den afghanischen Eliten eine zentralisierte Machtausübung. Das aus wirtschaftlicher und finanzieller Abhängigkeit vom Ausland resultierende Unvermögen der Machthaber in der Hauptstadt Kabul, die afghanischen Belange souverän und eigenständig zu lösen, war eine andauernde Quelle des Unmutes innerhalb der afghanischen Bevölkerung. Trotz dieser Widrigkeiten gelang es der afghanischen Machtelite, bis Mitte des 20. Jahrhunderts eine relativ effektive Regierung mit einer Armee und einer funktionierenden Bürokratie zu schaffen. Während der Kriegsjahre des Widerstandskampfes gegen die Sowjettruppen von 1979 bis 1989 und während des afghanischen Bürgerkrieges der 1990er Jahre zerfielen die staatlichen Institutionen jedoch weitgehend.

Politische Konflikte innerhalb des afghanischen Machtgefüges spitzten sich 1973 zu, als sich Mohammad Daud mit Hilfe der marxistischen *Demokratischen Volkspartei Afghanistan* (DVPA) an die Macht putschte. Im April 1978 stürzten wiederum Generäle aus der innerparteilichen Opposition Daud. Der Versuch der neuen kommunistischen Regierung, Afghanistan in einen modernen sozialistischen und säkularen Zentralstaat zu transformieren, stieß auf den Widerstand militanter islamischer Parteien. Mit dem Ziel, die in Bedrängnis geratene kommunistische Regierung zu stabilisieren und einen strategischen Machtverlust gegenüber den USA zu verhindern, griffen Ende 1979 sowjetische Truppen in Afghanistan ein. Es folgte eine zehn Jahre andauernde KriegspPhase, in dem sich verschiedene Gruppen von *Mujahedin* (Glaubenskämpfer), die sich entlang ihrer ethnischen und religiösen Ausrichtung unterschieden, mit Guerillataktiken gegen die sowjetische Armee letztlich erfolgreich zur Wehr setzten. Ende der 1980er Jahre erkannte die Sowjetunion, dass ein Sieg über die zum Teil mit US-amerikanischer Unterstützung agierenden *Mujahedin* nicht möglich war und begann deshalb Friedensverhandlungen. Im Genfer Afghanistan-Abkommen von 1988 einigten sich die Sowjetunion, die USA, Pakistan und Afghanistan auf den vollständigen Abzug der sowjetischen Streitkräfte.

Erst 1992 eroberte eine *Mujahedin*-Allianz Kabul und stürzte die auch nach dem sowjetischen Abzug noch an der Macht verbliebene kommunistische Regierung. In der Folge brachen jedoch bald Machtkämpfe zwischen den verschiedenen Widerstandsgruppen aus. Die blutigen Kämpfe kosteten über 1 Million Menschen das Leben und verursachten größere Flüchtlingsströme als der zehnjährige Krieg gegen die sowjetischen Streitkräfte. In den 1990er Jahren entwickelte sich darüber hinaus eine auf Drogenhandel, Waffenschmuggel, Weg- und Schutzzöllen basierende Kriegsökonomie. Besonders der Anbau von Opium stieg rasant an. Während im Jahr 1986 circa 350 Tonnen Rohopium produziert wurden, konnte im Jahr 1999 eine Rekorderntre von 4.600 Tonnen erzielt werden. Die Einkünfte aus dem Drogenhandel flossen in die Taschen der *Mujahedin*-Führer und ermöglichten diesen Waffenkäufe.

Ab Herbst 1994 breitete sich von Südafghanistan ausgehend eine Gruppe hoch motivierter junger Kämpfer aus – die *Taliban* (Religionsschüler). Diese rekrutierten sich aus religiösen Schulen in Nordpakistan und im Süden Afghanistans. Sie vertraten eine repressive Auslegung des Korans und fühlten sich dem paschtunischen Rechts- und Ehrenkodex des Paschtunwali verpflichtet. Unter der Führung von Mullah Muhammad Omar entwickelten sich die *Taliban*-Kämpfer schnell zu einer schlagkräftigen Armee von über 10.000 Mann. Ein zentraler Faktor für ihren Aufstieg, bis hin zur Kontrolle über 90 Prozent der Fläche Afghanistans im Jahr 2001, waren ihre Kriegsressourcen. Spendengelder und Waffen erhielten sie unter anderem aus Pakistan und Saudi-Arabien. Zu den Unterstützern gehörten auch Teile der pakistanischen Regierung. Obwohl die *Taliban* offiziell den Drogenhandel ablehnten und zeitweise den Anbau und Vertrieb von Opium unterbanden, sollen sie dennoch jedes Jahr mehrere Millionen US-Dollar durch die Besteuerung der Opiumproduktion und des Drogenexports verdient haben. Nur im Norden nahe der Grenze zu Tadschikistan und Usbekistan hielten Kämpfer unter dem Kommando des usbekischen Generals Raschid Dostum und dem tadschikischen Kommandeur Ahmad Schah Massoud – die so genannte *Nordallianz* – den Angriffen der Taliban stand.

Am 11. September 2001 entführten arabische Terroristen vier Passagier-flugzeuge und lenkten zwei davon in die beiden Türme des World Trade Centers in New York und eines in das US-Verteidigungsministerium in Washington. Afghanistan geriet in den Fokus des USA, da Osama Bin Laden, der Anführer von *Al-Qaida* (Die Basis) und mutmaßliche Drahtzieher der Anschläge, sich in Afghanistan aufhielt und die *Taliban* seine Auslieferung ablehnten. Am 7. Oktober 2001 griffen die USA zusammen mit Großbritan-nien Afghanistan mit dem Ziel an, das Regime der *Taliban* zu zerschlagen und die Hintermänner der Anschläge vom 11. September zur Verantwortung zu ziehen. Die USA begründeten die Militärintervention Operation Enduring Freedom (OEF) mit dem in Artikel 51 der UN-Charta festgelegten Recht auf Selbstverteidigung sowie mit der UN-Resolution 1373, die alle Mitglieds-staaten der UN zur Bekämpfung des internationalen Terrorismus aufforderte.

Die Offensive wurde zunächst durch die US-Luftwaffe und die *Nordalli-anz* geführt, die *Al-Qaida* und *Taliban* zu einem schnellen Rückzug zwangen. Bereits Mitte November 2001 wurde die Hauptstadt Kabul nahezu kampflos von der *Nordallianz* eingenommen. Trotz der schnellen militärischen Erfolge wurden nur wenige ranghohe *Taliban*- und *Al-Qaida*-Mitglieder gefangen. So konnten weder Mullah Omar noch Bin Laden verhaftet oder getötet werden. Viele Mitglieder *Al-Qaidas* verließen dagegen Afghanistan, um in anderen Ländern Anschläge zu verüben. Der primäre Kriegsanlass der US-geführten Koalition, die Verfolgung der Verantwortlichen der Terroranschläge vom 11 September, trat zusehends in den Hintergrund und wurde in den folgenden Jahren durch das Ziel ergänzt, in enger Zusammenarbeit mit der *International Security Assistance Force* (ISAF) die neue afghanische Regierung zu stabili-sieren und das Land politisch zu demokratisieren. Die *Taliban* hatten in der Grenzregion zu Pakistan Unterstützer, mit deren Hilfe sie bald ihre militäri-sche Kampfkraft erneuern konnten, um ab dem Jahr 2003 mit Überfällen und Anschlägen den Staatsbildungsprozess zu stören.

Nach dem schnellen militärischen Sieg über die *Taliban*-Regierung wur-de die auf der UN-Afghanistankonferenz im November 2001 beschlossenen Maßnahmen und Richtlinien umgesetzt. Die Macht sollte schrittweise an eine demokratisch legitimierte afghanische Regierung übergeben werden. Der auch von den USA unterstützte Hamid Karzai, wurde im Dezember 2001 Präsident einer Übergangsregierung und drei Jahre später bei den ersten frei-en Wahlen in Afghanistan als Regierungschef bestätigt. Die ISAF erhielt im Dezember 2001 ein Mandat der UN, um die neue Regierung Afghanistans bei der Befriedung des Landes zu unterstützen. Die Führung der ISAF unterstand dabei der NATO. Viele *Mujahedin*-Führer, die gemeinsam mit den ausländi-schen Truppen gegen die Taliban gekämpft hatten, nutzten die Anfangsphase des afghanischen Staatsbildungsprozesses, um sich einflussreiche politische und administrative Positionen in der neuen Regierung zu sichern. Teile ihrer Armeen wurden in die reguläre afghanische Armee und Polizei integriert. Andere *Mujahedin*-Führer versteckten sich zunächst, um seit etwa 2005 erneut beziehungsweise verstärkt gegen die ausländischen Streitkräfte und die neue afghanische Regierung zu kämpfen. Der immer häufigere Einsatz von Selbstmordattentätern war ein Indiz für ein erneutes Einsickern von *Al-Qaida*-Mitgliedern. Die zunehmende koordinierte Zusammenarbeit von *Taliban*, Warlords und *Al-Qaida*-Kämpfern führte dazu, dass trotz massiver Militäreinsätze der ausländischen Streitkräfte und einer Aufstockung der Truppenkontingente im Jahr 2005 die Angriffe auf ausländische und afghanische Sicherheitskräfte jährlich häufiger und intensiver wurden. Im Jahr 2006 wurden die militärischen Verantwortungsbereiche von ISAF und OEF umstrukturiert, um ein einheitlicheres Handeln der beiden Militärmissionen zu erreichen. Der Aktionsraum der *Taliban* dehnte sich seit dem Jahr 2006 auch auf zuvor verhältnismäßig sichere Gebiete im Norden und Westen Afghanistans aus. Auch die in den nördlichen Provinzen Kunduz und Faizabad stationierten deutschen Soldaten wurden verstärkt angegriffen. Bis Ende 2009 kamen 34 deutsche Soldaten in Afghanistan bei Anschlägen, im Zuge von Kampfhandlungen oder durch Unfälle ums Leben.

Schätzungen der UNAMA zufolge fielen den Kampfhandlungen im Berichtsjahr 2.412 Zivilisten zum Opfer. Etwa zwei Drittel davon sollen bei Anschlägen der *Taliban* und ihrer Unterstützer ums Leben gekommen sein, etwa 600 bei Militäraktionen der internationalen Truppen. Der neue US-Präsident Barack Obama hatte sich zu einer weitgehenden Abkehr der bisherigen Strategie, Luftangriffe dem Kampf am Boden vorzuziehen, um eigene Verluste zu vermeiden, entschieden. Ziel hierbei war es, das durch die hohen zivilen Opferzahlen belastete Ansehen der ausländischen Streitkräfte zu verbessern. Die Folge war eine massive Aufstockung des US-Truppenkontingentes im Berichtsjahr 2009 von 47.000 auf etwa 68.000 Soldaten. Dies führte zu einer weiteren Eskalation des Krieges, welche sich auch an den Verlustzahlen der Kriegsparteien ablesen lässt. So kamen im Berichtsjahr 520 Soldaten der ausländischen Streitkräfte ums Leben, was im Vergleich zu den 294 Opfern des Vorjahres einen deutlichen Anstieg darstellt. Über die Zahl der Verluste der afghanischen Armee gibt es keine verlässlichen Angaben.

Am 2. Juli 2009 startete das US-Militär mit 4.000 eigenen und 650 afghanischen Soldaten eine Bodenoffensive in der von *Taliban* dominierten Provinz Helmand. Im Zuge dieser Offensive konnten die *Taliban* erfolgreich zurückgedrängt werden, da diese einer offenen militärischen Auseinandersetzung aus dem Weg gingen. Für das im Oktober 2008 von 3.500 auf 4.500 Soldaten aufgestockte Bundeswehrkontingent in Afghanistan war der 4. September 2009 das folgenreichste Datum des Berichtsjahres: Der Oberst Georg Klein befahl die Bombardierung zweier Tanklaster, die in der Nähe von

Kunduz von *Taliban* entführt worden waren. Dabei starben nach NATO-Angaben 70 bis 78 Zivilisten.

Am 20. August 2009 fanden zum zweiten Mal Präsidentschaftswahlen nach dem Ende des *Taliban*-Regimes statt. Nach den vorläufigen Ergebnissen sollte Amtsinhaber Karzai die absolute Mehrheit errungen haben. Jedoch stellte die *Independent Election Commission* (IEC) am 20. Oktober 2009 bei der Bekanntgabe des offiziellen Wahlergebnisses einen Wahlbetrug zu Gunsten Karzais fest, so dass am 7. November 2009 eine Stichwahl gegen den zweitplatzierten Kandidaten Abdullah Abdullah notwendig gewesen wäre. Dieser zog jedoch seine Kandidatur zurück und Karzai wurde am 19. November erneut als Präsident vereidigt.

Es bleibt abzuwarten, welchen Erfolg der Strategiewechsel der USA haben wird. Wesentlich für einen erfolgreichen Staatsaufbau ist es, die afghanischen Eliten zu einer Kooperation zu bringen und das Vertrauen der Bevölkerung zu erlangen. Der von der IEC festgestellte, systematische Wahlbetrug schwächte jedoch das ohnehin fragile Vertrauen der afghanischen Bevölkerung in die junge Demokratie und hatte eine destabilisierende Wirkung.

Arne Michel Mittasch

Weiterführende Literatur und Informationsquellen:
Chiari, Bernhard (Hrsg.): Wegweiser zur Geschichte – Afghanistan, Paderborn 2006
Cheng, Christine S.; Zaum, Dominik (Hrsg.): Post-Conflict Peacebuilding and Corruption, in: International Peacekeeping (2008)
Giustozzi, Antonio; Ullah, Noor: 'Tribes' and Warlords in Southern Afghanistan, 1980-2005, Crisis States Research Centre 2006
Maley, William: Rescuing Afghanistan, London 2007
Rubin, Barnett R.: The Fragmentation of Afghanistan: State Formation and Collapse in the International System, New Haven 1995
Schetter, Conrad: Ethnizität und ethnische Konflikte in Afghanistan, Berlin 2003
Schmidt. Peter (Hrsg.): Das internationale Engagement in Afghanistan, Berlin 2008
http://www.aihrc.org.af (Afghanistan Independent Human Rights Commission)
http://www.cimicweb.org (Civil-Military Overview)
http://www.globalsecurity.org/military/world/afghanistan/diag.htm   (Programm   zur Entwaffnung illegal bewaffneter Banden)
http://www.icasualties.org/OEF (Statistiken über im Rahmen der OEF getöteten Soldaten)
http://www.irinnews.org (Integrated Regional Information Network der UN)
http://www.nato.int/isaf (Pressemitteilungen von NATO und ISAF)
http://www.unama-afg.org (UNAMA)
http://www.unodc.org (United Nations Office on Drugs and Crime)

Algerien

(Krieg)

Beginn: 1992
Kriegstyp: A-2
Beteiligte: AQMI / Algerien

Während die militanten Islamisten der *Al-Qaïda au Maghreb Islamique* (AQMI, Die Basis im Islamischen Maghreb) in der ersten Jahreshälfte 2009 regelmäßig Anschläge und Entführungen durchführten, wurde in der zweiten Hälfte des Jahres lediglich ein größerer Vorfall gemeldet. Seit Beginn des Krieges 1992 zwischen algerischen Staatsmacht und wechselnden islamistischen Gruppierungen sind über 100.000 Menschen gestorben. Trotz der anhaltenden Gewalt bemühte sich die poltische Führung Algeriens um Normalität. Bei den Präsidentschaftswahlen im April erreichte Abdelaziz Bouteflika eine überwältigende Mehrheit für eine dritte Amtszeit.

Seit dem Unabhängigkeitskrieg gegen die Kolonialmacht Frankreich und dem Sieg der *Front de Libération Nationale* (FLN, Nationale Befreiungsfront), der von 1952 bis 1962 über 200.000 Menschenleben forderte, blieb das Verhältnis von Staat, Religion und Gesellschaft in Algerien ungeklärt und spannungsgeladen. Rhetorisch wurde von der FLN eine Politik der Re-Arabisierung propagiert, wohingegen französische Sprache und Bildung Zugangskriterien für wichtige Positionen und Ämter blieben. Entlang dieser kulturellen Trennlinie verschärfte sich auch die soziale Ungleichheit dramatisch. Die FLN etablierte ein autoritäres System und versuchte auf alle gesellschaftlichen Strömungen Einfluss zu nehmen, um sie im Namen der Einheit unter ihrem Dach zu integrieren. Opposition wurde dadurch entweder kooptiert oder unterdrückt. Das Machtzentrum basiert bis heute auf ehemaligen Unabhängigkeitskämpfern, die es durch die Erdölrenten geschafft haben, sich politische Gefolgschaft durch ein klientelistisches System zu erkaufen.

In den 1980er Jahren führten das Scheitern einer Industrialisierungspolitik, eine hohe Schuldenlast und ein niedriger Ölpreis dazu, dass weite Teile der Bevölkerung nicht mehr alimentiert werden konnten. Gerade die stetig wachsende Zahl junger Algerier, die keinen direkten Bezug zum Befreiungskrieg hatten und außerhalb des staatlichen Versorgungssystems stand, wendete sich in ihrer misslichen sozialen Lage von der Einheitspartei ab und forderte eine Öffnung. Als Zugeständnis an die religiös-konservativen beziehungsweise arabisch-islamischen Flügel der FLN, wurden religiösen Gruppen größere Freiheiten gewährt, so dass sich Opposition gegen das Regime im Umfeld der Moscheen organisieren konnte.

Wenn auch radikale Gruppen wie die *Mouvement Islamique Armé* (MIA, Bewaffnete Islamische Bewegung) bereits seit den frühen 1980er Jahren gewaltsam gegen die korrupte Elite und ihren Staat vorgingen, so waren die abgebrochenen Parlamentswahlen von 1992 der Auslöser für den Krieg. Nach massiven sozialen Unruhen 1988 leitete der damalige Präsident Chadli Benjedid eine demokratische Öffnung ein. Als die islamistische *Front Islamique du Salut* (FIS, Islamische Heilsfront) als klarer Sieger aus den Parlamentswahlen hervorzugehen drohte, übernahm das Militär die Führung des Staates.

Nachdem mit Abassi Madani und Ali Benhadj bereits im Sommer 1991 die beiden prominentesten Führer der FIS verhaftet worden waren, inhaftierte man weitere Führungsmitglieder. Die dadurch ausgelösten Unruhen in den Vorstädten wurden mit einer Verhängung des Ausnahmezustandes und Massenverhaftungen von FIS-Aktivisten beantwortet. Noch im März 1992 wurde die FIS verboten. Zellen der FIS und andere islamistische Gruppen begannen mit Anschlägen und bewaffneten Attacken, die sich flächendeckend über das ganze Land ausbreiteten. Die anfänglich durch den Staatsstreich ausgelöste Krise weitete sich ab Mitte 1992 kontinuierlich zum innerstaatlichen Krieg aus. Als Kriegsakteure waren die verschiedenen Gruppen der Islamisten auf der einen Seite und Armee, Gendarmerie und Polizei auf der anderen Seite beteiligt. Die Strategie der Islamistenführer, der so genannten Emire, war die Kontrolle und Konsolidierung von ihnen dominierter Gebiete. In diesen Zonen wurden die Sicherheitskräfte massiv bekämpft und die Bevölkerung unter islamisches Recht gestellt. In einigen Gebieten verfügen die Islamisten noch heute über großen Einfluss auf das Leben der Menschen, auch wenn ihnen ihre militärische Macht abhanden gekommen ist.

Bis 1997 wurde insbesondere drei Rebellengruppen ein Großteil der zahlreichen Attentate und Überfälle auf Militäreinheiten, öffentliche Gebäude und Fabriken zur Last gelegt. Dies waren zum einen die MIA und die *Armée Islamique du Salut* (AIS, Islamische Heilsarmee), die auf die FIS als politische Partei Bezug nahmen und zum anderen die *Groupement Islamique Armé* (GIA, Islamische bewaffnete Gruppierung) als religiös-revolutionäre Guerilla. Mit der MIA gewann ab 1990 eine elitäre islamistische Untergrundorganisation eine hervorgehobene Stellung unter den bewaffneten Widerstandsgruppen. Die Gruppe zog die Legitimität ihres Kampfes aus der Gewissheit, dass der Militärputsch gegen die FIS dem Regime die politische Legitimität entzogen hatte. Die Staatsgewalt sollte mit militärischen Mitteln erkämpft werden. Aus ähnlichen Motiven handelte die 1994 gegründete AIS, die als militärischer Arm der FIS agierte und deren politische Ziele verteidigte. Im Unterschied zur MIA, die Anfang der 1990er Jahre auf einen schnellen Sieg gesetzt hatte, stellte sich die AIS auf einen lang angelegten Kampf ein. Die Gruppe war 1995 mit 40.000 Kämpfern die größte islamistische Widerstandsgruppe. Jedoch organisierte sie sich regional und verfügte über keine zentrale Kommandostruktur. Im Gegensatz zu den religiös-revolutionären Guerilla der GIA lehnten MIA und AIS Anschläge auf Ausländer, Schulen und soziale Einrichtungen ausdrücklich ab und richteten ihren Kampf ausschließlich gegen staatliche Einrichtungen und Sicherheitskräfte. Im Oktober 1997 verkündete die AIS einen einseitigen Waffenstillstand und im Juni 1999 die endgültige Einstellung ihres bewaffneten Kampfes. Die MIA umfasste 1998 nur noch kleine Gruppen in der Mitidja-Region südlich von Algier und gilt seitdem als weitgehend inaktiv.

Die GIA, die seit Ende 1991 durch ihre spektakulären Attentate zur bekanntesten und militantesten islamistischen Gruppierung wurde, war insbesondere in den Städten präsent und rekrutierte sich aus jungen Arbeitslosen. Die hohe Arbeitslosigkeit ist ein strukturelles Problem des Konfliktes, da sie dafür sorgt, dass die Islamisten unter den perspektivlosen jungen Männern regelmäßig neuen Nachwuchs an Kämpfern rekrutieren konnten. Ziel der Anschläge von GIA-Einheiten waren Polizisten, Polizei- und Armeerekruten, Intellektuelle, Ausländer und Zivilisten, an denen mehrere Massaker verübt wurden. Ihre Doktrin kannte nur die Unterscheidung zwischen Befürwortern des Dschihad und Feinden des Islam. Allerdings konnte bei einigen Anschlägen und gezielten Attentaten die Urheberschaft nicht eindeutig geklärt werden. Hinzu kommt, dass die GIA durch die algerischen Nachrichtendienste unterwandert wurde. Seit der Tötung des Emirs Antar Zouabri im Februar 2002, der auch ein Agent des algerischen Nachrichtendienstes gewesen sein soll, befand sich die GIA nach Angaben algerischer Sicherheitsexperten weitgehend im Auflösungsprozess. Die Tötung des Emirs Rachid Abou Tourab im Juli 2004 und die Verhaftung seiner Nachfolger im November 2004 und im April 2005 trieben diesen Prozess noch voran.

Präsident Abdelaziz Bouteflika versuchte, sich in seiner Amtszeit durch die Amnestierung sämtlicher Kombattanten zu profilieren. Kurz nach seiner Amtsübernahme wurde im September 1999 ein von ihm initiiertes Amnestiegesetz per Referendum angenommen. Das Gesetz beinhaltete nur die Amnestierung von Kämpfern der AIS, die mit geschätzten 4.000 Kämpfern 1998 die damals größte bewaffnete Gruppe ausmachte. Seitdem ging die Intensität der bewaffneten Auseinandersetzungen zurück, was man zum einen als partiellen Erfolg des Amnestiegesetzes werten kann, zum anderen aber auf Flügelkämpfe innerhalb der GIA zurückzuführen ist. Durch den Ausschluss der GIA aus dem Amnestierungsprozess blieb allerdings ein kontinuierliches Gewaltniveau bestehen.

Ende der 1990er Jahre spaltete sich die *Groupe Salafiste pour la Prédication et le Combat* (GSPC, Salafistische Gruppe für Predigt und Kampf) von der GIA ab. Die GSPC galt als weniger radikal und lehnte Anschläge gegen Zivilisten ab. Sie rekrutierte sich teilweise auch aus Mitgliedern der AIS. Zusammen mit Islamisten aus Mali und Niger führte die GSPC Anschläge gegen Ölpipelines in der südlichen Sahara sowie gegen US-Militärstützpunkte durch, die im Rahmen der Pan-Sahel-Initiative von 2002 und der diese 2006 ablösenden Trans Saharan Counter Terrorism Initiative in der Grenzregion zu Mali und Niger seit 2003 aufgebaut wurden. Im Jahr 2006 trat die GSPC dem *Al-Qaida*-Netzwerk bei und übernahm zunehmend deren Kampfstrategien sowie die Ideologie des glorifizierten Märtyrertodes. Von Januar 2007 an nannte sich die seit 2004 von Abdelmalek Droukdal angeführte Gruppe auch offiziell *Al-Qaïda au Maghreb Islamique* (AQMI) und führte Selbstmordanschläge durch, bei denen zunehmend auch Opfer in der Zivilbevölkerung mit einkalkuliert wurden.

Im September 2005 wurde per Referendum die Charta für Frieden und nationale Versöhnung angenommen. Im Gegensatz zum ersten Amnestiegesetz beinhaltete diese die Amnestierung aller islamistischen Kämpfer, sofern sie nicht an Bombenanschlägen, Massakern oder Vergewaltigungen beteiligt gewesen waren. Ebenfalls wurde dem gesamten Sicherheitsapparat Straffreiheit zugesichert, der die Gewalt der islamistischen Gruppen in den 1990er Jahren durch Massaker, Folter und Entführungen bekämpft hatte. Insgesamt sind weit mehr als 5.000 Menschen durch Einwirken der Sicherheitskräfte „verschwunden". Bouteflika tat den Krieg als „nationale Tragödie" ab, um der Diskussion um Schuld und Verantwortung ein Ende zu setzen. Zugleich gestand der algerische Staat als direkte Folge des Amnestiegesetzes über 6.000 inhaftierten Islamisten erhebliche Haftverkürzungen zu. Im Jahr 2006 wurden etwa 2.200 ehemalige islamistische Rebellen aus der Haft entlassen. Bis Februar 2007 verlor die GSPC und ihre Nachfolgeorganisation AQMI laut dem algerischen Innenministerium über 700 Kämpfer, die sich stellten und eine Amnestierung erhofften. Die Angaben zu den Todesopfern des Konfliktes variieren zwischen 120.000 und 150.000. Seinen Höhepunkt erreichte der Krieg in den Jahren 1997 und 1998.

Als Einflussbereich der AQMI galten die Große und Kleine Kabylei sowie vereinzelte Rückzugsgebiete in Ost- und Westalgerien. Das entschiedene Vorgehen der personell und technisch überlegenen algerischen Sicherheitskräfte schien jedoch 2009 dafür verantwortlich zu sein, dass seit Oktober über keine Anschläge mehr berichtet wurde und sich die Rebellen in die südlichen Wüstenregionen zurückgezogen haben.

In der Sahararegion operieren die Gruppen in den Grenzregionen Algeriens, Mauretaniens, Malis und Nigers. Westliche Geheimdienste vermuten hier Ausbildungslager nach afghanischem Vorbild. In der Weitläufigkeit der Wüste nutzten die Islamisten die Schwäche der angrenzenden Staaten aus, um ihren Kampf durch Entführungen, Tolerierung oder aktive Beteiligung an Drogen- und Menschenschmuggel zu finanzieren. Sie kooperierten dabei mit lokalen Gruppen und Kriminellen.

Im Rahmen des Krieges gegen den Terror wurde unter Anleitung der USA die Kooperation der Sahel-Anrainerstaaten verstärkt. Algerien hat als stärkster Staat die Rolle einer Regionalmacht übernommen und unterstützte seine Nachbarn materiell. Die USA halfen bei der Ausbildung und es gab Gerüchte über einen US-Stützpunkt im algerischen Tamanrasset. Dort wurde 2009 ein Sicherheitsabkommen zwischen Algerien, Mauretanien, Mali und

Niger verabschiedet, das den Staaten erlaubt, die Islamisten auch über die Staatsgrenzen hinweg zu verfolgen.

Im Berichtsjahr kam es zumindest in der ersten Jahreshälfte wieder zu zahllosen Konfrontationen zwischen den algerischen Sicherheitskräften und den Islamisten. Im Juni wurden beispielsweise 24 Angehörige paramilitärischer Einheiten in einem Hinterhalt getötet. Die AQMI entführte zudem eine ganze Reihe ausländischer Staatsbürger und forderte neben Lösegeld auch die Freilassung inhaftierter Islamisten. Zwei im Niger entführte kanadische Diplomaten wurden im April freigelassen, während eine britische Geisel im Juni getötet wurde, was jedoch eine Ausnahme zur bisher üblichen Praxis darstellte.

Die Namensänderung von GSPC in AQMI deutete auch auf eine Änderung der Ziele hin. Die GSPC richtete ihren Kampf noch auf die Errichtung eines islamischen Staates in Algerien aus. Die AQMI hat 2009 unter anderem durch einen Anschlag in Mauretanien gegen die französische Botschaft eine eher globale anti-westliche Ausrichtung untermauert. Inwieweit die Mitglieder des *Al-Qaida*-Netzwerkes miteinander in Verbindung stehen und kooperieren, ist unklar. Algerische und westliche Sicherheitskreise vermuten, dass einige Hundert Kämpfer der AQMI angehören. Die algerischen Sicherheitskräfte meldeten zwar auch 2009 wieder Erfolge bei der Bekämpfung der Rebellen. Doch die wirtschaftliche, politische und soziale Perspektivlosigkeit der jungen Bevölkerung und das ohnehin große Reservoir an ehemaligen amnestierten Kämpfern, die sich politisch nicht betätigen dürfen, ermöglichte der AQMI, kontinuierlich neue Mitglieder zu rekrutieren.

Zwischen Bevölkerung und Staat hat sich ein Verhältnis des gegenseitigen Misstrauens verfestigt. In einigen Jahrgängen sind mehr als die Hälfte der jungen Menschen arbeitslos. Ihr Frust entlädt sich immer wieder in spontanen Aufständen und Demonstrationen. Seit 1992 sind die Versammlungs- und Pressefreiheit durch Notstandsgesetze eingeschränkt. Parteien und Verbände sind entweder in das der FLN und ihres Präsidenten kooptiert oder marginalisiert. Die Präsidentschaftswahlen im April 2009 glichen einer Farce. Nur mühsam gelang es überhaupt Gegenkandidaten zu mobilisieren und Beobachter schätzten, dass lediglich 20 Prozent der Algerier ihre Stimme abgaben.

Gegen den hochgerüsteten algerischen Sicherheitsapparat, der über ein Viertel der Staatseinnahmen verfügen kann, können die Islamisten nicht militärisch gewinnen. Dies liegt nicht nur an ihrer sehr beschränkten Kampfkraft, sondern auch daran, dass ihren Anliegen nur wenig Sympathie aus der algerischen Bevölkerung entgegengebracht wird. Anderseits bleibt das ungelöste Spannungsverhältnis zwischen Staat und Bevölkerung als strukturelle Konfliktursache bestehen, sodass der Konflikt in den nächsten Jahren in ähnlicher Intensität wie 2009 fortgesetzt werden könnte. Das Regime lässt derzeit keine Bereitschaft erkennen, durch politische Reformen den Konflikt zu entschärfen. Ebenso wenig ist erkennbar, dass irgendeine gesellschaftliche Kraft die unzufriedene Bevölkerung organisieren könnte, um zusätzlichen Druck zu Veränderungen aufzubauen.

Marco Lange

Weiterführende Literatur und Informationsquellen:

Addi, Lahouari: Die unfassbare Krise: Versuch einer Anatomie, in Graffenried, Michael von/Hammouche, Sid Ahmed: Im Herzen Algeriens, Das Jahrzehnt des Terrorismus, Bern 2002: http://www.algeria-watch.de/artikel/analyse/addi_2002.htm
Faath, Sigrid: Kontrolle und Anpassungsdruck. Zum Umgang des Staates mit Opposition in Nordafrika/Nahost, Hamburg 2008
Inamo (Informationsprojekt Naher und Mittlerer Osten): Algerien – Befreiung, Korruption, Zerfall, Raub, Agonie, Nr. 35, Jg. 9, Herbst 2003, S .4-31
Martinez, Luis: The Algerian War 1990-1998, London 2000
Ruf, Werner: Die algerische Tragödie, Vom Zerbrechen des Staates einer zerrissenen Gesellschaft, Münster 1997
Samraoui, Mohammed: Chronique des années de sang, Paris 2003
Schmid, Bernhard: Algerien – Frontstaat im globalen Krieg?, Unrast 2005
http://www.algeria-watch.org (Informationen zur Menschenrechtslage in Algerien)
http://www.menewsline.com (Middle East Newsline)

Irak

(Krieg)

Beginn: 1998
Kriegstyp: AE-1
Beteiligte: *Qaidat al-Dschihad fi Bilad al-Rafidain* u.a. / Irak, USA

Das Berichtsjahr 2009 begann mit am 1. Januar mit der Übernahme der Kontrolle über die die sogenannte Green Zone in Bagdad durch irakische Sicherheitskräfte. Des Weiteren kündete der neue US-Präsident Barack Obama Ende Februar an, die US-Kampftruppen bis August 2010 abziehen zu wollen. Insgesamt ließ sich 2009 im zweiten Jahr in Folge ein Rückgang der Gewalt und eine Verbesserung der allgemeinen Sicherheitslage im Irak beobachten. Trotzdem wurden weiterhin in großer Zahl Anschläge durch aufständische Gruppierungen verübt, denen mehrere Tausend Menschen – darunter vor allen auch Zivilisten – zum Opfer fielen. Direkte Kampfhandlungen mit irakischen Sicherheitskräften oder US-Soldaten blieben eher eine Ausnahme.

Die USA und Großbritannien, die die größten Kontingente der im Irak stationierten Truppen der *Coalition of the Willing* stellten, bildeten bereits den Kern der 1990 formierten Allianz gegen den Irak. Ausgangspunkt war damals die Besetzung Kuwaits durch den Irak am 2. August 1990. Die internationale Staatengemeinschaft verurteilte diesen Angriff und im November 1990 bewilligte der UN-Sicherheitsrat jegliche zur Beendigung der Invasion nötigen Maßnahmen. Der Irak ließ alle ihm gesetzten Ultimaten verstreichen, so dass im Januar 1991 der Zweite Golfkrieg begann. In knapp sechs Wochen wurden die irakischen Truppen aus Kuwait vertrieben und am 28. Februar 1991 verkündeten die USA den Waffenstillstand.

Die herrschende Klasse im Irak bestand in den letzten 80 Jahren aus arabischen Sunniten, obgleich diese nur etwa 20 Prozent der irakischen Bevölkerung ausmachen. Auch das Regime Saddam Husseins war entsprechend dominiert. Sowohl die Kurden im Norden als auch die Schiiten im Süden des Irak, die trotz eines Bevölkerungsanteils von rund 20 beziehungsweise 60 Prozent politisch und wirtschaftlich stark benachteiligt waren, galten als potenzielle Oppositionskräfte gegen Saddam Hussein. Daher wurden nach Kriegsende zwei Flugverbotszonen eingerichtet, um diese vor eventuellen Luftangriffen der irakischen Streitkräfte zu schützen: im April 1991 nördlich des 36. Breitengrades und im August 1992 südlich des 33. Breitengrades. Seit 1991 führte zudem die *United Nations Special Commission* (UNSCOM) Inspektionen im Irak durch, mit denen die Zerstörung der irakischen Massenvernichtungswaffen überwacht werden sollte. 1996 wurde die südliche Flugverbotszone bis unmittelbar an die Südgrenze der Hauptstadt Bagdad erweitert. Beide Zonen waren Anlass für wiederholte gewaltsame Zwischenfälle zwischen dem Irak auf der einen sowie den USA und Großbritannien auf der anderen Seite.

Seit 1998 erkannte das irakische Regime die Legitimität dieser Zonen nicht mehr an. Im Dezember 1998 verschärften sich die Spannungen, nachdem der Irak die Zusammenarbeit mit den Inspektionsteams der UNSCOM aufgekündigt und alle Inspekteure des Landes verwiesen hatte. Bei mehr als 250 Überprüfungen zwischen 1991 und 1998 hatten die Inspekteure den Eindruck gewonnen, dass der Rüstungsstand des Irak sowohl hinsichtlich chemischer und biologischer als auch hinsichtlich atomarer Waffen als nicht mehr akut bedrohlich zu bezeichnen war. Dennoch bombardierten US-amerikanische und britische Kampfflugzeuge im Dezember 1998 bereits vor der Veröffentlichung des Abschlussberichts der Waffeninspektoren vier Tage lang den Irak. Die Zahl der Todesopfer wurde auf 35 beziffert. Nach Ende dieser Operation setzten die USA und Großbritannien den Krieg gegen den Irak in Form kontinuierlicher Luftangriffe fort, die sich im Wesentlichen auf irakische Luftabwehr- und Radarstellungen in den Flugverbotszonen als Ziele beschränkten.

Nach dem Amtsantritt von US-Präsident George W. Bush im Jahre 2001 deutete sich bald eine Ausweitung des Vorgehens der USA gegen den Irak an. Seit August 2002 wurden die Angriffe in den Flugverbotszonen intensiviert. Bombardiert wurden nun auch Munitionsdepots, Kommandoeinrichtungen des Militärs sowie Brücken und andere zivile Infrastruktureinrichtungen. Als Begründung für das verschärfte Vorgehen wurde aus Washington und London eine unmittelbare Bedrohung durch Massenvernichtungswaffen seitens des Irak angeführt, die nur noch durch den Sturz des Regimes von Saddam Hussein zu beseitigen sei. Im Oktober 2002 begannen die USA mit einem massiven Truppenaufmarsch am Persisch-Arabischen Golf.

Nachdem sich zu Beginn des Jahres 2003 der UN-Sicherheitsrat nicht auf eine gemeinsame Position zum Irak verständigen konnte, stellte US-Präsident Bush am 18. März Saddam Hussein ein Ultimatum, innerhalb von 48 Stunden ins Exil zu gehen. Von irakischer Seite erfolgte keine Reaktion. So begann am 20. März 2003 die sogenannte Operation Iraq Freedom, welche in der Öffentlichkeit als Dritter Golfkrieg wahrgenommen und bezeichnet wurde.

Etwa 240.000 US-amerikanische und 45.000 britische Soldaten waren an dieser Phase des Krieges beteiligt. Ihnen standen zu Beginn 380.000 irakische Soldaten gegenüber, die auf Dauer der Überlegenheit der Koalitionsarmee nicht viel entgegensetzen konnten. Massenvernichtungswaffen kamen auf irakischer Seite nicht zum Einsatz und wurden von den US-amerikanischen und britischen Truppen auch im Nachhinein nicht gefunden. Die US-Armee nahm Bagdad bereits am 9. April 2003 ein und am 1. Mai verkündete US-Präsident Bush das Ende der Hauptkampfhandlungen. Diese Phase des Krieges kostete rund 13.000 Iraker das Leben, davon nach verschiedenen Angaben 30 bis 60 Prozent Zivilisten. Auf Seiten der USA und ihrer Verbündeten verloren rund 150 Soldaten ihr Leben. Am 22. Mai 2003 verabschiedete der UN-Sicherheitsrat die Resolution 1483. Mit ihr wurden die USA und Großbritannien offiziell als führende Besatzungsmächte im Irak anerkannt.

Seitdem blieb die Situation im Irak allerdings von Gewalt geprägt. Die Besatzungsarmee, die zeitweise Soldaten aus rund 30 Staaten umfasste, war nicht in der Lage, die Stabilität im Lande zu gewährleisten. Die US-Zivilverwaltung begann daher mit dem Neuaufbau der zuvor aufgelösten irakischen Armee und Polizei. Ehemalige Aktivisten der *Baath*-Partei Saddam Husseins wurden hiervon zunächst ausgeschlossen, später jedoch begrenzt zugelassen. Die irakische Armee und Polizei sollten eine wichtige Rolle zur Stabilisierung der Lage im Irak spielen. Allerdings wurden sie selbst – häufiger noch als die Besatzungstruppen – zum Ziel von Anschlägen. Insbesondere die Rekrutierungsbüros, vor denen sich oft lange Schlangen bildeten, wurden häufig angegriffen. Doch auch die US-geführten Koalitionstruppen hatten Verluste zu beklagen. Bei Anschlägen im Irak wurden schon bis Ende 2003 mehr US-Soldaten getötet, als während der sogenannten Hauptkampfhandlungen. Zu den irakischen Todesopfern der Anschläge gehörten vor allem Schiiten. Die USA machten hierfür immer wieder die Gruppe des aus Jordanien stammenden Abu Musab al-Sarkawi verantwortlich, in dem die USA den irakischen Verbindungsmann zum Netzwerk von *Al-Qaida* (Die Basis) sahen. Die USA warfen ihm vor, den Irak in einen Bürgerkrieg stürzen zu wollen, und setzten auf seine Ergreifung eine Belohnung in Höhe von 25 Millionen US-Dollar aus.

Bis 2007 verbesserte sich die Lage im besetzten Irak nicht, das Gegenteil war der Fall. Die Akteure blieben oft unerkannt, die USA machten immer wieder ausländische Mitglieder des *Al-Qaida*-Netzwerkes, allen voran Sarkawi und die von ihm geführte *Qaidat al-Dschihad fi Bilad al-Rafidain* (Basis des Dschihad im Zweistromland) für die Anschläge verantwortlich. Die militärischen Operationen der US-Armee gegen diesen Teil der Aufständischen konzentrierten sich insbesondere auf das Gebiet an der syrisch-irakischen Grenze. Obwohl Sarkawi bei einer dieser Operationen im Juni 2006 getötet wurde, führte dies nicht zu einer von den USA erhofften Beruhigung der Lage. Stattdessen erhöhte sich die Intensität der Gewalt zunächst weiter und erreichte im Dezember 2006 mit fast 1.000 registrierten Anschlägen pro Woche einen Höchststand. Auch für den verheerendsten Anschlag seit Kriegsbeginn am 14. August 2007, bei dem in zwei nordirakischen Dörfern vier zeitgleiche Anschläge mehr als 500 Angehörige der religiösen Minderheit der Jesiden töteten, machte die US-Armeeführung Mitglieder von *Al-Qaida* verantwortlich.

Eine zweite, zahlenmäßig bedeutendere Akteursgruppe auf Seiten der Aufständischen bildeten indes irakische Sunniten, deren Zahl auf 30.000 geschätzt wurde und die sich im Kern aus Anhängern Saddam Husseins und ehemaligen Aktivisten der *Baath*-Partei zusammensetzte. Diese fürchten, dass der durch das Ende des alten Regimes erfahrene Machtverlust unter den neuen politischen Bedingungen festgeschrieben würde. Das Zentrum des sunnitischen Widerstands gegen die Besatzung war die zentralirakische Stadt Falludscha. Diese wurde 2004 zunächst mehrfach von der US-Luftwaffe bombardiert und schließlich im Rahmen einer Offensive mit insgesamt 10.000 US-Soldaten im November 2004 angegriffen. Bei diesen Ereignissen starben im Laufe des Jahres 2004 über 3.000 Iraker und etwa 150 US-Soldaten, die Stadt wurde fast vollständig zerstört. Für diesen Widerstand blieb es bedeutungslos, dass das Besatzungsregime offiziell am 28. Juni 2004 durch die Übergabe der Regierungsaufgaben an eine irakische Übergangsregierung beendet wurde, zumal diese kein Vetorecht gegen US-amerikanische Militäraktionen besaß.

In den besonders unruhigen zentralirakischen Provinzen, in denen seit Beginn des Krieges viele opferreiche Anschläge stattgefunden hatten, entschloss sich die US-Armeeführung zu einem Strategiewechsel. Die Einbindung sunnitischer Stammesführer in den politischen Prozess führte 2007 zu einer merklichen Beruhigung der Lage ein. Die Stämme wurden nun mit Waffen und finanziellen Mitteln ausgestattet und unterstützten im Gegenzug den Kampf gegen Aufständische.

Darüber hinaus trat 2004 noch eine dritte Gruppe von Aufständischen in Erscheinung: Auch unter den Schiiten fanden sich Aufständische, die gegen die US-Besatzung kämpften, darunter vor allem die Anhänger des Predigers Muqtada al-Sadr. Dieser, der seine auf etwa 2 Millionen geschätzte Anhängerschaft in den ärmsten Bevölkerungsteilen des Iraks hat, weigerte sich, an der Bildung einer neuen irakischen Übergangsregierung mitzuarbeiten. Er rief seine Anhänger immer wieder zum Widerstand gegen die Besatzungstruppen auf. Das unter den Schiiten weit verbreitete Misstrauen gegen die USA führte zu einer breiten Akzeptanz seiner Forderungen. Der Konflikt eskalierte, nachdem die USA einen Haftbefehl gegen Sadr wegen dessen mutmaßlicher Beteiligung an der Ermordung eines rivalisierenden schiitischen Geistlichen aussprachen.

Sadr-Anhänger unter der Führung seiner Miliz, der *Dschaisch al-Mahdi* (Armee des Mahdi), kämpften vor allem im Bagdader Stadtteil Sadr City und in der Stadt Nadschaf gegen die Besatzungsarmee und erlangten die Kontrolle über diese sowie weitere Städte im Südirak. Bei diesen Kämpfen kamen allein in den ersten Aprilwochen 2004 über 1.000 Iraker und etwa 50 Koalitionssoldaten ums Leben. Nadschaf wurde nach Vermittlung des höchsten schiitischen Geistlichen im Irak, Ayatollah Ali al-Sistani, Ende August 2004 durch Sadr und seine Milizionäre geräumt und die US- und die irakische Armee übernahmen die Kontrolle. Die schiitischen Gebiete Südiraks wurden in den folgenden Jahren immer wieder von schweren Gefechten zwischen der vermutlich vom Iran mitfinanzierten *Dschaisch al-Mahdi*, mit dieser rivalisierenden Gruppen und der US-Armee erschüttert. Erst nachdem Sadr im Oktober 2007 eine Waffenruhe verkündete, verbesserte sich die Lage merklich.

Die Entwicklung der Sicherheitslage im Laufe des Krieges lässt sich auch an den Zahlen der Todesopfer ablesen: 2005 starben infolge der Gewalt etwa 7.500 Menschen, 2006 waren es über 30.000, 2007 halbierte sich die Zahl auf etwa 16.000 Todesopfer um 2008 sank sie nochmals auf rund 9.000. Neben den Toten und tausenden Verwundeten zählen auch die Flüchtlinge zu den Opfern des Krieges. Teilweise befanden sich fast 20 Prozent der Bevölkerung, auf der Flucht oder im Exil. Nach Angaben des *United Nations High Commissioner for Refugees* (UNHCR) sind bis zu 2 Millionen Iraker in die Nachbarländer Syrien und Jordanien geflohen. Diese beiden Staaten begannen nach und nach damit, diese Flüchtlinge wieder in den Irak abzuschieben. Weitere 2 Millionen Menschen waren innerhalb des Irak auf der Flucht vor der allmählich abnehmenden Gewalt.

In der zweiten Hälfte des Jahres 2008 verbesserte sich die Sicherheitslage im Irak spürbar. Waren im April noch 968 Zivilisten getötet worden, so sank diese Zahl im Juni auf mit 448 auf den niedrigsten Stand seit vier Jahren. Die Zahl der Anschläge nahm deutlich ab, gleichzeitig verzichtete die *Dschaisch al-Mahdi* auf gewaltsame Aktionen. Der Erfolg der von den Stammesführern gegründeten Bürgerwehren zeigte sich unter anderem darin, dass das US-Militär im September die Verantwortung für die Sicherheit der westlichen Anbar-Provinz an die irakische Armee übergab, womit diese erstmals die Sicherheitsverantwortung über eine sunnitische Provinz erhielt.

Anfang Dezember einigten sich die irakische und die US-Führung auf ein Status of Forces Agreement, welches das bisherige UN-Mandat für die Besatzungstruppen ablösen sollte.

Die Übergabe der Verantwortung für die Sicherheit an die irakische Armee und Polizei setzte sich 2009 in mehreren Schritten fort. Gleich am 1. Januar des Berichtsjahres übernahmen irakische Sicherheitskräfte die Kontrolle über die Sicherheit in der sogenannten Green Zone in der Hauptstadt Bagdad. Ende Juni zogen sich die US-Streitkräfte aus den Städten des Landes zurück. Ende Juli zogen mit den britischen, australischen und rumänischen Truppen die letzten Verbündeten der US-geführten *Coalition oft he Willing* von 2003 aus dem Irak ab. Bereits vier Monate zuvor, am 27. Februar, hatte der neue US-Präsident den Abzug der US-Kampftruppen für den August 2010 angekündigt.

Dieser schrittweise Rückzug der ausländischen Truppen aus der Verantwortung änderte vergleichsweise wenig an der allgemeinen Sicherheitslage, auch wenn der Abzug der US-Truppen aus den Städten Ende Juni zunächst von einer Häufung von Anschlägen begleitet wurde. Schwerpunkte der Anschläge waren wie in den Vorjahren schiitische Viertel Bagdads, wo mehrere Hundert Zivilisten ums Leben kamen, sowie Angehörige und Einrichtungen der irakischen Armee und Polizei, insbesondere Rekrutierungsbüros. Ein weiteres Zentrum von Anschlägen bildete die Provinz Ninive mit ihrer Hauptstadt Mossul, die zwischen Kurden und sunnitischen Arabern umstritten ist. Ziel der Anschläge waren hier neben den irakischen Sicherheitskräften vor allem auch Angehörige religiöser und ethnischer Minderheiten wie Jeziden, Christen und Turkmenen, die in dieser Region zusammen etwa 10 Prozent der Bevölkerung ausmachen.

Die größten Anschläge wurden 2009 auf Regierungseinrichtungen verübt: Bei gleichzeitigen Bombenanschlägen auf das Finanz- und das Außenministerium wurden am 19. August über 100 Menschen getötet. Zwei Monate später, am 16. Oktober war unter anderem das Justizministerium Ziel einer Anschlagserie im Zentrum Bagdads. Bei diesem Anschlag starben etwa 150 Menschen und über 500 wurden verletzt. Ein dritter Anschlag gegen Regierungseinrichtungen am 8. Dezember forderte ebenfalls über 100 Todesopfer. Zu diesen drei Anschlagserien kannte sich jeweils die *Qaidat al-Dschihad fi Bilad al-Rafidain*. Nach diesen Anschlägen wurden jeweils Dutzende Angehörige der irakischen Sicherheitskräfte mit dem Vorwurf verhaftet, den Attentätern geholfen zu haben.

Im Jahr 2010 stehen für den Irak mehrere wichtige Ereignisse an. Nach mehreren Monaten Streit einigten sich die Parteien Anfang Dezember auf ein neues Wahlgesetz, sodass die Parlamentswahlen am 7. März 2010 mit etwa einmonatiger Verspätung gegenüber den eigentlichen Planungen stattfinden werden. Eine August sollen dann die US-Kampfverbände aus dem Irak abgezogen werden, auch noch bis zu 50.000 US-Soldaten für unterstützende Aufgaben im Land bleiben sollen. Nimmt man das Geschehen der letzten Jahre als Maßstab, so ist eine einschneidende Veränderung für die Sicherheitslage im Irak durch die Ereignisse allerdings kaum zu erwarten.

Wolfgang Schreiber

Weiterführende Literatur und Informationsquellen:
Blix, Hans: Disarming Iraq. Search for Weapons of Mass Destruction, London 2004
Brisard, Jean-Charles, Das neue Gesicht der al-Kaida. Sarkawi und die Eskalation der Gewalt, Berlin 2005
Cordesman, Anthony H.: Iraq's Insurgency and the Road to Civil Conflict, Westport 2008
Dodge, Toby: Iraq's Future: The Aftermath of Regime Change, London 2005
Fawn, Rick/Hinnebusch, Raymond (Hrsg.): The Oraq War. Causes and Consequences, Boulder 2006
Fürtig, Henner: Kleine Geschichte des Irak, München 2003
Hashim, Ahmed S.: Iraq's Sunni Insurgency, (Adelphi Paper 402), London 2009
Kubbig, Bernd W. (Hrsg.): Brandherd Irak. US-Hegemonieanspruch, die UNO und die Rolle Europas, Frankfurt/Main 2003
Malone, David M.: The International Struggle over Iraq. Politics in the UN Security Council 1980-2005, Oxford 2006
https://www.cia.gov/library/reports/general-reports-1/iraq_wmd_2004/(CIA-Abschlussbericht zu irakischen Massenvernichtungswaffen)
http://www.defenselink.mil/ (US-Verteidigungsministerium)
http://www.fco.gov.uk (britisches Außenministerium)
http://www.iraqipresidency.net (irakischer Präsident)
http://www.un.org/Depts/unscom (UNSCOM)

Iran (Kurden)

(Bewaffneter Konflikt)

Beginn: 2005 (davon Krieg 2007-2008)
Beteiligte: PJAK / Iran

Im Gegensatz zu den Kurdenkonflikten in den Nachbarländern Türkei und Irak war der im Iran in den letzten 20 Jahren weitgehend in Vergessenheit geraten. Seit 2005 übernahm die bis dahin unbekannte *Partiya Jiyana Azada Kurdistanê* (PJAK, Partei für ein Freies Leben in Kurdistan) die Verantwortung für eine Reihe von Guerillaangriffen vor allem im iranischen Grenzgebiet zum Irak. 2009 gab es erneut Auseinandersetzungen, die sich aber gegenüber den Jahren 2007 und 2008 deutlich abschwächten. Von der umstrittenen Präsidentschaftswahl wurde der Kurdenkonflikt bis auf einen zweitägigen Streik kaum beeinflusst.

Der kurdische Widerstand gegen die Zentralregierung in Teheran war in der Vergangenheit von drei Faktoren geprägt. Erstens, erreichte er kriegerische Ausmaße nur in Situationen, in denen der persische, beziehungsweise später iranische, Staat stark geschwächt war. Zweitens, beeinflussten zum

Teil Nachbarstaaten oder kurdische Gruppen in angrenzenden Ländern die Kurden im Iran und deren Widerstandsgruppen. Und drittens, litten die verschiedenen Widerstandsbewegungen immer auch an Uneinigkeit und Rivalität ihrer Führungen. Neben traditionellen Stammesrivalitäten entwickelten sich durch die Modernisierung des Iran im Laufe des 20. Jahrhunderts auch soziale Gegensätze und daraus resultierende Interessenunterschiede innerhalb der kurdischen Bevölkerung.

Während des zweiten Weltkriegs verlor die Regierung in Teheran die Kontrolle über die Kurdengebiete im Iran. In dem territorialen Machtvakuum zwischen den Gebieten unter Kontrolle der Sowjetunion und der iranischen Zentralregierung bildete sich in der Kleinstadt Mahabad die *Komala-i Dschiyanawa-i Kurdistan* (Gesellschaft zur Wiedererweckung Kurdistans). Diese wurde von Beamten, Kleinhändlern, Lehrern und Offizieren getragen, während Stammesführer, Grundbesitzer und Großhändler zunächst außen vor blieben. Die weitere Entwicklung der *Komala* war stark von der Sowjetunion beeinflusst. Zum einen stellte diese Verbindungen zwischen der *Komala* und kurdischen Notablen und Stammesführern her, was zur Gründung der *Kurdischen Demokratischen Partei im Iran* (KDPI) führte. Zum anderen brachte sie etwa 1.000 kurdische Kämpfer unter der Führung von Mustafa Barzani, deren Aufstand im Irak im Oktober 1945 niedergeschlagen worden war, dazu, die KDPI zu unterstützen und deren militärisches Rückgrat zu bilden. Am 22. Januar 1946 rief Qadi Muhammad, einer der Stammesführer, die von der Sowjetunion zur *Komala* beziehungsweise KDPI geführt worden war, in Mahabad die Unabhängigkeit einer Kurdischen Republik aus. Diese überstand allerdings eine Einigung der Sowjetunion mit der Regierung in Teheran über umstrittene Ölkonzessionen im Nordiran nicht lange. Ende 1946 zogen iranische Truppen in Mahabad ein und schlugen letzte Widerstände im April 1947 nieder. Qadi Muhammad war zu diesem Zeitpunkt bereits hingerichtet worden.

In den folgenden Jahrzehnten setzte die iranische Regierung die Zentralisierungs- und Modernisierungspolitik der Zwischenkriegszeit fort. Insbesondere wurde in den 1950er und 1960er Jahren eine Landreform in Angriff genommen, die jedoch in den kurdischen Gebieten auch aufgrund von Korruption vergleichsweise wenig erfolgreich war. Trotzdem führte die mit der Modernisierung verbundene Migration vom Land in die Städte sowie die weltweit vorherrschenden Ideen Ende der 1960er und Anfang der 1970er Jahre zu einer ideologischen Neuausrichtung unter den kurdischen Gruppen im Iran, die nunmehr nationalistische Zielsetzungen mit Forderungen nach sozialer Gerechtigkeit verbanden. Zugleich nahm aber unter dem seit 1941 regierenden Muhammad Reza Schah die politische Repression im Iran zu, die auch Organisation und Zusammenhalt der kurdischen Gruppen wesentlich beeinträchtigte. Zusätzlich geschwächt wurden die kurdischen Gruppierungen dadurch, dass sie sowohl im Irak als auch im Iran zum Spielball der jeweils

anderen Regierung wurden. Wenn die Beziehungen zwischen den beiden
Staaten schlecht waren, unterstützte die irakische Regierung die Kurden im
Iran und umgekehrt die iranische Regierung die Kurden im Irak. Entspannte
sich das Verhältnis zwischen den Nachbarländern, stellte man die Unterstützung der kurdischen Gruppen jeweils ein.

Aufgrund des repressiven Charakters des Schah-Regimes und der ver-
breiteten Korruption geriet die Regierung ab 1977 innenpolitisch unter
Druck. Auf kurdischer Seite erlangten vor allem zwei Gruppierungen an
Bedeutung: Zum einen konnte sich die KDPI unter Führung von Abd ur-
Rahman Qasemlu reorganisieren. Ihre Forderungen umfassten ein autonomes
Kurdistan in einem demokratisierten Iran. Zum anderen entstand mit der
Komala-i schureschgar-i zahmatkaschan-i Kurdistan (kurz: *Komala*, Revolutionäre Vereinigung der Werktätigen Kurdistans) eine explizit links-
nationalistische Gruppierung, die ihre Basis besonders im Südden der Kurdengebiete im Iran hatte. Dort war der Gegensatz zwischen kurdischen Land-
besitzern und landlosen Bauern größer, da hier anders als in den Gebirgsregi-
onen im Norden aufgrund geografischer Gegebenheiten eine Bewirtschaftung
von größeren Feldern möglich war.

Der Sturz des Schah-Regimes durch die Islamische Revolution ließ unter
den Kurden zeitweise die Hoffnung auf eine zumindest teilweise Erfüllung
ihrer Forderungen aufkommen. In der Tat arbeitete das noch nicht gefestigte
neue Regime in der Anfangsphase mit verschiedenen Gruppierungen zusammen und signalisierte auch den Kurden, gewisse Autonomierechte in Bezug
auf Verwaltung, Sprache und Kultur in der neuen Verfassung zu verankern.
Dies fand dann aber in der Verfassung der am 1. April 1979 proklamierten
Islamischen Republik keine Berücksichtigung. Im Gegenteil bedeutete die
Betonung des schiitischen Islam in der Verfassung eine faktische Benachteiligung der überwiegend sunnitischen Kurden. Diese Gegensätze eskalierten
schließlich im Sommer 1979 zum Krieg. Dabei gelang es der neuen iranischen Regierung bis April 1980 den größten Teil der kurdischen Gebiete
wieder unter die Kontrolle des Zentralstaats zu bringen.

Dass der Krieg, der auf kurdischer Seite hauptsächlich von der KDPI und
der *Komala* getragen wurde, trotzdem andauerte, war vor allem auf den Beginn des Ersten Golfkriegs zwischen Irak und Iran zurückzuführen. Während
des Krieges unterstützten Irak und Iran wiederum kurdische Gruppierungen
im jeweils anderen Land. Die Kämpfe insbesondere zwischen der KDPI und
iranischen Truppen wurden im Schatten des Krieges zwischen Irak und Iran
noch bis 1988 weitergeführt. Der iranische Kurdenkrieg hatte jedoch noch ein
Nachspiel, das zu internationalen Verwicklungen führte: 1989 wurde Qasemlu, der Führer der KDPI, in Wien bei Gesprächen mit Vertretern der iranischen Regierung erschossen. 2009 tauchten erneut Vorwürfe auf, laut denen
der jetzige iranische Präsident Mahmoud Ahmadinejad an dem Mord beteiligt gewesen sein soll – Beweise dafür wurden jedoch nicht gefunden. Qa-

semlus Nachfolger Sadeq Scharafkindi wurde 1992 in dem Berliner Restaurant Mykonos ermordet. Ein deutsches Gericht stellte fest, dass der Mord von iranischen Behörden angewiesen wurde.

In den 1990er Jahren waren die kurdischen Gruppierungen im Iran nahezu bedeutungslos geworden. Kurdischer Protest äußerte sich im Wesentlichen innerhalb der geringen politischen Möglichkeiten, die das islamische Regime in Teheran bot. Bei der Präsidentschaftswahl 1993 wählte Kurdistan als einzige Provinz mehrheitlich nicht den von der Führung favorisierten Ali Akbar Rafsandjani. Gewisse Verbesserungen der Situation fanden unter der Präsidentschaft des Reformers Muhammad Chatami statt. So wurde mit Abdullah Ramezanzadeh ein Kurde Gouverneur der Provinz und der Status des Gebietes als eines unter Kontrolle des Militärs wurde aufgehoben.

Über die Geschichte der *Partiya Jiyana Azada Kurdistanê* (PJAK, Partei für ein Freies Leben in Kurdistan), die seit 2005 mit Guerillaangriffen und Anschlägen aktiv geworden ist, gibt es zwei verschiedene Versionen. Die eine besagt, dass die Gruppe als friedliche Organisation 1997 von Studenten gegründet wurde, deren Mitglieder zwei Jahre später aufgrund der Repression im Iran in den von der *Partiya Karkeren Kurdistan* (PKK, Arbeiterpartei Kurdistans) kontrollierten Teil des Nordirak flüchteten (vgl. den Bericht zu Türkei (Kurdistan)). Die andere sieht die PJAK als einen 2004 gegründeten Ableger der PKK. Die beiden Versionen stehen dabei nicht unbedingt im Widerspruch zueinander. Denn unabhängig von der Vorgeschichte bestreitet die PJAK ihre engen Verbindungen und ihre ideologische Nähe zur PKK nicht. Geführt wird die PJAK von Abdul Rahman Haji Ahmadi, der seit 40 Jahren im Exil in Deutschland lebt.

Erste militärische Aktionen der PJAK sollen bereits 2004 stattgefunden haben. Für 2005 wird berichtet, dass die iranische Regierung Verluste von mehreren Dutzend bis zu 120 Soldaten eingestanden haben soll. Ähnliche Opferzahlen für die iranische Seite werden, allerdings ohne deren Bestätigung, für 2006 genannt. In der Regel griffen PJAK-Kämpfer dabei kleine Gruppen von iranischen Soldaten im unmittelbaren Grenzgebiet an. Auch wurden Anschläge auf weiter im Iran liegende Ziele verübt. In den irakischen Kandil-Bergen sollen sich bis zu 3.000, anderen Angaben zufolge weniger als 1.000, PJAK-Kämpfer aufhalten. Die PJAK behauptet, weitere 10.000 Mitglieder im Iran selbst zu haben. Der Frauenanteil soll dabei bei 45 Prozent liegen.

Für 2007 wurde von einer Verschärfung des Konflikts berichtet. Einzelheiten über Zusammenstöße wurden jedoch selten genannt. Der größte militärische Einzelerfolg der PJAK bestand aus dem Abschuss eines Helikopters der iranischen Streitkräfte. Die Eskalation lässt sich am deutlichsten aus der iranischen Reaktion ablesen. Im August beschossen iranische Truppen Dörfer und vermutete Lager der PJAK im irakischen Grenzgebiet und drangen auch kurzzeitig auf irakisches Territorium vor. Darüber hinaus richtete der kurdische Präsident des Irak, Jalal Talabani, nicht nur Warnungen an die PJAK, sondern Ende August kam es auch zu einem bewaffneten Zusammenstoß zwischen der PJAK und Talabanis *Patriotischer Union Kurdistans* (PUK). Auch im März 2008 griffen iranische Streitkräfte kurzzeitig Lager der PJAK im Irak an. Als größere Bedrohung für die Rückzugsbasen der kurdischen Rebellen erwies sich aber eine türkische Militäroperation im Nordirak Anfang Mai (vgl. den Bericht zu Türkei (Kurden)). Zwischenzeitlich hatten der Iran und der Türkei bei einem fünftägigen Treffen Mitte April zu Sicherheitsfragen auch über ein koordiniertes Vorgehen gegen die jeweiligen kurdischen Rebellenorganisationen PJAK und PKK gesprochen. Die meisten Zusammenstöße zwischen PJAK-Kämpfern und Angehörigen der verschiedenen iranischen Sicherheitskräfte ereigneten sich in den Monaten Mai bis Juli. Nach Angaben der PJAK sollen dabei knapp 250 iranische Soldaten, Polizisten und Milizangehörige getötet worden sein. Auch von iranischer Seite gab es in diesem Zeitraum mehrere Berichte über bewaffnete Auseinandersetzungen. Allerdings sahen offizielle iranische Stellen 2008 eher einen Rückgang der Aktivitäten der PJAK. Dennoch nahm die EU die kurdische Rebellengruppe in ihre Terrorliste auf.

Seit Februar 2009 führt auch das US-Schatzamt die PJAK als terroristische Organisation. Der Schritt wurde damit begründet, dass die Gruppe von der PKK kontrolliert werde, was die PJAK-Führung bestritt. Der türkische Außenminister und iranische Medien feierten die Entscheidung: Sie sei Teil von US-Präsident Barack Obamas Vorhaben, die Beziehungen mit dem Iran zu verbessern.

Im Mai starben bei Kämpfen nahe der irakischen Grenze in der Provinz Kermanshah 26 Menschen. Wenig später griff das iranische Militär kurdische Dörfer mit drei Helikoptern an. Im September ereignete sich eine Welle von Anschlägen, zu der sich keine der kurdischen Widerstandsgruppen bekannte – insbesondere auch nicht die PJAK. Die Attentate richteten sich vor allem gegen Richter und religiöse Führer. Im November wurde Eshan Fattahian trotz internationaler Proteste und Demonstrationen hingerichtet. Die EU-Abgeordnete Barbara Lochbihler sah darin einen Racheakt für die im September verübten Anschläge – obgleich Fattahian zu dem Zeitpunkt bereits im Gefängnis saß. Darüber hinaus befanden sich mehrere zum Tode verurteilte Kurden im Gefängnis. Insgesamt sollen im gesamten Iran laut einer kurdischen Nachrichtenagentur 2009 mindestens 266 Menschen hingerichtet worden sein. Für 2008 hatte *Amnesty International* 346 Hinrichtungen gemeldet.

Über die weitere Entwicklung des Konflikts zwischen der PJAK und den iranischen Sicherheitskräften kann nur spekuliert werden. Einerseits scheinen die Rebellen zahlenmäßig stark genug zu sein, um auch in Zukunft kleinere Operationen im irakisch-iranischen Grenzgebiet durchzuführen. Andererseits stehen sie seitens der irakischen Kurden unter Druck, die ein Interesse an guten Beziehungen zum Iran haben. So reiste der irakische Präsident im November in den Iran, um Hinrichtungen zu verhindern. Ein wesentlicher Faktor für das zukünftige Konfliktgeschehen dürfte darüber hinaus angesichts der engen Verbindungen der PJAK zur PKK der weiteren Entwicklung des Kurdenkonflikts in der Türkei zukommen.

Stefan Ludwig

Weiterführende Literatur und Informationsquellen:

Brandon, James: Irans Kurdish Threat. PJAK, in: Terrorism Monitor IV, No. 12, June 2006, S. 1-4: http:/www.jamestown.org

Chamka, Max: Die PJAK, ein wenig bekannter Zweig des kurdischen Widerstands im Iran, 08/09.2005: http://www.caucaz.com

Koohi-Kamali, Farideh: The Political Development of the Kurds in Iran. Pastoral Nationalism, Basingstoke – New York 2003

Oppel, Richard A.: Kurdish Militant's Other Front. Iran, in: Internatonal Herald Tribune, 22.10.2007: http://www.iht.com

Strohmeier, Martin/Yalçın-Heckmann, Lale: Die Kurden. Geschichte, Politik, Kultur, München 2000

Wood, Graeme: Iran Bombs Iraq. Meet the Kurdish Guerillas Who Want to Topple the Tehran Regime, 2006: http://www.slate.com/id/2143492

http://www.ekurd.net (u.a. Nachrichten über Kurdistan)

http://www.globalsecurity.org/military/world/para/pjak.htm (Global Security.org)

http://www.irna.ir (Islamic Republic News Agency)

http://www.pjak.org (PJAK)

http://www.presstv.ir (Iranischer Nachrichtensender)

Israel (Palästina)

(Krieg)

Beginn: 2000
Kriegstyp: B-2
Beteiligte: *Hamas, Jihad Islami, Al-Aqsa-Brigaden* / Israel

Der bereits zum Ende des Vorjahres eskalierte Konflikt zwischen der israelischen Armee und der *Hamas* im Gazastreifen weitete sich in den ersten Wochen des Berichtsjahres aus. Nach anhaltendem Raketenbeschuss aus dem Gazastreifen bis weit in das israelische Landesinnere hinein, startete die israelische Armee am 3. Januar eine Bodenoffensive. Bei den schwersten Kämpfen seit der israelischen Räumung des Küstenstreifens im Jahr 2005 kamen bis zur Verkündung unilateraler Waffenstillstände durch Israel und die *Hamas* am 18. Januar mindestens 1.400 Palästinenser, darunter eine große Anzahl Zivilisten, und 16 Israelis ums Leben. Durch massive Bombenangriffe gegen Ziele der *Hamas* wurde nahezu die gesamte industrielle Infrastruktur im Gazastreifen zerstört. Schätzungen zufolge belaufen sich die Kosten für den Wiederaufbau des Gazastreifens auf 2 Milliarden US-Dollar.

Bereits in der ersten Hälfte des 20. Jahrhunderts war die Verquickung religiöser Identifikationen mit politischen Zielvorstellungen in Bezug auf das Gebiet des historischen Palästinas sowohl bei Juden als auch bei Palästinensern eine entscheidende Konfliktursache, die zu heftigen Auseinandersetzungen um die heiligen Stätten in Jerusalem geführt hatte. Mit der Gründung des Staates Israel auf der Grundlage des UN-Teilungsplans für Palästina im Jahr 1948 wurde die weitere Entwicklung des Konfliktes auch zu einem israelisch-arabischen Konflikt, der zu mehreren Kriegen zwischen Israel und seinen arabischen Nachbarländern führte. Im Sechstagekrieg von 1967 war es Israel gelungen, das Dreifache seines ursprünglichen Territoriums zu erobern und das Staatsgebiet auch auf palästinensisches Territorium auszudehnen. In den von Israel annektierten Gebieten wurden von nun an jüdische Siedlungen errichtet. Im Anschluss an diese Niederlage der arabischen Staaten schlossen sich verschiedene palästinensische Organisationen in der *Palestine Liberation Organisation* (PLO) unter Führung von Jassir Arafat, des Vorsitzenden der *Fatah* (Eroberung), zusammen und versuchten hauptsächlich durch Anschläge auf israelische Einrichtungen die Situation der Palästinenser ins Bewusstsein der Weltöffentlichkeit zu rücken. Die PLO trat mir dem Anspruch auf das vollständige ehemalige britische Mandatsgebiet in Palästina auf.

Friedensverhandlungen zwischen der palästinensischen Führung und Israel wurden erst 1991 unter der Schirmherrschaft der USA und Russlands aufgenommen. Zwei Jahre später führte die Vermittlung israelisch-palästinensischer Geheimkontakte durch den norwegischen Außenminister Johan Holst zur gegenseitigen Anerkennung Israels und der PLO. Dies war die Voraussetzung für das wenige Tage später in Washington durch Israel und die PLO unterzeichnete Abkommen, die so genannten Osloer Verträge, über eine palästinensische Teilautonomie im Gazastreifen und in Jericho im Westjordanland. Mit der *Palästinensischen Autonomiebehörde* (PA) wurde eine Institution geschaffen, um einen Übergang zu einem demokratischen Staat der Palästinenser einzuleiten. Die ersten Präsidentschaftswahlen 1996 gewann Arafat und seitdem bestand eine enge Verbindung zwischen der PA und der *Fatah*, als stärkster Gruppierung innerhalb der PLO.

Die Verhandlungserfolge hatten die innerisraelischen und innerpalästinensischen Widersprüche verschärft. In beiden Lagern verurteilten oppositionelle Kräfte die Autonomieabkommen als Verrat. Nachdem die so genannte Intifada, der Aufstand der Palästinenser in den von Israel besetzten Gebieten zwischen 1987 und 1993, beendet war, begann auf palästinensischer Seite der islamische Fundamentalismus der Gruppen *Harakat al-Muqa'wama al-Islamiya* (*Hamas*, Islamische Widerstandsbewegung), *Jihad Islami* (Islamischer Dschihad) sowie der *Al-Aqsa-Brigaden* an Einfluss zu gewinnen. Besonders die *Hamas* konnte sich dabei auf ein weit reichendes Netz an islamischen Einrichtungen unter anderem im Bildungs- und Sozialbereich stützen. Ihre Führer, islamische Geistliche und Intifada-Aktivisten, propagierten einen islamischen Staat und lehnten den Staat Israel kompromisslos ab. Um ihr oberstes Ziel, die Vernichtung Israels zu erreichen, setzten die Fundamentalisten auf die Wirkung zahlreicher Anschläge und Selbstmordattentate.

Die Verschärfung des innenpolitischen Konfliktes in Israel wurde besonders durch die Ermordung des Ministerpräsident Yitzhak Rabin von der *Arbeitspartei* durch einen rechtsradikalen Israeli am 4. November 1995 deutlich. Der Streit zwischen den politischen Parteien über die besetzten Gebiete blockierte jegliche weiteren Schritte zu einer Verhandlungslösung mit der PLO. Erst die aus den Wahlen von 1999 hervorgegangene israelische Regierung unter Führung des Chefs der *Arbeitspartei*, Ehud Barak, einigte sich mit Arafat darauf, die Verhandlungen über den endgültigen Status des palästinensischen Gemeinwesens bis September 2000 abzuschließen. Als deutlich wurde, dass sich Arafat und Barak insbesondere in den Fragen der Rückkehr der palästinensischen Flüchtlinge und des Status von Jerusalem nicht so schnell einigen konnten, trat Barak im Dezember 2000 als Ministerpräsident zurück. Zuvor hatte der von den Palästinensern als Provokation empfundene Besuch des israelischen Oppositionsführers Ariel Sharon am 28. September 2000 auf dem Jerusalemer Tempelberg, nahe der Al-Aqsa-Moschee, eine Eskalation der Gewalt ausgelöst, die in einem neuen Krieg zwischen palästinensischen Gruppen und israelischen Sicherheitskräften gipfelte.

Bei Neuwahlen im Jahr 2001 erzielte Sharon einen deutlichen Wahlsieg über Barak und bildete eine Koalitionsregierung der Nationalen Einheit, an der sich auch die *Arbeitspartei* beteiligte. Diese zerbrach jedoch bereits im Jahr darauf – unter anderem aufgrund von Streitigkeiten über die Finanzierung der jüdischen Siedlungen in den Palästinensergebieten. Aus den vorgezogenen Neuwahlen Anfang 2003 ging Sharons *Likud* (Zusammenschluss) erneut deutlich gestärkt hervor. Seine mitte-rechts-gerichtete Regierung kündigte an, weder Vorgaben für die Gründung eines palästinensischen Staates noch dessen volle Souveränität zu akzeptieren. Nachdem bereits der Gazastreifen abgeriegelt worden war, begann Israel im Sommer 2002 damit, das Westjordanland durch den Bau einer Mauer vom israelischen Kernland abzutrennen. Ein Gutachten des *Internationalen Gerichtshofes* (IGH) in Den Haag vom 9. Juli 2004 stellte die Völkerrechtswidrigkeit der Mauer fest. Darauf reagierte die israelische Regierung mit der Erklärung, dass sie ausschließlich Urteile des eigenen Obersten Gerichts anerkenne. Dieses hatte lediglich festgestellt, dass der Verlauf der Mauer in einem 35 Kilometer langen Abschnitt nördlich von Jerusalem geändert werden müsse.

Um weiteren Selbstmordattentaten entgegenzuwirken, setzte Israel auf eine Politik so genannter gezielter Tötungen ranghoher Angehöriger von als terroristisch eingestuften palästinensischen Organisationen. Dieser fielen am 22. März 2004 der *Hamas*-Führer Scheich Ahmed Yassin sowie am 17. April dessen Nachfolger Abdel Asis Rantisi zum Opfer. Umso überraschender kam im Sommer 2004 die Ankündigung Scharons, alle Siedlungen im Gazastreifen und einige im Westjordanland bis Ende 2005 komplett räumen zu wollen, was zu heftigen Auseinandersetzungen innerhalb der Regierung und auch Scharons *Likud* führte. Nur mit Hilfe der oppositionellen *Arbeitspartei* erreichte Sharon eine parlamentarische Mehrheit, um sein Vorhaben durchzuführen. Als Konsequenz verließ er den *Likud* und gründete im Herbst 2005 mit der *Kadima* (Vorwärts) eine neue Partei, zu der prominente Mitglieder aus den beiden traditionellen großen Parteien *Likud* und *Arbeitspartei* übertraten. In Teilen der Bevölkerung stieß die Räumung der Siedlungen auf heftigen Widerstand und die radikalen Siedlerorganisationen warfen Scharon trotz der Ankündigung von Entschädigungszahlungen Verrat am eigenen Volk vor. Nichtsdestotrotz endete am 12. September 2005 die Besatzung des Gazastreifens durch Israel.

Anfang Januar 2006 konnte Scharon krankheitsbedingt sein Amt nicht mehr wahrnehmen. Den Vorsitz sowohl der noch jungen *Kadima* als auch der Regierung übernahm Ehud Olmert. Trotz dieses Wechsels an der Regierungsspitze gelang es der Regierungskoalition sich in Neuwahlen Ende März 2006 zu behaupten und somit eine gewisse Kontinuität der israelischen Politik herzustellen. Auf Seiten der Palästinenser hatte der Tod Jassir Arafats im Jahr 2004 dagegen eine ernste Nachfolgekrise ausgelöst. In der von ihm bis zu seinem Tod geleiteten *Fatah* bahnten sich zwischen den verschiedenen Flügeln Auseinandersetzungen um die Führung an. Darüber hinaus erhoben nicht der PLO angehörende Gruppen wie *Hamas* und *Jihad Islami* Ansprüche auf ein größeres innenpolitisches Mitspracherecht. Der neue PLO-Vorsitzende Mahmud Abbas von der *Fatah* gewann zwar die Präsidentschaftswahl im Januar 2005, aber die Parlamentswahl am 25. Januar 2006 konnte die *Hamas* unerwartet für sich entscheiden und mit 76 der 132 Sitze die Mehrheit im palästinensischen Parlament erreichen, was fortan eine Koordination zwischen den beiden Parteien notwendig machte.

Obwohl die *Hamas* einen inoffiziellen Waffenstillstand eingehalten und keine eigenen Gewaltaktionen gegen Israel mehr durchgeführt hatte, wurde die neu gebildete Regierung von Israel nicht als Verhandlungspartner anerkannt. Außenpolitisch stand sie vor dem Problem, ihre Politik der Nichtanerkennung Israels mit den Wünschen insbesondere der USA und der EU zu vereinbaren, auf deren finanzielle Unterstützung die PA angewiesen war. Konkret forderten diese von der *Hamas*-Regierung das Existenzrechts Israels und alle von der PLO mit Israel abgeschlossenen Verträge anzuerkennen sowie terroristischen Anschlägen eine Absage zu erteilen. Bereits kurz nach dem Wahlsieg der *Hamas* stellten Israel die Überweisung von Steuer- und Zolleinnahmen und die USA die Auszahlung von Zuschüssen an die palästinensischen Behörden ein. Die EU schloss sich diesem Schritt Anfang April 2006 an.

Nach einem israelischen Militäreinsatz im Gazastreifen verübte die *Hamas* Mitte Juni 2006 erstmals seit 16 Monaten wieder Raketenangriffe auf

Israel. Zu einer erneuten Eskalation kam es endgültig zwei Wochen später, nachdem vermutlich Angehörige der Exilorganisation der *Hamas* zwei israelische Soldaten töteten und einen weiteren entführten. Israel reagierte mit einer Militäroffensive, die zu einer zeitweiligen Wiederbesetzung des nördlichen Gazastreifens führte. Bei dieser Operation wurden innerhalb von drei Monaten 250 Palästinenser getötet und an die 1.000 Menschen verletzt. Für die Weiterführung des Friedensprozesses kam zu diesen Kämpfen erschwerend hinzu, dass die innerpalästinensischen Auseinandersetzungen zwischen *Fatah* und *Hamas* infolge der Parlamentswahlen mit kriegerischer Gewalt ausgetragen wurden, was letztlich zu einer territorialen Teilung des palästinensischen Gebiets führte: die *Hamas* kontrollierte fortan den Gazastreifen, während die PLO im Westjordanland regierte.. Dieser Konflikt erschwerte auch den Friedensprozess mit Israel, da auf palästinensischer Seite kein Ansprechpartner mehr zur Verfügung stand, der für sich realistischerweise in Anspruch nehmen konnte, als Vertreter der Palästinenser aufzutreten.

Auf den militärischen Sieg der *Hamas* über die *Fatah* im Gazastreifen reagierte Israel seit Juni 2007 mit Militäreinsätzen, bei denen zahlreiche Menschen ums Leben kamen. Außerdem machte Olmert deutlich, dass er die *Hamas* nicht als Gesprächspartner für Verhandlungen anerkennen würde. Am 19. September 2007 erklärte Israel den Gazastreifen zu „feindlichem Gebiet", woraufhin sich die humanitäre Lage dort zunehmend verschlechterte. Grund dafür waren nicht nur die militärischen Auseinandersetzungen, sondern auch der Versorgungsstopp, mit dem Israel das Gebiet isolierte. Lieferungen von Strom und Treibstoff sowie Lebensmitteln in den Gazastreifen wurden unterbunden. Eine von der US-Regierung initiierte Nahost-Konferenz in Annapolis im November 2007, an der auch arabische Staaten wie Syrien und Saudi-Arabien teilnahmen, sollte einen Grundstein für neue Friedensgespräche bilden. Im Vorfeld der Konferenz ließ die israelische Regierung 432 palästinensische Gefangene aus israelischer Haft frei. Auf einer Geberkonferenz in Paris wurde im Dezember 2007 weiterhin die Zahlung von über 7 Milliarden US-Dollar an die PA zugesagt.

Im Februar 2008 kam es erstmals seit über einem Jahr zu einem Bombenattentat in der israelischen Stadt Dimona, bei dem eine Israelin ums Leben kam. Als Reaktion darauf intensivierte die israelische Armee ihre Angriffe im Gazastreifen. Unter ägyptischer Vermittlung fanden in den nächsten Wochen bilaterale Gespräche zwischen Israels Verteidigungsminister Ehud Barak und Mubarak einerseits sowie Delegationen der *Hamas* und Mubarak andererseits statt. Nach grundsätzlichen Verständigungen über die Bedingungen eines Waffenstillstands trat dieser im Juni für sechs Monate in Kraft. Dieser brachte in den folgenden Wochen eine deutliche Verringerung der Gewalt mit sich.

Nach dessen Ablauf am 19. Dezember 2008 eskalierte die Gewalt jedoch rasant. Als Reaktion auf vermehrte Raketenangriffe aus dem Gazastreifen bis weit in den Süden Israels hinein, begann das israelische Militär massive Luftoperationen gegen Ziele der *Hamas*. Am 3. Januar 2009 starteten die israelischen Streitkräfte eine Invasion des Gazastreifens. Aufgrund der dichten Besiedelung sowie der engen Verzahnung ziviler und militärischer Einrichtungen der *Hamas* wurde ein großer Teil der zivilen und industriellen Infrastruktur zerstört. Die sieben verbleibenden Textilfabriken wurden nach massiver Beschädigung geschlossen und 22 der 29 Zementfabriken komplett zerstört. Infolge der Kämpfe kamen mindestens 1.400 Palästinenser ums Leben, gesicherte Angaben über den Anteil der Zivilisten darunter existieren nicht. Unter den Toten waren auch hochrangige Mitglieder der *Hamas*, unter anderem Innenminister Sa'id Siyam. Auf israelischer Seite starben während der Kämpfe 13 Soldaten und drei Zivilisten durch Raketenangriffe aus dem Gazastreifen. Sowohl die *Hamas* als auch Israel lehnten eine Resolution des UN-Sicherheitsrates vom 8. Januar ab, nach welcher ein bilateraler Waffenstillstand geschlossen werden sollte. Stattdessen gaben beide Parteien am 18. Januar jeweils einen unilateralen Waffenstillstand bekannt. Anschließende, durch die ägyptische Regierung initiierte, indirekte Verhandlungen brachten darüber hinaus keine Ergebnisse.

Bis zum 21. Januar hatte sich die israelische Armee wieder vollständig aus dem Gazastreifen zurückgezogen. Im September wurde der sogenannte „Goldstein-Bericht" veröffentlicht, das Schlussdokument einer im April vom UNHCR eingesetzten Untersuchungskommission zur Dokumentation möglicher Kriegsverbrechen während der Kämpfe im Januar. Der Bericht beschuldigte sowohl die israelische Armee als auch die Kämpfer der *Hamas* mutmaßlicher Kriegsverbrechen und Verbrechen gegen die Menschlichkeit. Er forderte beide Seiten auf, eigenständige Ermittlungen zu beginnen. Sowohl israelische Offizielle als auch Vertreter der Hamas lehnten die Ergebnisse des Berichts ab.

Auch wenn die massive militärische Konfrontation mit dem Rückzug der israelischen Armee am 21. Januar formal beendet wurde, kam es seitdem zu regelmäßigen militärischen Auseinandersetzungen zwischen palästinensischen Gruppen und der israelischen Armee. Bei Raketenangriffen aus dem Gazastreifen und den meist folgenden israelischen Luftangriffen kamen seit Januar mindestens zwei Israelis und 31 Palästinenser ums Leben. Neben den weiter stattfindenden militärischen Auseinandersetzungen im Gazastreifen kam es im Laufe des Berichtjahres auch vermehrt zu gewaltsame Auseinandersetzungen zwischen Palästinensern und israelischen Sicherheitskräften im Westjordanland. So wurde am 15. März ein Palästinenser in Jerusalem erschossen, nachdem er einen Bulldozer in ein israelisches Polizeifahrzeug gelenkt hatte. Im Verlauf des Jahres kamen dabei mindestens fünf Palästinenser und zwei Israelis ums Leben.

Während der Kämpfe im Januar fand in Israel ein Wahlkampf zu vorgezogenen Parlamentswahlen statt. Premierminister Olmert war im September

2008 als Reaktion auf sich erhärtende Korruptionsvorwürfe von seinem Amt als Parteivorsitzender der *Kadima* zurückgetreten und hatte auch das Amt des Regierungschefs zur Verfügung gestellt. Eine Neubildung der Regierungskoalition scheiterte und so fanden am 10. Februar 2009 Wahlen statt, welche keine eindeutige Mehrheit hervorbrachten. Die *Kadima* der israelischen Außenministerin und neugewählten Vorsitzenden Livni konnte als stärkste Partei 28 der 120 Sitze im israelischen Parlament, der Knesset, auf sich vereinen. Der *Likud* von Benjamin Netanjahu erreichte als zweitstärkste Fraktion 27 Sitze. Das Scheitern einer Koalition zwischen den zwei größten Fraktionen war bereits einige Tage nach der Wahl abzusehen. Am 20. Februar beauftragte der israelische Präsident Schimon Peres den Vorsitzenden des *Likud* mit der Bildung einer Regierungskoalition, welche unter der Beteiligung der stark eingebrochenen *Arbeitspartei* am 31. März ihre Arbeit aufnahm. Bereits in den ersten Wochen nach Amtsantritt wurde deutlich, dass die neue israelische Regierung die Friedensverhandlungen mit der PA unter anderen Bedingungen fortführen würde als die vorangegangene Administration.

Die Friedensgespräche wurden auch durch die anhaltende Spaltung innerhalb der palästinensischen Führung weiterhin erschwert. Durch den ungelösten Konflikt zwischen einer von der *Hamas* geführten Regierung im Gazastreifen und einer vom palästinensischen Präsidenten Abbas am 18. Mai eingesetzten Regierung unter Salam Fayyad im Westjordanland kann keine der Parteien einen Alleinvertretungsanspruch erheben und ernsthafte Verhandlungen mit der israelischen Regierung beginnen. Am 5. November erklärte Abbas, er werde zu den nächsten Präsidentschaftswahlen in den Palästinensergebieten nicht mehr antreten. Nach einer folgenden Erklärung der PLO vom 16. Dezember, in welcher die Gruppe die Amtszeit Abbas auf unbegrenzte Zeit verlängerte, eskalierte der Konflikt um die palästinensische Führung weiter.

Seit dem Amtsantritt des neuen US-Präsidenten Barack Obama im Januar des Berichtsjahres intensivierte auch die amerikanische Regierung ihre Vermittlungsbemühungen zwischen der israelischen Regierung und der PLO. Der neue US-Sondergesandte für den Nahen Osten, George Mitchell, sowie die neue Außenministerin Hillary Clinton besuchten mehrmals die Region und Obama empfing Netanjahu und Abbas am 22. September in New York. Speziell die Frage nach der Zukunft der israelischen Siedlungen im Westjordanland und das von Netanjahu geäußerte Interesse, die größten dieser Siedlungen weiter auszubauen, bileb ein zentraler Streitpunkt und konnte auf dem Verhandlungsweg bisher nicht gelöst werden. Am 25. November des Berichtsjahres verkündete Netanjahu zwar einen Siedlungsstopp, welcher jedoch nicht die bereits begonnen Siedlungsaktivitäten betraf und eine Ausnahme für Jerusalem vorsieht.

Obwohl im Jahresverlauf die Zahl gewalsamen Auseinandersetzungen deutlich zurückgegangen ist, konnten keine nennenswerten Erfolge im Friedensprozess erzielt werden. Dies ist einerseits durch den ungelösten Konflikt innerhalb der palästinensischen Führung zu erklären. Andererseits war die neue israelische Regierung zu keinen Zugeständnissen bei den strittigen Hauptproblemen wie vor allem den israelischen Siedlungen im Westjordanland bereit. Inwieweit der Rückzug der israelischen Armee aus dem Gazastreifen mit einem dauerhaften Absinken der gewaltsamen Auseinandersetzungen unter die Kriegsschwelle einhergeht, bleibt daher abzuwarten.

Nils Razum

Weiterführende Literatur und Informationsquellen:
Croitoru, Joseph: Hamas. Der islamische Kampf um Palästina, München 2007
Johannsen, Margret: Der Nahostkonflikt, Wiesbaden 2006
Perthes, Volker: Geheime Gärten. Die neue arabische Welt, Bonn 2005
International Crisis Group: Ending the War in Gaza: http://www.icg.org
International Crisis Group: Israel's Religious Right and the Question of Settlements: http://www.icg.org
http://www.btselem.org (israelisches Informationszentrum für Menschenrechte in den besetzten Gebieten)
http://www.fateh.net (*Fatah*)
http://www.freeman.org (israelische Gegner des Friedensprozesses)
http://www.haaretz.com (israelische Tageszeitung)
http://www.idf.il(Israelische Streitkräfte)
http://www.ipcc-jerusalem.org (Palästinensisches Friedens- und Kooperationszentrum)
http://www.israel-mfa.gov.il (israelisches Außenministerium)
http://www.pchrgaza.ps (palästinensisches Menschenrechtszentrum)

Jemen

(Krieg)

Beginn: 2004
Kriegstyp: A-1
Beteiligte: *Harakat al-Shabab al-Mou'min* / Jemen, Saudi-Arabien

Das Berichtsjahr 2009 sah eine weitere Intensivierung der Kampfhandlungen im Jemen. Mit einer Offensive unter der Namen „Operation verbrannte Erde" versuchte die jemenitische Regierung Anfang August den Rebellen der *Harakat al-Shabab al-Mou'min* (Bewegung der Gläubigen Jugend) einen entscheidenden Schlag beizubringen, der jedoch kein Ende der Kampfhandlungen zur Folge hatte. Stattdessen weitete sich der Krieg ab November auf Saudi-Arabien aus.

Der Jemen ist der ärmste Staat der arabischen Halbinsel und darüber hinaus politisch instabil. Bewaffnete Aufstände im Norden sowie Sezessionsbewegungen im Süden schränken die Handlungsfähigkeit der Zentralregierung zunehmend ein. Dazu kommen Unterentwicklung und traditionelle Stammesstrukturen in weiten Teilen des Landes. Speziell die nördliche Region um die Stadt Saada nahe der Grenze zu Saudia-Arabien Grenze ist durch Armut und mangelnde Infrastruktur gekennzeichnet. In dieser Region ist die Bedeutung der Stämme mit ihren bewaffneten Milizen groß. Die Identität der Stämme ist durch die Vorstellung von Abstammungsgemeinschaften sowie einer traditionellen Form der Repräsentation und Rechtssprechung geprägt. Als Folge der politischen und wirtschaftlichen Marginalisierung durch die Zentralregierung über die letzten 30 Jahre und durch eine Vielzahl bewaffneter Konflikte kam es zu einer verstärkten Militarisierung der Stammesgruppen. Es wird geschätzt, dass sich im Jemen circa 50 Millionen automatische Gewehre und Handfeuerwaffen im Besitz nichtstaatlicher Akteure befinden.

Neben den Stammesstrukturen spielt auch die Religion eine wichtige Rolle. Die muslimische Bevölkerung des Jemen spaltet sich auf in zwei rivalisierende Hauptströmungen. Während die Stämme des Nordens einer schiitisch-zaiditischen Ausrichtung folgen, sind die Stämme des Süd- und Zentraljemen einer sehr konservativen sunnitisch-salafistischen Lehre zuzurechnen. Die schiitisch-zaidititische Doktrin basiert auf der Überzeugung, dass ausschließlich der Imam einen legitimen weltlichen Führungsanspruch besitzt, welchen die konservativen Strömungen innerhalb der Zaidiyah in der Form des Imamats wieder herzustellen trachten. Das erste zaiditische Imamat wurde zum Ende des 9. Jahrhunderts im Nordjemen gegründet. Ihm folgten weitere Imamate, die verschiedene Teile des heutigen Jemen kontrollierten. Das letzte zaiditische Imamat wurde 1962 durch einen Militärputsch beendet. Die nachfolgenden Regierungen konnten die zaiditischen Stämme nie vollständig unterwerfen, sondern diese behielten eine weitgehende Autonomie. Diese Historie spielt bis in die Gegenwart eine bedeutende Rolle für das politische Selbstverständnis der zaiditischen Stämme und erklärt ihr nostalgisches Verhältnis zur Vergangenheit sowie das Verlangen nach der Wiedergewinnung alter Privilegien.

Seit der Vereinigung von Nord- und Südjemen im Jahre 1990 kam es insgesamt zu einer verstärkten Identifizierung mit den tribalen Abstammungsgemeinschaften. In den zaiditischen Gebieten des Nordens ging die Zunahme der Identifizierung mit der Stammeszugehörigkeit mit einer religiösen Fundamentalisierung und dem Sinnen nach zaiditischer Vormachtstellung einher – insbesondere vor dem Hintergrund einer wachsenden Popularität des sunnitischen Salafismus. Badr al-Din al-Huthi war in der sich zuspitzenden ideologisch-religiösen Auseinandersetzung und Rivalität zwischen sunnitischen Salafisten und schiitischen Zaiditen einer der prominentesten Wortführer und Vordenker auf Seiten der Zaiditen.

Mit der Vereinigung von Nord- und Südjemen wurde im Jemen ein Mehrparteiensystem mit allgemeinem Wahlrecht eingeführt. Der *Allgemeine Volkskongress* unter dem Präsidenten Ali Abdullah Saleh stellt seitdem die Regierung. Trotz der Vertretung der jemenitischen Stämme über Parteien im

Staatsapparat des vereinigten Jemen gelten die staatlichen Institutionen auf lokaler Ebene als Symbole des Machterhalts von fernen Eliten.

Neben vielen anderen Parteien wurde 1990 auch die konservativ-sunnitische *Islah* (Versammlung für Reform) gegründet. Diese setzt sich größtenteils aus tribalen Führern des südlichen Jemens und sunnitisch-salafistischen Islamisten zusammen. Im Jahre 1991 formierte sich vor dem Hintergrund der pro-saudiarabischen Ausrichtung der *Islah* die schiitisch ausgerichtete *Al-Haqq* (Wahrheit). Diese Partei wurde zum größten Teil von zaiditischen Stammesangehörigen aus der Saada-Region gebildet.

Hussein al-Huthi, ein Sohn Badr al-Din al-Huthis, war für die *Al-Haqq* bis 1997 Parlamentsabgeordneter. Nachdem sich Differenzen mit dem Generalsekretär der Partei, Sayyid Ahmad Muhammad al-Shami, nicht bereinigen ließen, gründeten Hussein, sein Bruder Muhammad sowie sein Vater die *Harakat al-Shabab al-Mou'min*, die unter den zaiditischen Stämmen Nordjemens bis in die Gegenwart einen breiten Rückhalt genießt.

Seit den Terroranschlägen vom 11. September 2001 in den USA spitzten sich die Konflikte zwischen der Zentralregierung, die von den USA als Verbündeter im Kampf gegen den Terror militärische und finanzielle Unterstützung bekommt, und den zaiditischen Stämmen zu, deren Gebiete von der Zentralregierung unter anderem als Rückzugsgebiete für internationale Terroristen angesehen wird. Die zunehmende religiöse Ideologisierung der zaiditischen Stämme führten mit dem Auftreten der *Harakat al-Shabab al-Mou'min* zu einer Militarisierung der zaiditischen Bewegung.

Die Kampfhandlungen zwischen dem Militär und der *Harakat al-Shabab al-Mou'min* unter der Führung Hussein al-Huthis, die seitdem auch als *Huthi-Rebellen* bezeichnet wurden, begannen 2004, nachdem Hussein al Huthi angeordnet hatte, die Abführung der religiösen Almosensteuer (Zaklat) an den Staat mit Waffengewalt zu unterbinden. Al-Huthi und seinen Anhängern wurde von der Zentralregierung vorgeworfen, die Restauration des Imamats anzustreben. Des Weiteren warf die Regierung Huthi zu Beginn der kriegerischen Auseinandersetzung vor, seit 1997 ungenehmigte Religionsschulen im Nordjemen gegründet zu haben, aus deren Umfeld vermutlich die Kämpfer der *Harakat al-Shabab al-Mou'min* rekrutiert wurden. Den Kampfhandlungen 2004 sollen mehrere Verhaftungen jugendlicher Anhänger der *Harakat al-Shabab al-Mou'min* vorausgegangen sein.

Der bisherige Verlauf des Krieges verzeichnete mehrere Phasen: Nach anfänglichen Erfolgen verschanzten sich die etwa 3.000 mit automatischen Gewehren und Raketenwerfern ausgerüsteten Rebellen von Ende Juni bis Ende September 2004 in Höhlen der Marran-Berge nahe der Grenze zu Saudi-Arabien. Die Armee riegelte alle Zugänge dorthin ab, unterband sämtliche Telefonverbindungen in die Region und setzte Panzer, Artillerie und Kampfflugzeuge gegen die Rebellen ein. Ein auf Drängen von Opposition und Menschenrechtsorganisationen, welche die Auswirkungen der Blockade auf die

Versorgung der Zivilbevölkerung in der Region kritisierten, gebildetes Verhandlungskomitee erreichte kein Ende der Kämpfe. Anfang August kam es trotz eines einwöchigen Waffenstillstands erneut zu Auseinandersetzungen, in deren Verlauf die Armee in einem groß angelegten Angriff die Kontrolle über die Bergregion erlangte. In den folgenden Wochen durchkämmte sie auf der Suche nach führenden Mitgliedern der *Harakat al-Shabab al-Mou'min* als Rückzugsorte der Rebellen verdächtigte Dörfer. Huthi wurde nach offiziellen Angaben am 10. September von der Armee getötet. Die Kampfhandlungen dauerten noch an, bis sich der stellvertretende Anführer der Rebellen, Abdullah al-Razami, am 21. September ergab. Polizei und Armee verhafteten Hunderte von Menschen, die der Unterstützung oder Verbindung mit Huthi und der *Harakat al-Shabab al-Mou'min* verdächtigt wurden. Die Angaben über die Zahl der Gesamtverluste auf beiden Seiten für das Jahr 2004 lagen zwischen 600 und 1.000.

Nach dem Tod Hussein al-Huthis übernahm dessen Vater Badr al-Din al-Huthi die geistige Führung der *Harakat al-Shabab al-Mou'min* und versuchte sukzessiv eine breitere Rebellenkoalition zu formen. Als Gründe für die erneuten Angriffe der Rebellen im Jahr 2005 nannte Badr al-Din al-Huthi die andauernde Gefangenhaltung der als Unterstützer Huthis verhafteten Personen sowie die allgemein repressive Situation in den zerstörten Gebieten von Saada. Angekündigte Gespräche zwischen dem Präsidenten und Badr al-Din al-Huthi in der Hauptstadt Sanaa fanden nicht statt, so dass Letzterer nach Saada zurückkehrte, um dort die etwa 2.000 Rebellen anzuführen.

Anlass der zweiten Runde der Auseinandersetzungen war der Tod von vier mutmaßlichen Unterstützern der Rebellen, die am 19. März 2005 bei Auseinandersetzungen mit der Polizei auf einem Waffenmarkt in Saada erschossen wurden. Zeitungsberichten zufolge attackierten die Rebellen Polizeiposten mit Granaten, zerstörten mehrere Panzer und verübten ein Attentat auf den Polizeichef von Saada, bei dem dieser allerdings nicht verletzt wurde. Der Angriff der Rebellen auf ein Militärlager in der Region Nishur führte schließlich Ende März 2005 zu weiteren Auseinandersetzungen mit der Armee. Ihren Höhepunkt erreichten die Kämpfe am 30. März, als etwa 150 Menschen bei Kämpfen getötet wurden. Die Regierungstruppen setzten wie im Vorjahr schwere Waffen und später auch Spezialeinheiten ein, um gegen die befestigten Positionen der Aufständischen in Razamat und Nishur vorzugehen. Stammeskämpfer, die die Regierung unterstützten, stoppten Waffentransporte der Aufständischen. Gleichzeitig führte die Regierung Hausdurchsuchungen und Massenverhaftungen durch. Bis zur Verkündigung des Endes der Kampfhandlungen nach Einnahme der Rebellenpositionen durch Präsident Saleh Mitte April 2005 sollen insgesamt etwa 800 Menschen getötet und ebenso viele verhaftet worden sein.

Anlässlich des 43. Jahrestags des Sturzes der Monarchie erließ Präsident Saleh am 26. September 2005 eine Amnestie für die gefangenen mutmaßli-

chen Unterstützer der Rebellion und kündigte eine Kompensation für die
Familie Hamid al-Din an, die bis zur so genannten Septemberrevolution
regiert hatte. Dass mit diesem Schritt das Konfliktpotential nicht beseitigt
wurde, zeigte sich als Ende November erneut mehrere Dutzend Menschen bei
Auseinandersetzungen zwischen Rebellen und Regierungseinheiten starben.
Die Umsetzung der Amnestie schien Anfang März 2006 mit der Entlassung
von rund 630 Gefangenen erfolgt zu sein, die in den Jahren 2004 und 2005
ohne bestimmte Anklage in Haft genommen worden waren. Menschenrechtsorganisationen kritisierten allerdings eine mangelnde Transparenz, die
es unmöglich machte, die Zahl der Freigelassenen von unabhängiger Seite zu
bestätigen.

Obwohl 2006 keine in ihrer Intensität mit den beiden vorangegangenen
Jahren vergleichbaren Kampfhandlungen stattfanden, hielten die Auseinandersetzungen an. Nachdem Badr al-Din al-Huthi im Februar 2006 nach einer
Erkrankung gestorben war, übernahm dessen Sohn Abdul-Malik al-Huthi die
Führung der Rebellen. Im gesamten Jahresverlauf gab es immer wieder kurze
aber intensive Kämpfe in der Saada-Region zwischen Regierungstruppen und
der *Harakat al-Shabab al-Mou'min*.

Ab Ende Januar 2007 griff die Armee über mehrere Wochen mit einer
geschätzten Truppenstärke von 30.000 Mann in der Saada-Region die Rebellen an. Augenzeugenberichten zufolge wurden dabei vom Militär Helikopter
eingesetzt, um Orte wie Al-Naqa'ah nahe der saudiarabischen Grenze zu
bombardieren, die als Rückzugsgebiete der *Harakat al-Shabab al-Mou'min*
galten. Bei diesen Kämpfen wurden schätzungsweise 700 Menschen getötet.
Genauere Angaben zu den Verlusten auf beiden Seiten lagen nicht vor. Neben den Kämpfen wurde aber auch verhandelt. Aufgrund der Stagnation der
direkten Verhandlungen zwischen der jemenitischen Regierung und den
Rebellen, bot sich Katar als Vermittler zwischen den beiden Kriegsparteien
an. Die Verhandlungen begannen im Mai und schon im Juni konnte ein Waffenstillstandsabkommen ausgearbeitet werden.

Die Unterzeichnung des Abkommens wurde auf das Frühjahr 2008 fest-
gesetzt. Es sah eine Entwaffnung und Begnadigung der Rebellen und ihrer
Sympathisanten sowie umfangreiche Wiederaufbauarbeiten der zerstörten
Regionen um die Stadt Saada vor, um die circa 30.000 aufgrund der Kämpfe
geflohenen Einwohner wieder zur Rückkehr zu bewegen. Letztlich wurde der
Waffenstillstand aber nicht eingehalten und es kam weiterhin immer wieder
zu Zusammenstößen zwischen den Kriegsparteien.

Das Berichtsjahr 2009 sah eine Intensivierung der Kampfhandlungen
zwischen der Zentralregierung und der *Harakat al-Shabab al-Mou'min*. Unter dem Namen Operation verbrannte Erde wurde Anfang August eine Großoffensive gegen die Rebellen gestartet. Diese zählten zeitweise bis zu 100
Geschosseinschläge pro Stunde nahe ihren Stellungen. Neben einer intensiven Bombardierung von zum Teil auch zivilen Zielen wurde auch mit einer

Blockade jeglicher Nahrungsmittel- und Hilfslieferungen Druck auf die Rebellen ausgeübt. Dadurch, dass das Kriegsgebiet für ausländische Berichterstatter gesperrt war, gab es keine unabhängigen Angaben zu Verlusten auf beiden Seiten. Die Zahl der Flüchtlinge wurde auf etwa 150.000 geschätzt. Da die Rebellen sich vor den Angriffen der Regierungstruppen zum Teil über die Grenze auf saudisches Gebiet geflüchtet hatten, griff ab November Saudi Arabien zunehmend aktiv zugunsten der jemenitischen Regierung in die Kämpfe ein.

Aufgrund der Tatsache, dass der Jemen sich zunehmend mit Staatszerfallsprozessen konfrontiert sah, die durch den Krieg gegen die *Harakat al-Shabab al-Mou'min* im Norden aber auch durch Sezessionsbestrebungen im Süden zum Ausdruck kam, sagte die US-Regierung dem Präsidenten Saleh ihre Unterstützung im Kampf gegen die *Huthi-Rebellen* zu. Die Gefahr, dass der Jemen verstärkt zu einem Rückzugs- und Operationsgebiet für *Al-Qaida* (Die Basis) werden könnte, stand offensichtlich hinter dieser Zusage. Ob das Eingreifen Saudi-Arabiens und verstärkten militärische Hilfe seitens der USA dazu beitragen werden, den Krieg im Jemen zu beenden, bleibt abzuwarten.

Christian Sülau

Weiterführende Literatur und Informationsquellen:
Cordesman, Anthony H./Al-Rodhan:The Gulf Military Forces in an Era of Asymmetric War. Yemen, Working Draft for Review and Comments Revised. Center for Strategic and International Studies, Washington DC 2006
Glosemeyer, Iris: Jemen. Mehr als ein Rückzugsgebiet für al-Qa'ida, (Deutsches Orient Institut, Focus Nr. 10), Hamburg 2003
Glosemeyer, Iris: Local Conflict, Global Spin. An Uprising in the Yemeni Highlands, in: Middle East Report 34 (2004), S. 44-46
International Crisis Group: Yemen. Coping with Terrorism and Violence in a Fragile State, 2004: http://www.icg.org
Ortlieb, Lars C.: Der Machtkampf der beiden Ali. Gescheiterte Vereinigung und Krieg im Jemen 1994 (Arbeitspapier der Forschungsstelle Kriege, Rüstung und Entwicklung; Universität Hamburg), Hamburg 1997
Peterson, J.E. "The al-Huthi Conflict in Yemen." *Arabian Peninsula Background Note*, No. APBN-006, August 2008: http://www.JEPeterson.net
Stiftl, Ludwig: Politischer Islam und Pluralismus. Theoretische und empirische Studie am Beispiel des Jemens, Berlin 1998
http://www.merip.org/mero/mero040306.html (Middle East Report Online)
http://www.newsyemen.net (News Yemen)
http//:www.yementimes.com (Yemen Times)
http//:www.yobserver.com (Yemen Observer)

Russland (Nordkaukasus)

(Krieg)

Beginn: 1999
Kriegstyp: B-2
Beteiligte: *Kaukasisches Emirat* / Russland

Am 16. April 2009 erklärte die russische Regierung das Ende des seit zehn Jahren währenden Einsatzes gegen tschetschenische und islamistische Rebellen. Nur acht Tage später verkündete sie die Ausweitung der Operationen in Tschetschenien. Diese Erklärungen verdeutlichen nicht nur das Andauern des Krieges im russischen Teil des Nordkaukasus, vor allem in den Nachbarrepubliken Tschetscheniens. Nachdem die Kampfhandlungen bereits 2008 wieder angestiegen waren, setzte sich diese Eskalation im Berichtsjahr fort.

Der Nordkaukasus gelangte im 18. Jahrhundert in den Einflussbereich Russlands. Die dort ansässige Bevölkerung widersetzte sich mit wechselnder Intensität den russischen Eroberungsbestrebungen. Die ursprünglich tschetschenische Rebellenbewegung bezog sich in ihrem aktuellen Kampf immer wieder auf historische Vorbilder, vor allem auf eine Reihe blutiger Aufstände im 19. Jahrhundert. Während des Zweiten Weltkrieges wurden alle Tschetschenen unter dem Vorwurf der Kollaboration mit der deutschen Wehrmacht nach Sibirien und Kasachstan deportiert. Zehntausende Menschen starben noch auf dem Transport, viele weitere verloren in den kargen Regionen durch Unterernährung ihr Leben. Nach dem Tod Josef Stalins durften die Tschetschenen 1953 in ihre Heimat zurückkehren. Doch das gegenseitige Misstrauen zwischen der mittlerweile dort angesiedelten russischen Bevölkerung und den Zurückgekehrten blieb bestehen.

Kurz nach dem Zerfall der Sowjetunion erklärte Tschetschenien sich unter dem Namen Tschetschenische Republik Itschkeria für unabhängig. Dass sich große Teile der Bevölkerung Tschetscheniens nicht als Teil der Russischen Föderation ansahen, sondern einen unabhängigen Staat forderten, wurde zum einen mit der langen Unterdrückung durch Russland begründet, aber auch durch unterschiedliche Gesellschaftssysteme. Sippen, so genannte Teips, waren die bestimmenden gesellschaftlichen Einheiten der Tschetschenen. Die Isolation der einzelnen Bergdörfer verhinderte eine moderne Verstaatlichung der Region und das traditionelle Wertesystem blieb erhalten. Für Tschetschenen bildet die Zugehörigkeit zu einem Teip die Basis von Identität und Loyalität.

Moskau reagierte auf die Unabhängigkeitserklärung der Tschetschenen zunächst mit diplomatischem Druck, dann mit verdeckter Unterstützung verschiedener Oppositionsgruppen und schließlich mit militärischen Mitteln, um Tschetschenien in der Russischen Föderation zu halten. Die Region wurde im Ersten Tschetschenienkrieg (1994-1996) weitgehend verwüstet. Militärische Niederlagen und hohe russische Verluste zwangen die russische Führung an den Verhandlungstisch. Zwar blieb Tschetschenien am Ende dieser Gespräche offiziell Teil der Russischen Föderation, faktisch wurde es jedoch unabhängig. Durch den Rückzug der russischen Truppen und die Planung eines Referendums in Tschetschenien, das fünf Jahre später über den endgültigen Status der Republik entscheiden sollte, entzog sich die Region der Kontrolle Moskaus. Nach dem Ersten Tschetschenienkrieg und dem Rückzug der russischen Truppen schien sich die Situation zu stabilisieren.

Aus den im Januar 1997 unter Aufsicht der *Organisation für Sicherheit und Zusammenarbeit in Europa* (OSZE) abgehaltenen Präsidentschaftswahlen ging Aslan Maschadow, der ehemalige Stabschef der tschetschenischen Streitkräfte, als Sieger hervor. Da er fast sein ganzes Leben außerhalb Tschetscheniens verbracht hatte und die Bindung an seine Sippe nicht sehr eng war, galt der moderate Muslim als guter Kompromisskandidat. Am 12. Mai 1997 wurde ein Friedensvertrag zwischen den Konfliktparteien Russland und Tschetschenien vom russischen Präsidenten Boris Jelzin und dem tschetschenischen (itschkerischen) Präsidenten, Aslan Maschadow, unterschrieben. Es gelang Maschadow jedoch nur für kurze Zeit, sich die Unterstützung der ehemaligen Feldkommandeure zu sichern. Der Krieg hatte die wirtschaftlichen Grundlagen der Region zerstört und die vereinbarte Wiederaufbauhilfe aus Moskau blieb fast gänzlich aus, so dass die den Teips vorstehenden Clanchefs bald nur noch die Interessen ihrer eigenen Gruppen verfolgten. Einige wandten sich dem Wahabismus zu, einer radikalen Glaubensströmung des Islam – auch in der Hoffnung, dadurch Finanzhilfen aus dem Ausland, vor allem aus Staaten der Arabischen Halbinsel, zu erhalten. Viele bedienten sich krimineller Methoden, um das wirtschaftliche Überleben ihrer Sippen zu sichern. Dies beinhaltete vor allem Schmuggel, die illegale Raffination von Erdöl und teilweise auch die Entführung ausländischer Arbeiter. Auf Raubzügen in angrenzende Regionen kam es immer wieder zu kleineren Gefechten mit russischen Grenztruppen. Es bildeten sich damit bereits vor Beginn des Zweiten Tschetschenienkrieges 1999 die Strukturen einer Kriegsökonomie heraus, die seither zunehmend an Bedeutung gewonnen haben.

Im Frühjahr und Sommer 1999 eskalierte die Situation. Eine Serie von Überfällen auf russische Miliz- und Grenzposten veranlasste das russische Innenministerium ab Juli 1999 offensiv gegen tschetschenische Kämpfer vorzugehen. Der Konflikt weitete sich aus, als im August 1999 mehrere hundert Separatisten unter der Führung des Feldkommandeurs Schamil Bassajew die benachbarte Republik Dagestan überfielen und eine islamische Republik ausriefen. Erst nach vier Wochen konnten russische Einheiten die tschetschenischen Kämpfer aus Dagestan vertreiben. Bassajew hatte bereits im Ersten Tschetschenienkrieg gekämpft und übernahm im aktuellen Konflikt insbesondere die Verantwortung für die Planung der Geiselnahmen in einem Moskauer Musicaltheater 2002 und einer Schule im nordossetischen Beslan 2004.

Darüber hinaus soll er die Rekrutierung von Selbstmordattentätern organisiert haben. Viele moderate Rebellenführer distanzierten sich von Bassajews Methoden.

Der Überfall auf Dagestan 1999 diente den Föderationsstreitkräften als Legitimation für eine Ausweitung der Angriffe auf Tschetschenien. Mehrere im September 1999 verübte Bombenanschläge auf russische Wohnhäuser im Großraum Moskau, bei denen fast 300 Zivilisten getötet und mehrere hundert verletzt wurden, dienten als weitere Rechtfertigung, mit aller Härte gegen Tschetschenien vorzugehen. Die russische Führung machte tschetschenische Separatisten für die Anschläge verantwortlich. Trotzdem hielten sich Gerüchte über eine Beteiligung des russischen Geheimdienstes an den Anschlägen hartnäckig.

Eine groß angelegte russische Bodenoffensive begann am 1. Oktober 1999. Die Region wurde bei diesem Vormarsch massiven Zerstörungen ausgesetzt. Auf die Zivilbevölkerung wurde keine Rücksicht genommen. Die tschetschenische Hauptstadt Grosny wurde am 6. Februar 2000 offiziell für besetzt erklärt. Damit endete auch der Widerstand größerer tschetschenischer Einheiten. Die Separatisten zogen sich in die Berge und schlecht zugängliche Dörfer im südlichen Teil der Region zurück und begannen mit einem Guerillakrieg, der bis heute andauert. Die schnellen Siege der Armee und die Eroberung der tschetschenischen Hauptstadt nützten vor allem Wladimir Putin. Bei seinem Amtsantritt als Premierminister nahezu unbekannt, band er seine politische Karriere schnell an den Konflikt im Nordkaukasus. Nach der Einnahme von Grosny errichtete Moskau eine Verwaltungsbehörde, deren Chef Achmad Kadyrow wurde. Am 5. Oktober 2003 wurde er durch internationale Beobachter als Farce bezeichnete Wahlen zum Präsidenten gewählt. Kadyrow wurde 2004 Opfer eines Anschlags und seinen Posten übernahm nach einer Interimsphase 2007 sein Sohn Ramzan Kadyrow.

In den Jahren 2005 und 2006 gelang es den russischen Sicherheitskräften, mehrere Rebellenführer zu töten. Im März 2005 wurde Maschadow in einem Versteck in der Nähe von Grosny aufgespürt und getötet. Sein Nachfolger Abdul-Chalim Sadulajew starb im Juni 2006 in seiner Heimatstadt Argun in der Nähe von Grosny bei einer Operation der Sicherheitskräfte. Einen Monat später kam mit Bassajew auch der bekannteste Rebellenführer ums Leben. Mit ihrer Strategie, die Führungspersönlichkeiten der Rebellen zu töten, machte die russische Führung unter Präsident Putin 2006 klar, dass sie eine Lösung des Konfliktes mit militärischen Mitteln anstrebte.

Kurz nach dem Tod von Sadulajew wurde Doku Umarow von den Rebellen zu dessen Nachfolger ernannt. Dieser bemühte sich vor allem auch um die Stärkung der Bindungen zwischen den verschiedenen islamistischen Rebellengruppen im Nordkaukasus. Die tschetschenisch-nationalistische Konfliktbegründung trat seither zugunsten einer den gesamten Nordkaukasus umfassenden islamistischen Ideologie in den Hintergrund. Diese Entwicklung gipfelte in der Ausrufung des *Kaukasischen Emirats* am 30. Oktober 2007. Laut inoffiziellen Quellen aus den Reihen der tschetschenischen Milizen, kontrollierten die Rebellen zu diesem Zeitpunkt allein etwa 35 Prozent des tschetschenischen Territoriums. Die Zahl der noch aktiven Rebellen wurde von Ramzan Kadyrow auf 60 geschätzt, während das Innenministerium noch 440 aktive Rebellen vermutete. Nikolai Rogozhkin, Kommandeur der Truppen des Innenministeriums widersprach dieser Angabe und bezifferte die Zahl der Rebellen auf etwa 700. Die Rebellen selbst gaben die Zahl ihrer Mitglieder, die im Nordkaukasus den bewaffneten Widerstand fortführen, mit etwa 1.000 an.

Auf pro russischer Seite kam der Miliz von Ramzan Kadyrow eine besondere Bedeutung zu. Mit ihr wurde die Strategie der Tschetschenisierung des Konflikts verfolgt. Zugleich nutze Kadyrow diese Stellung zur Festigung seiner Macht in Tscheschenien. Kurz nach seinem Amtsantritt ernannte er einen Cousin zum Premierminister. Kadyrow benutzte Wiederaufbaugelder und direkte Finanzhilfen aus Moskau, um seine Machtposition in Tschetschenien und seine mehrere Tausend Mann starke Miliz auszubauen, die für Menschenrechtsverletzungen, vor allem Entführungen und systematische Folter, berüchtigt ist.

Trotz dieser fortschreitenden Monopolisierung der Macht durch Kadyrow gab es auch Konflikte unter den pro-russischen Gruppierungen. Am 15. April 2008 starben bei einem Schusswechsel innerhalb der Sicherheitskräfte zwischen Anhängern Sulim Jamadajews und Kadyrows in Gudermes insgesamt 18 Menschen. Ruslan Jamadajew, ein Bruder Sulim Jamadajews und wie dieser ein Gegner Kadyrows, wurde Ende September in Moskau auf offener Straße erschossen. Sulim Jamadajew sah sich gezwungen, Ende 2008 in die Vereinigten Arabischen Emirate zu fliehen.

Nachdem bereits im Vorjahr die Rebellenaktivitäten wieder angestiegen waren, setzte sich dieser Trend 2009 fort. Trotzdem versuchte die russische Seite den Anschein einer Normalisierung in der Region weiter aufrecht zu erhalten und verkündete am 16. April ein Ende der seit zehn Jahren andauernden Militäroperationen. Fünf Tage später wurden bei einem Rebellenangriff drei russische Soldaten in der Nähe der tschetschenischen Hauptstadt Grosny getötet. Nur weitere zwei Tage später erklärte die russische Führung, dass die Militäroperationen in Tschetschenien ausgeweitet werden sollten.

Obwohl 2009 auch in Tschetschenien regelmäßig Zusammenstöße zwischen Rebellen und Sicherheitskräften stattfanden, lag der Schwerpunkt der Kampfhandlungen wie schon in den Vorjahren in den Nachbarrepubliken – vor allem Inguschetien und Dagestan. Das ganze Jahr über fanden Anschläge, Überfälle auf Militärkonvois und Schusswechsel zwischen Rebellen und Sicherheitskräften statt. Diese Ereignisse forderten in der Regel jeweils nur wenige Todesopfer. Bis Mitte Oktober sollen knapp 200 Menschen in den drei Republiken ums Leben gekommen sein.

Die beiden bedeutendsten Gewaltereignisse im Berichtsjahr fanden in Inguschetien statt. Am 22. Juni wurde der erst seit 2008 amtierende inguschetische Präsident Junus-Bek Jewkurow Ziel eines Selbstmordanschlags, überlebte diesen aber schwer verletzt. Zur Durchführung dieser Aktion wurde innerhalb der Rebellen eine Einheit wieder ins Leben gerufen, die der 2006 getötete Bassajew geleitet hatte. In der Zeit nach dem Anschlag auf Jewkurow konnte Kadyrow seine Machtposition im Nordkaukasus zunächst ausbauen, indem er durch die russische Regierung mit der Koordination gemeinsamer Aktivitäten der tschetschenischen und inguschetischen Sicherheitskräfte betraut wurde. Auch der opferreichste Anschlag des Berichtsjahres ereignete sich in Inguschetien, als am 17. August ein Anschlag mit einem mit Explosivstoffen beladenem Lastwagen auf das Hauptquartier der Polizei in Nasran verübt wurde. Dabei starben 25 Menschen, 136 wurden verwundet.

Mehrere Gegner Kadyrows fielen im Berichtsjahr Anschlägen zum Opfer. Für diplomatische Verwicklungen sorgte im Januar die Ermordung des früheren Rebellen Umar Israilow in Wien, der Kadyrow 2006 der Folter beschuldigt hatte. Am 28. März wurde der Ende 2008 nach Dubai geflohene Sulim Jamadajew ermordet. Ein internationaler Haftbefehl im Zusammenhang mit diesem Mord wurde gegen Adam Delimchanow ausgestellt, einem engen Vertrauten Kadyrows und tschetschenischen Abgeordneten im russischen Parlament für die Regierungspartei. Im Nordkaukasus selbst ermordet wurde eine Mitarbeiterin der russischen Menschen- und Bürgerrechtsorganisation *Memorial*. Natalia Estemirowa wurde am 15. Juli in Grosny entführt und ihre Leiche noch am selben Tag in Inguschetien gefunden. *Memorial* stellte daraufhin die Arbeit in der Region aus Sicherheitsgründen vorübergehend ein und nahm sie erst am 16. Dezember wieder auf.

In einer Ansprache an die Nation bezeichnete Präsident Dmitri Medwedew die Gewalt im Nordkaukasus als das größte innere Problem Russlands. Darüber hinaus räumte er ein, dass das Ausmaß an Gewalt und Korruption als beispiellos. Mit der Benennung der Korruption als eine der der Gewalt zugrunde liegenden Ursachen könnte die russische Regierung neue Wege in der Bekämpfung des Aufstands beschreiten. Ähnlich hatte sich in der Vergangenheit auch bereits der inguschetische Präsident Jewkurow geäußert. Dagegen stehen allerdings die Kräfte in der russischen Führung, die bei der Niederschlagung der Rebellen weiterhin auf den tschetschenischen Präsidenten Kadyrow setzen.

Wolfgang Schreiber

Weiterführende Literatur und Informationsquellen:

German, Tracey: Russia's Chechen War, London u.a. 2003

Hassel, Florian: Der Krieg im Schatten. Rußland und Tschetschenien, Frankfurt am Main 2003

Human Rights Watch: "As If They Fell From Sky". Counterinsurgency, Rights Violations, and Rampant Impunity in Ingushetia, 2008: http://www.hrw.org

International Crisis Group: Russia's Dagestan. Conflict Causes, 2008: http://www.icg.org
Sakwa, Richard (Hrsg): Chechnya. From Past to Future, London 2005
http://eng.kavkaz-uzel.ru (Menschenrechtsorganisation „Memorial")
http://iwpr.net (Institute for War and Peace Reporting)
http://www.chechenpress.info („Tschetschenische Republik Itchkeria")
http://www.kavkazcenter.com (Islamistische Rebellen)
http://www.rferl.org/featuresarchive/subregion/northcaucasus.html (Radio Free Europe)
http://www.jamestown.org/programs/ncw (North Caucasus Analysis der Jamestown
    Foundation)

Türkei (Kurden

(Krieg)

Beginn: 2004
Kriegstyp: B-2
Beteiligte: PKK / Türkei

Im Berichtsjahr 2009 überraschte die türkische Regierung mit der Ankündigung, eine „Demokratische Initiative" zur nachhaltigen Lösung des Kurden-
problems einzuleiten. Damit wurden scheinbar neue Spielräume für die türkische Kurdenpolitik eröffnet. Als bei der Kommunalwahl am 31. März die
kurdisch-türkische *Demokratik Toplum Partisi* (DTP, Partei der Demokratischen Gesellschaft) zur führenden Kraft in den kurdischen Landesteilen geworden war und sie die Zahl der ihr angehörigen Bürgermeister auf 99 ver-
doppeln konnte, hofften Teile der türkischen Öffentlichkeit und kurdische
Kreise auf einen Durchbruch. Doch Anschläge der *Partiya Karkeren Kurdistan* (PKK, Arbeiterpartei Kurdistans) und ein türkisch-nationaler Konsens,
die kurdische Frage auch weiterhin mit militärischen Maßnahmen lösen zu
wollen, kennzeichneten die Entwicklungen im weiteren Verlauf des Jahres.

Trotz der Vereinbarung über einen autonomen Kurdenstaat im Vertrag
von Sèvres 1920, besiegelte der Friedensvertrag von Lausanne 1923 nach
dem Ersten Weltkrieg die Aufteilung der von Kurden besiedelten Gebiete
zwischen den heutigen Staaten Türkei, Irak, Iran und Syrien. Nach Gründung
der Republik Türkei im selben Jahr durch Mustafa Kemal Atatürk sollten
sämtliche in der Türkei lebenden Kulturen zu einer einheitlichen Nation zu-
sammengeführt werden, in der jeder, der die türkische Staatsbürgerschaft
besaß, auch kulturell als Türke definiert wurde. Die ethnische Gruppe der
Kurden, die aktuell rund 20 Prozent der türkischen Bevölkerung ausmacht,
sollte durch Zwangsmaßnahmen assimiliert werden. Hierzu zählten das Verbot der verschiedenen kurdischen Dialekte sowie die Zerschlagung der traditionellen kurdischen Stammesstrukturen. Die Reformen Atatürks konnten
jedoch innerhalb der tribal geprägten kurdischen Bevölkerung nicht durchgesetzt werden.

Den Widerstand der Kurden, der sich in den 1920er und 1930er Jahren in mehreren Erhebungen gegen die Staatsgewalt manifestierte, versuchte man mit Vertreibungen und Zwangsumsiedlungen von lokalen Autoritäten und Stammesführern zu brechen. Durch die Zerstörung örtlicher Machtgefüge sollte so ein Vakuum geschaffen werden, in dem die Staatsdoktrin des Kemalismus greifen konnte. Mit Aufhebung der Einparteienherrschaft nach dem Zweiten Weltkrieg und der darauf folgenden Formierung neuer Parteien stand es auch kurdischen Scheichs und Stammesführern offen, politische Ämter zu bekleiden. Sie nutzten ihren Einfluss auf staatlicher Ebene jedoch weniger zur Förderung der sozioökonomischen Entwicklung des Ostens der Türkei als zur Festigung ihrer Macht durch Klientelismus und den Ausbau ihres Großgrundbesitzes. Zudem blieben die kurdisch besiedelten Gebiete von der Industrialisierung des Landes und staatlichen Entwicklungsprogrammen weitgehend ausgenommen und verharren bis heute in quasi-feudalen Strukturen.

Der kurdische Widerstand flammte erneut vor dem Hintergrund der weltweiten 1968er-Proteste und einer Wirtschaftskrise Anfang der 1970er Jahre auf, unter deren Folgen besonders der vernachlässigte kurdische Südosten der Türkei zu leiden hatte. Abdullah Öcalan gründete 1978 mit seinen Anhängern die straff marxistisch-leninistisch organisierte PKK. Am 15. August 1984 erklärte der bewaffnete Arm der PKK dem türkischen Staat den Krieg. Als ihre Ziele benannten die Rebellen den Kampf gegen die Unterdrückung der kurdischen Minderheit sowie gegen die Machtstellung kurdischer Großgrundbesitzer. Diese Ziele sollten mit der Errichtung eines unabhängigen, sozialistischen Kurdistan verwirklicht werden.

Während die PKK bis Mitte der 1980er Jahre innerhalb der Bevölkerung keinen besonderen Rückhalt hatte und hohe Verluste hinnehmen musste, lösten Ende der 1980er Jahre vor allem die verschärften Übergriffe der türkischen Armee einen regelrechten kurdischen Aufstand (Serhildan) aus. Das Militär reagierte auf die Anschläge und Überfälle der PKK mit der periodischen Durchkämmung kurdischer Dörfer, Vertreibungen und Plünderungen. Im Jahr 1987 wurde in elf von insgesamt 81 türkischen Provinzen der Ausnahmezustand ausgerufen.

Im Februar 1999 wurde die PKK durch die Festnahme ihres Führers Öcalan in Kenia entscheidend geschwächt. Sie verkündete daraufhin einen einseitigen Waffenstillstand und wollte sich nach eigenen Angaben für eine friedliche und demokratische Lösung der Kurdenfrage einsetzen. Der Krieg wurde aber bis Oktober 2001 vor allem durch Offensiven der türkischen Armee im Nordirak fortgesetzt, in den sich die PKK mittlerweile mehrheitlich zurückgezogen hatte. Auch die PKK führte den bewaffneten Kampf trotz des Waffenstillstands fort. Nach eigenen Angaben sah sie von zivilen Zielen ab. Insgesamt hatte dieser Krieg bis dahin mehr als 36.000 Tote gefordert. Nach Angaben der türkischen Regierung wurden 353.000 Menschen aus ihren Dörfern vertrieben, internationale Beobachter und türkische Nichtregierungsorganisationen sprechen von einer bis 4,5 Millionen Vertriebenen. Rund 3.500 Dörfer wurden geräumt und zerstört.

Im April 2002 löste sich die PKK auf und der *Kongreya Azadî û Demokrasiya Kurdistanê* (KADEK, Kongress für Freiheit und Demokratie Kurdistan) wurde als Nachfolgeorganisation ins Leben gerufen. Da sich allerdings personelle Strukturen, Satzung und die politische Zielsetzung im Wesentlichen nicht veränderten, ist eher von einer Umbenennung zu sprechen. Der KADEK wiederum wurde im Oktober 2003 in *Kongra Gelê Kurdistan* (KONGRA GEL, Volkskongress Kurdistans) umbenannt. Die Organisation verkündete am 1. Juni 2004, als die Unterstützung für den bewaffneten Kampf in der kurdischen Bevölkerung massiv abgenommen hatte, das Ende des seit 1999 ausgerufenen Waffenstillstandes. Im Zuge dessen weiteten sich die Anschläge und Zusammenstöße in den kurdischen Gebieten der Türkei aus. Aufgrund der anstehenden Beitrittsverhandlungen mit der EU, setzte die türkische Regierung unter Ministerpräsident Recep Tayyip Erdoğan gleichzeitig jedoch ihre Reformbemühungen bezüglich der Minderheitenrechte fort.

Im Jahr 2005 erfolgte eine Neugründung der PKK, die das ideologische Rückgrat eines von Öcalan proklamierten „Demokratischen Konföderalismus" bilden sollte. Anstatt der bisherigen Ideologie des sozialistischen Nationalismus, wurde nun die politische und kulturelle Autonomie innerhalb des föderalen Staatsgefüges gefordert. Nach eigenen Angaben sollte die neue PKK den weiterhin als Dachverband bestehenden KONGRA GEL nicht ersetzen, sondern ergänzen. Die Organisationsstrukturen von PKK und KONGRA GEL sind jedoch weitgehend identisch, weshalb die Bezeichnungen von türkischen Behörden und Medien meist synonym verwendet werden. Auch in diesem Artikel wird – diesem Sprachgebrauch folgend – im Weiteren von der PKK die Rede sein, wenn auch gleichzeitig der KONGRA GEL gemeint ist.

Nach Angaben des türkischen Außenministeriums finanziert sich die PKK vorrangig durch organisierte Kriminalität wie Drogengeschäfte, Waffen- und Menschenschmuggel, Erpressungen und Geldwäsche. Die PKK spricht ihrerseits von Mitgliedsbeiträgen unter anderem auch aus der kurdischen Diaspora, von Spenden, Gewinnen aus Großveranstaltungen und dem Verkauf von Publikationen. Ihre Kämpfer rekrutiert sie hauptsächlich unter den türkisch-kurdischen Flüchtlingen im Nordirak. Die circa 5.000 bis heute verbliebenen PKK-Kämpfer halten sich überwiegend in den Kandil-Bergen im Grenzgebiet des Nordirak auf. Sie versuchten von dort aus über die Grenze in die Türkei zu gelangen, um Anschläge zu verüben.

Grundsätzlich fordert die PKK die Anerkennung und Förderung der kurdischen Kultur, Sprache und Identität in allen Bereichen, das Recht auf eine freie politische Betätigung, eine Generalamnestie, den Rückzug der türkischen Militärs aus den Kurdengebieten, die Abschaffung des Dorfschützersystems, die Entwicklung sozialer und wirtschaftlicher Projekte und die Stärkung der Kommunalverwaltungen in den Kurdengebieten Südostanatoliens. Unter diesen Voraussetzungen wäre sie bereit, ihren bewaffneten Kampf einzustellen.

Im Jahr 2006 kam es nach Demonstrationen, die durch den Tod von 14 PKK-Kämpfern bei Zusammenstößen mit dem Militär ausgelöst wurden, in mehreren Städten im Südosten der Türkei zu schweren Ausschreitungen. Diese Ereignisse bereiteten den Weg für ein strengeres Anti-Terror-Gesetz, in dem neue Richtlinien festgelegt wurden, inwieweit Sympathiebekundungen für die PKK und die ihr nahe stehenden Organisationen als terroristisch zu bewerten und deshalb strafbar seien. Dies hatte eine Verdopplung derartiger Untersuchungsfälle insbesondere gegen kurdische Politiker und politisch aktive Kurden zur Folge.

Obwohl im Kontext der Parlamentswahlen im Juni 2007 die bestehenden Spannungen zwischen dem Militär und der konservativ-muslimischen Regierungspartei *Adalet Kalkinma Partisi* (AKP, Partei für Gerechtigkeit und Entwicklung) bis hin zu Putschdrohungen gegen die Regierung eskalierten, rückten das Militär und die Regierung wenige Monate später in der Frage der Bekämpfung der PKK-Stützpunkte im Nordirak wieder eng zusammen. Die Regierung ließ sich im Oktober – wie jedes Jahr seit 2000 – vom Parlament dazu ermächtigen, für einen Zeitraum von zwölf Monaten jederzeit Truppen in den Nordirak entsenden zu können, mit der alleinigen Einschränkung, dass dabei ausschließlich gegen die PKK vorgegangen werden dürfe und nicht gegen das kurdische Autonomiegebiet. Noch im selben Monat folgte eine zeitlich begrenzte militärische Intervention in den Nordirak. Die USA, die eine längerfristige Invasion des türkischen Militärs und eine damit mögliche Destabilisierung des Nordirak verhindern wollten, stellten der Türkei im Gegenzug ihre geheimdienstlichen Informationen über die Basen der PKK im Nordirak zur Verfügung. Dieser Schulterschluss mit dem Militär kostete die AKP, die aufgrund ihrer reformorientierten Minderheitenpolitik ein Hoffnungsträger der kurdischen Bevölkerung war, allerdings Akzeptanz.

Auf Grundlage der zwölfmonatigen Ermächtigung zur Kriegsführung des Jahres 2007 führte das türkische Militär sein Vorgehen gegen die PKK im Nordirak während des Jahres 2008 fort. Diesmal ohne zeitliche Beschränkung nahmen Ende Februar die türkischen Operationen im Rahmen der Kriegsermächtigung mit dem Einmarsch von 10.000 türkischen Soldaten in den Nordirak eine neue Qualität an. Das Ziel der Türkei war die präventive Schwächung der PKK. Inoffizielles Ziel war es darüber hinaus, die schrittweise Metamorphose der nordirakischen Autonomiegebiets zu einem eigenständigen kurdischen Staat und damit eine mögliche Verstärkung nationalistischer kurdischer Bestrebungen auch innerhalb der Türkei zu verhindern. Die größte Offensivaktion der PKK im Jahr 2008 war ein Angriff von 250 bis 300 PKK-Kämpfern auf den abgelegenen türkischen Grenzposten Aktütün an der Grenze zum Nordirak im Oktober, bei dem 17 Soldaten ums Leben kamen, die Opferzahl auf der Seite der PKK ist unklar. Weniger als eine Woche nach diesem Angriff verlängerte das türkische Parlament seine Einwilligung zu grenzüberschreitenden Kampfeinsätzen des Militärs um weitere zwölf Monate.

Auf die im Jahr 2008 eingeleiteten Reformschritte zur Erfüllung der Kopenhagener Kriterien für die Beitrittsverhandlungen mit der EU aufbauend, bildete sich im Berichtsjahr 2009 eine bis dahin nicht gekannte Diskussionsoffenheit in Presse und Politik heraus. Dies führte zwar zu einer gewissen Konfliktdeeskalation, doch die Kämpfe zwischen PKK und türkischem Militär setzten sich weiterhin fort.

Die im Irak ansässige PKK-Führung erklärte Mitte April eine einseitige Waffenruhe. Und der in Öcalans Abwesenheit zum ersten Mann der PKK aufgerückte Murat Karayilan betonte, dass die PKK ihr Ziel eines eigenen Kurdenstaates aufgegeben habe und nichts anderes als eine Gleichberechtigung der Kurden innerhalb der Türkei anstrebe. Ungeachtet dessen wurden im Mai des Berichtsjahres mindestens elf Soldaten und drei Zivilisten durch einen PKK-Anschlag getötet. Trotz der andauernden intensiven militärischen Verfolgung, zeigte sich die PKK durch vermehrte Zusammenstöße mit dem türkischen Militär, welches in den südostanatolischen Kurdengebieten mit etwa 100.000 Soldaten präsent war, keineswegs handlungsunfähig. Als massivste Aktion im Jahr 2009 verübte die PKK Ende April einen Sprengstoffanschlag in der Nähe der Stadt Lice, bei dem neun türkische Soldaten getötet wurden. Einen Tag später begann die türkische Luftwaffe, Stellungen der PKK im Nordirak, meist in der Kandil-Region anzugreifen. Dabei kamen zehn PKK-Rebellen ums Leben. Seitdem folgten bis Jahresende mehrere Einsätze der türkischen Streitkräfte im Nachbarland. Insgesamt wurden im Verlauf des Berichtsjahres mindestens 54 Soldaten und 69 Rebellen getötet.

Im Zuge der staatlichen Bemühungen um eine friedliche Beilegung des Konflikts fand Ende Juni das erste Treffen zwischen Erdoğan und dem Vorsitzenden der seit 2007 im türkischen Parlament mit 21 Parlamentariern vertretenen DTP, Ahmet Türk, statt. Dennoch wurden frühzeitig die Grenzen der zu Beginn als „Demokratische Öffnung" und dann als Projekt der nationalen Einheit bezeichneten Regierungspläne deutlich, da das Reformpaket kollektive Rechte der kurdischen Bevölkerungsminderheit weiterhin ausschließt. Auch die EU kritisierte in ihrem diesjährigen Fortschrittsbericht erneut das mangelhafte Reformtempo, stagnierende Bemühungen und Defizite bei der Pressefreiheit und Bürgerrechten.

Die Enttäuschung vieler Kurden, über die den monatelang geschürten Erwartungen nicht gerecht werdenden Reformpläne der Regierung, führte gegen Ende des Berichtsjahres zum Ausbruch eines wochenlangen Serhildan, bei dem vier Menschen getötet und über 1.000 festgenommen wurden. Seit September wurden immer wieder DTP-Büros, aber auch kurdische Geschäfte und Wohnungen angegriffen und nationalistische Demonstrationen durchgeführt. Das türkische Verfassungsgericht in Ankara sprach schließlich nach zweijährigen Ermittlungen im Dezember 2009 das Verbot der DTP als angeblich politischer Arm der PKK aus und verhängte des weiteren ein fünfjähriges Politikverbot gegen 37 ihrer Politiker. Neben zehn Bürgermeistern verhaftete die Polizei auch Dutzende Mitglieder der DTP-Nachfolgeorganisation *Barış ve Demokrasi Partisi* (BDP, Partei für Frieden und Demokratie). Diesem Verbot vorausgegangen war eine seit April des Berichtsjahres anhaltende Repressions- und Verhaftungswelle, die durch das 2006 erlassene Anti-Terror-Gesetz legitimiert wurde. Unter dem Vorwurf der Unterstützung der PKK wurden über 1.000 DTP-Mitglieder und 93 mutmaßliche PKK-Mitglieder festgenommen. Zudem kam es vermehrt zu gewaltsamen militanten Auseinandersetzungen zwischen zumeist jugendlichen Kurden und der Polizei, die durch Meldungen über eine Verschlechterung der Haftsituation Öcalans ausgelöst wurden.

In der ersten Hälfte des Berichtsjahrs konnten die Rahmenbedingungen für eine Lösung des Konfliktes noch als günstig bewertet werden, da es scheinbar zu einem grundsätzlichen Umdenken aller Beteiligten gekommen war. Doch die Ansicht, dass politische, soziale, kulturelle und wirtschaftliche Schritte und Zugeständnisse auf allen Seiten notwendig seien, konnte sich nach einem Vierteljahrhundert der Gewalt, nach staatlichen Repressionen und Anschlägen der PKK-Rebellen letztlich weder bei Regierung und Militär noch bei der PKK durchsetzen. Die Ansätze für eine friedliche Beilegung des Kurdenkonflikts mündeten 2009 daher nicht in Verbesserungen, sondern in einem Ende der Kurdeninitiative der Regierung. Unbeirrt verlängerte das Parlament Ende Oktober den Beschluss für grenzüberschreitende Operationen des türkischen Militärs um ein weiteres Jahr.

Louisa Frölich

Weiterführende Literatur und Informationsquellen:
Bundesamt für Verfassungsschutz: Arbeiterpartei Kurdistans (PKK), Volkskongress Kurdistans (KONGRA GEL) - Strukturen, Ziele, Aktivitäten, Köln 2007
Commission of the European Union: Turkey 2009 Progress Report, Brüssel 2009: http://ec.europa.eu/enlargement/press_corner/key-documents/reports_oct_2009_de.htm
Kramer, Heinz: Mutige Öffnung in der türkischen Innen- und Außenpolitik, (SWP-Aktuell 54), Berlin 2009
Lüdemann-Dundua, Antje: Kurden in der Türkei - Die Gewaltordnung der PKK, in: Bakonyi, Jutta/Hensell, Stephan/Siegelberg, Jens (Hrsg.): Gewaltordnungen bewaffneter Gruppen. Ökonomie und Herrschaft nichtstaatlicher Akteure in den Kriegen der Gegenwart, Baden-Baden 2006, S. 193-203
Özcan, Ali Kemal: Turkey's Kurds. A Theoretical Analysis of the PKK and Abdullah Öcalan, London u.a. 2006
Stiftung Wissenschaft und Politik (SWP) (Hrsg.): Türkische Turbulenzen: Kulturkampf um die „richtige" Republik, Berlin 2009
http://www.pkk.org (PKK)
http://www.hpg-online.com (Bewafneter Arm der PKK)

http://www.tccb.gov.tr (türkischen Präsidenten)
http://www.mfa.gov.tr (türkisches Außenministerium)
http://www.tbmm.gov.tr (türkisches Parlament)
http://www.tsk.mil.tr/eng (türkischer Generalstab)
http://www.byegm.gov.tr (regierungsnahe Nachrichten)
http://www.ihd.org.tr (türkische Menschenrechtsorganisation)
http://www.nadir.org/nadir/periodika/kurdistan_report (Kurdistanreport)
http://www.dialogkreis.de/nn.htm (kurdische Nachrichten)

Lateinamerika

Kolumbien

(Krieg)

Beginn: 1964
Kriegstyp: A-2
Beteiligte: FARC, ELN / Kolumbien, Paramilitärische Gruppen

Der Krieg in Kolumbien ist der am längsten andauernde bewaffnete Konflikt Lateinamerikas. Darüber hinaus hat er – nach dem Sudan – die weltweit höchste Zahl an Binnenvertriebenen und Flüchtlingen zur Folge. Im Berichtsjahr 2009 ist die Zahl weiter auf mehr als 4 Millionen Menschen gestiegen. Die enge Verquickung von politischer Macht und Gewaltstrukturen wurde im Berichtsjahr erneut deutlich: Wie in den Vorjahren wurden erneut Verbindungen zwischen Staat und nichtstaatlichen Gewaltgruppierungen aufgedeckt. Der kolumbianische Konflikt hat des Weiteren die territorialen Grenzen erneut strapaziert und zu politischen Spannungen innerhalb Lateinamerikas beigetragen. Sowohl Grenzgebiete zu Venezuela als auch zu Ecuador wurden im Berichtsjahr zu Zonen des Ausnahmezustandes und die diplomatischen Beziehungen zwischen den Ländern wurden vorübergehend abgebrochen.

Die Entstehung des Konfliktes in Kolumbien ist auf die Zeit, die *La Violencia* (Die Gewalt) genannt wird, zurückzuführen. Auslöser des Bürgerkrieges, der zwischen 1948 und 1957 stattfand und der mehr als 200.000 Opfer forderte, war die Ermordung von Jorge Gaitán, dem Vorsitzenden der Liberalen Partei. Während des Bürgerkrieges kämpften zunächst Anhänger der Liberalen und kommunistische Guerillafraktionen zusammen gegen die konservative Regierung. Ein Abkommen, das die künftige Regierungsverantwortung in vierjährigem Wechsel zwischen Konservativen und Liberalen festlegte, beendete die Auseinandersetzungen und dehnten auch den legalen Spielraum von Gewerkschaften und linker Opposition aus. Letztlich brachte die Übereinkunft, sich in der Ausübung des Präsidentenamts abzuwechseln, aber kaum sichtbare Unterschiede in der praktischen Politik mit sich. Alle, die den Interessen der beiden Parteien im Wege standen, wurden repressiv bekämpft. Dies machte einen friedlichen, demokratischen Wandel in Kolumbien unmöglich.

Anfang der 1960er Jahre bildeten sich in verschiedenen Ländern Lateinamerikas, darunter auch in Kolumbien, Guerilla-Bewegungen. Sie verfolgen eine sozio-politische Veränderung des Landes sowie einen politisches Machtwechsel. Die Förderungen der Guerilla zielten meistens auf eine radikale Landreform durch Enteignung von Großgrundbesitzern und beinhalteten den Aufbau einer Gegenstaatlichkeit in von ihr kontrollierten Gebieten. Ab 1964 rekrutierte Manuel Marulanda Vélez, genannt Tirofijo, aus den sozial benachteiligten südlichen Regionen Kolumbiens eine kampfbereite Anhängerschaft, die sich 1966 als *Fuerzas Armadas Revolucionarias de Colombia* (FARC, Revolutionäre Streitkräfte Kolumbiens) bezeichnete. Doch deren Kampf um eine gerechtere Landverteilung wurde durch die zunehmende Gewaltbereitschaft der Guerilleros ideologisch geschwächt. Durch die Verflechtung mit Drogenkartellen verlor die FARC später zusätzlich an Legitimation. Neben den FARC entstanden in den 1960 Jahren weitere Gruppen, wie das 1963 von Studenten, radikalen Katholiken und Linksintellektuelle gegründete *Ejército de Liberación Nacional* (ELN, Nationales Befreiungsheer), welches in den Landstrichen zwischen Karibikküste, venezolanischer Grenze und nördlicher Cordillera Central aktiv wurde.

Bereits 1965 bildeten sich in Kolumbien paramilitärische Bewegungen aus privaten Milizen der Großgrundbesitzer, die von der Regierung unterstützt wurden. Die Paramilitärs sollten eine ergänzende Funktion bei der Guerilla-Bekämpfung einnehmen und der konservativen Politik der Regierung Unterstützung in der Gesellschaft verschaffen. Anfang der 1980er Jahre gründete sich aus diesen vielen kleinen Milizen eine private Dachorganisation, die sich *Autodefensas Unidas de Colombia* (AUC, Vereinigte Selbstverteidigungseinheiten Kolumbiens) nannte. In deren ersten Jahren agierten die AUC vor allem im Norden des Landes im Grenzgebiet zu Venezuela, wo Erdölvorkommen, Kokainproduktion und -handel als Basis für die ökonomische Reproduktion illegaler Gewaltgruppierungen fungierten. Es bestand eine enge Zusammenarbeit mit Großgrundbesitzern und großen Firmen, welche die AUC als private Sicherheitskräfte in Anspruch nahmen. Trotz eines offiziellen Verbots der Zusammenarbeit seit Ende der 1980er Jahren wurden in den darauf folgenden Jahren immer wieder Fälle der Kooperation zwischen AUC und Militär bekannt.

Allerdings gab es in Kolumbien auch eine Dialogstrategie, wodurch eine Demobilisierung der Guerillagruppen verfolgt wurde. Während der Regierungszeit Belisario Betancurs (1982-86), wurden Friedensverhandlungen aufgenommen. Gruppierungen wie die M-19 und das *Ejército Popular de Liberación* (EPL, Volksbefreiungsheer) wurden großteils entwaffnet und in Friedensverhandlungen eingebunden. Die Verhandlungen mit den FARC und dem ELN scheiterten vor allem aus zwei Gründen: Zum einen setzte die Regierung Agrargesetze um, die eine zunehmende Konzentration des Landbesitzes in den Händen der Großgrundbesitzer und eine verstärkte Landflucht der Kleinbauern zur Folge hatten. Zum anderen wurden im Jahr 1985 Angehörige der *Union Patriótica* (UP, Patriotische Union), einer Partei, die sich größtenteils aus ehemaligen Guerillamitgliedern zusammensetzte, gezielt ermordet. Insgesamt 4.000 Politiker und 2.500 parteinahe Gewerkschafter wurden getötet. Daraufhin erklärten die FARC die Friedensverhandlungen für gescheitert.

Die verbliebenen Gewaltgruppierungen finanzieren sich spätestens nach dem Ende des Ost-West Konfliktes wesentlich aus der illegalen Schattenökonomie. Zur ökonomischen Reproduktion führte die FARC, in den von ihnen kontrollierten Gebieten, ein Steuersystem für Unternehmen ein und mit der Zunahme des weltweiten Kokainskonsums in den 1990er Jahren begannen sie auch auf die Herstellung von Kokain Steuern zu erheben. Entführungen und Auftragsmorde waren wichtige Einnahmequellen für die ELN, die – zumindest nach eigener Darstellung – die Finanzierung ihrer Organisation durch den Kokaanbau ablehnt.

Ende der 1990er nahm Präsident Andrés Pastrana die Friedensverhandlungen mit den FARC wieder auf. Das Ergebnis war das Zugeständnis der Regierung, eine so genannte Entspannungszone im Süden Kolumbiens einzurichten. 1998 zog sich die Armee aus einem 42.000 Quadratkilometer großen Gebiet zurück und überließ den FARC die politische und militärische Kontrolle. Die Einrichtung der Zone führte jedoch nicht zu einer Verringerung der Kampfhandlungen. Der Guerilla operierte weiterhin in kleinen Einheiten im ganzen Land und vor allem an der Grenze der Entspannungszone fanden seit 2001 regelmäßig Kämpfe zwischen der kolumbianischen Armee und der Guerilla statt.

Von den USA Anfang der 1990er Jahre eingeleitete Importerleichterungen für Kaffee verursachten einen Zusammenbruch des Weltmarkpreises. Die Einkommensverluste der kolumbianischen Kaffeebauern zusammen mit den eingeschränkten Wahlmöglichkeiten in der Politik sorgten für fortbestehende soziale Unzufriedenheit im ländlichen Raum. In der Folge nahm die Anzahl an Kokaplantagen zu, da der von den Drogenkartellen bezahlte Preis für das Koka die Lebensgrundlage vieler Bauern sicherte. Zudem wurde das Rekrutierungspotential sowohl der FARC als auch der AUC durch die zunehmende Polarisierung in der kolumbianischen Gesellschaft begünstigt. Jede Gewaltgruppierung bestand aus ca. 20.000 Kämpfern.

Kolumbien wurde, neben Peru und Bolivien, zu einem der Hauptproduzenten von Koka und Kokain. Aus diesem Grund wurde das Land zu einem der wichtigsten Ziele der Andean Strategy, die später Bestandteil des War on Drugs wurde. Präsident Pastrana unterzeichnete 1999 den Plan Colombia. Das Programm, eine Kombination aus Entwicklungsmaßnahmen und Militärhilfen, beinhaltete zunächst eine Förderung von über 1,3 Milliarden US-Dollar durch die USA. Darüber hinaus wurden Militärberater und Sprühflugzeuge zur Verfügung gestellt, die zur Entlaubung von Kokaplantagen vor allem in der Regenwaldzone im Süden des Landes eingesetzt wurden. Die großflächigen Entlaubungen im Regenwald hatten verheerende Folgen für die Zivilbevölkerung. Die Pestizide führten zu schweren gesundheitlichen Schäden, die Vernichtung von Feldern entzog den Bauern ihre Lebensgrundlage.

An der Stelle von Kokapflanzungen wurden Palmölplantagen angelegt, die von Militär und Paramilitärs geschützt werden.

Die Kriminalisierung des Kokaanbaus, die Militarisierung des Landes und die Vertreibung von Menschen trug zur Eskalation des Konfliktes bei. Übergriffe, Entführungen und Morde durch FARC und AUC gegen die Zivilbevölkerung nahmen stetig zu. Die Spannungen zwischen den Konfliktparteien nahmen zu, als Álvaro Uribe im Jahr 2002 die Präsidentschaftswahl gewann. Uribes Verbindungen zu den paramilitärischen AUC sowie seine Ankündigung einer engeren Zusammenarbeit mit den USA führten zu einer starken Zunahme der Kampfhandlungen nach seinem Amtsantritt. Uribe nutzte seine erste Amtszeit bis 2006 für ein rigides militärisches Vorgehen gehen die FARC, was ihm trotz internationaler Kritik nationale Popularität einbrachte. In seine Amtszeit fiel auch ein Programm zur Demobilisierung der AUC, der bei freiwilliger Entwaffnung signifikante Rechtsmilderungen für Paramilitärs vorsah.

Im Jahr 2004 wurde der Plan Colombia durch den Plan Patriota abgelöst, der sich noch stärker als zuvor auf die Bekämpfung der Guerilla konzentrierte. Dieser sah insbesondere vor, die von den FARC kontrollierten Gebiete durch eine massive militärische Offensive zurückzuerobern. Mit dem Plan Patriota wurden die militärische Präsenz und die finanzielle Unterstützung der USA verstärkt. Auch Leistungen von privaten Sicherheitsfirmen wurden in Anspruch genommen.

Eine Verfassungsänderung ermöglichte Uribe ab 2007 eine zweite Amtszeit. Er setzte seine milde Politik gegenüber den Paramilitärs fort. Am Anfang seines zweiten Mandats wurde jedoch deutlich, dass die AUC nicht erfolgreich demobilisiert wurden, sondern dass sie sich vielmehr fragmentiert hatten und ohne Dachorganisation weiterhin existierten. Inzwischen wird von ungefähr 30 Gruppierungen ausgegangen, die Entführungen durchführen, am Drogenhandel beteiligt sind und versuchen, Gebiete und Bevölkerung unter ihre Kontrolle zu bringen. Unklar ist, ob sie eine politische Agenda verfolgen. Manche von ihnen bekämpfen wie ehemals die AUC linke Rebellen. Auch Verbindungen zwischen Paramilitärs und Polizei, sowie Paramilitärs und transnationalen Unternehmen wurden bekannt.

Der kolumbianische Konflikt brachte auch Spannungen in der Region mit sich. Der Versuch, den venezolanischen Präsidenten Hugo Chávez in die Verhandlungsprozesse zwischen der kolumbianischen Regierung und den FARC einzubinden, scheiterte im November 2008 endgültig, als Uribe Chávez das Verhandlungsmandat entzog. Die erfolgreichen Freilassungen von Geiseln, bei denen auch Chávez inoffiziell weiterhin vermittelte, führten nicht zu einer Fortsetzung der offiziellen Kooperation. Die unterschiedlichen Auffassungen über die Gründe der Gewalt in der Region zwischen Uribe und Chávez spiegelten sich beispielsweise im Oktober 2008 wider, als acht kolumbianische Fußballspieler in Venezuela entführt und Wochen später tot

aufgefunden wurden: Während die kolumbianische Regierung die Tat dem
ELN, der Drogenmafia oder einer venezolanischen Gewaltgruppierung zu-
ordnete, sprach die Regierung Venezuelas von einer Tat kolumbianischer
Paramilitärs.

Auch die Beziehungen zum Nachbarland Ecuador verschlechterten sich.
Exemplarisch dafür war der Angriff auf ecuadorianisches Territorium durch
das kolumbianische Militär, der ohne vorherige Abstimmung stattfand. Das
Militär hatte Informationen über den Aufenthalt von Angehörigen der FARC
an der ecuadorianischen Grenze erhalten und organisierte eine Militäraktion,
bei der 27 Menschen, darunter der FARC-Vize und internationale Sprecher
Luis Edgar Devia Silva, ums Leben kamen. Der ecuadorianische Präsident
Rafael Correa reagierte mit einer Truppenverstärkung an der Grenze zu Kolumbien, wies den kolumbianischen Botschafter aus und zog den eigenen aus
Kolumbien ab. Auf gleiche Weise reagierte Präsident Chávez. Auch die Zerstörung von Kokaplantagen sorgte für Spannungen in den Beziehungen zwischen Ecuador und Kolumbien. Die dabei eingesetzten Chemikalien verursachten durch die Kontaminierung von Trinkwasser eine zusätzliche
Umweltbelastung der ecuadorianischen Grenzregion zu Kolumbien.

Wie schon das Jahr 2008 begann auch das Jahr 2009 mit einer Erfolgs-
meldung für den kolumbianischen Staat: Am 16. April nahmen Sicherheitskräfte den meistgesuchten Drogenbaron des Landes, Daniel Rendón Herrera,
genannt Don Mario, fest. Er habe bei der Festnahme keinen Widerstand geleistet und wolle mit den Behörden zusammenarbeiten, berichteten örtliche
Medien. Im Juli nahmen Regierungstruppen den Anführer des ELN, Evelio
Loaiza Muñoz alias El Cucho, fest. Der Militärmitteilung zufolge wollte
Loaiza Muñoz die Präsenz des ELN in Cali, der drittgrößten Stadt Kolumbiens verstärken. Der Angeklagte behaupte jedoch, dass er die Verbindungen
zum ELN schon seit 30 Jahren abgebrochen hätte. Weitere Festnahmen von
ELN-Mitgliedern wurden auch in März gemeldet, als 25 Mitglieder der Gue-
rilla in Santander festgenommen wurden.

Anders als im Fall ELN war die Präsenz der FARC in den kolumbianischen Medien durch Attentate und Konfrontationen mit dem Militär charakte-
risiert. Die erste Hälfte des Mai war durch eine Welle von FARC-Anschlägen
gegen Militärposten gekennzeichnet. Bei einem Angriff der FARC in der
Provinz Nariño nahe der Grenze zu Ecuador wurden sieben Soldaten getötet
und vier weitere verletzt. Im Juni kamen in der Provinz Cauca bei Kämpfen
zwischen den FARC und der Polizei 25 FARC-Mitglieder und 7 Polizisten
ums Leben. In der ersten Hälfte des Jahres töteten die FARC insgesamt fast
190 Soldaten und Polizisten.

Am 18. Mai erklärte der kolumbianische Verteidigungsminister Juan-
Manuel Santos seinen Rücktritt und kündigte an, dass er eine Kandidatur für
das Präsidentenamt erwäge, dies jedoch nur, falls Uribe nicht kandidiere.
Einige Tage später sprachen sich 62 von insgesamt 102 Senatoren für eine

dritte Amtszeit Uribes aus und stimmten für eine entsprechende Verfassungsänderung durch ein Referendum, das für November des Berichtsjahres vorge-
sehen war, obwohl bei der Verfassungsänderung von 2006, die Uribe die
erste Wiederwahl ermöglichte, eine Wiederholung ausgeschlossen wurde, um
eine Machtkonzentration der Exekutive zu verhindern.

Ähnlich wie im Jahr 2007 mit dem „Parapolitik"-Skandal, als unter anderem auch Informationen über Verbindungen Präsident Uribes zu den AUC
bekannt wurden, wurden auch 2009 neue Informationen über die Verbindungen ranghoher Politiker und Militärs mit den eigentlich demobilisierten AUC
bekannt. Die Aufklärungsarbeit wurde von Nichtregierungsorganisationen
und Menschenrechtsaktivisten wie dem Rechtsanwalt Alirio Uribe, der seit
zwanzig Jahren Verbindungen zwischen Paramilitärs, internationalen Kon-
zernen und hohen Politiker aufdeckt, geleistet. Dazu zählten Verbindungen
des Geheimdienstchefs Jorge Nogueras, der zunächst zurücktreten musste.
Am 8. Mai wurde Noguera darüber hinaus angeklagt bei der Ermordung
eines Universitätsprofessors, eines Journalisten, eines Gewerkschaftsführers
und eines Politikers involviert gewesen zu sein.

Im Berichtsjahr wurde eine Zunahme des Phänomens der sogenannten
falsos positivos festgestellt. Dabei wurden Zivilisten, die vom Militär getötet
wurden, in FARC-Uniformen gesteckt, um einen Erfolg gegenüber der Guerilla vorzutäuschen. Von Kritikern wird dies als Ergebnis eines militärinter-
nen Belohnungssystems angesehen, das das Töten von FARC-Mitgliedern
belohnt. Laut Staatsanwaltschaft wurden in den letzten 10 Jahren bereits
1.666 Zivilisten als falsos positivos getötet. 434 Soldaten wurden deshalb
verhaftet. Inzwischen wurden sogar illegale Netzwerke aufgedeckt, die dem
Militär Opfer zugeführt haben sollen. Diese Vorwürfe internationaler NGOs
wies Uribe jedoch kategorisch zurück. Am 18. Juni scheiterte im Senat ein
Gesetzesentwurf zur Entschädigung von Opfern politischer Gewalt. Laut dem
UN-Sonderberichterstatter für außergerichtliche Hinrichtungen, Philip
Alston, verletzt diese Entscheidung der Kammer internationale Menschen-
rechtsnormen.

Wie das *United Nations Office on Drugs and Crime* (UNODC) am 19.
Juni bei der Vorstellung seines jährlichen Berichts zum Kokainhandel in den
Andenstaaten in Bogotá mitteilte, ist die Kokaproduktion in Kolumbien auf
den niedrigsten Stand seit 2004 zurückgegangen. Ein Teil der Produktion sei
jedoch nach Peru und Bolivien verlagert worden. Die Zusammenarbeit mit
den USA blieb über die Drogenbekämpfung hinaus eng: Ende Oktober unterzeichneten Kolumbien und die USA ein bilaterales Militärabkommen, das
den USA die Entsendung von bis zu 800 Soldaten und 600 Zivilisten auf
sieben Stützpunkte in Kolumbien erlaubt. Die Vereinbarung wurde seitens
Venezuelas und Ecuadors kritisiert. Kolumbien rechtfertigte diesen Vertrag
mit der Erklärung, dass die Zusammenarbeit sich nicht gegen andere Länder
richten würde.

Ende des Jahres gaben FARC und ELN eine gemeinsame Stellungsnahme ab. Beide Guerillagruppen, die in den letzten Jahren geschwächt und in die Defensive getrieben worden sind, haben sich 2009 zum ersten Mal seit ihrer Gründung zur Kooperation entschlossen. Bis zum Ende des Berichtsjahres gab die Regierung keine Stellungnahme hierzu ab.

Der Grad der Gewalt in Kolumbien hat insgesamt nach wie vor nicht abgenommen. Das Problem des Paramilitarismus ist weiterhin nicht gelöst. Auch die geringe Bereitschaft von Regierung und Rebellen zu Verhandlungen stellte ein Hindernis für eine dauerhafte Befriedung des Landes dar. Die kolumbianische Zivilgesellschaft gerät immer wieder zwischen die Fronten. 2009 wurden 205 direkte Angriffe auf Zivilisten, 289 Fälle des sogenannten Verschwindenlassens und 833 Fälle gewaltsamer Vertreibungen berichtet. Zur Gewalt in Kolumbien gehört auch die hohe Mordrate. Im Berichtsjahr wurden in Kolumbien 15.800 Morde verübt, von denen rund die Hälfte als Auftragsmorde einzuschätzen sind.

Neben der aktuellen Gewalt gibt es auch eine Hinterlassenschaft aus früheren Kriegsjahren. Im November 2009 fand in Cartagena die weltweite Anti-Minen-Konferenz statt, bei der erhebliche Defizite in dem Aktionsplan von 2009 bis 2019 gegen Minen in Kolumbien, festgestellt wurden. Kolumbien ist immer noch eines der Länder mit den meisten Minen und Minenopfern weltweit.

Das Konfliktpotential innerhalb der kolumbianischen Gesellschaft findet sich in der Polarisierung politischer Meinungen wieder. Kritik an der Regierung wird leicht als pro-Guerilla-Aussagen wahrgenommen. Nach Angaben von *Amnesty International* sind die Senatorin Piedad Córdoba und drei Politiker des *Polo Democrático Alternativo* (PDA, Alternativer Demokratischer Pol) von Strafverfahren bedroht. Ihnen wird unterstellt, Verbindungen zu den FARC zu haben.

Die aktuelle Gewaltkonstellation in Kolumbien lässt die Aussichten für einen Frieden zwischen Guerilla und Regierung gering erscheinen. Denkbar wäre aber, dass die Präsidentschaftswahlen, die 2010 stattfinden werden, zu einem Machtwechsel führen, der eine Politikänderung im Umgang mit dem ältesten lateinamerikanischen Konflikt ermöglicht.

Tania Mancheno

Weiterführende Literatur und Informationsquellen:
Amnesty International: Report Kolumbien, 2009:
    http://www.amnesty.de/jahresbericht/2009/kolumbien
Andreas, Peter: Illicit International Political Economy. The Clandestine Side of Globalization, in: Review of International Political Economy 11 (2004), S. 641–652
Botero, Felipe/Méndez, María Lucía: ¿Reír o llorar? El drama del conflicto y la resiliencia de la economía en Colombia, 2007, in: Revista de Ciencia Política 28/1 (2008), S. 121-145
Gerbasi, Fernando: Situación actual y posible evolución futura de las relaciones colombo-venezolanas. Serie Política Internacional. Instituto Latinoamericano de Investiga-

ciones Sociales (ILDIS)/Centro de Estudios Estratégicos y Relaciones Internacionales (CEERI), 2008: http://www.ildis.org.ec
Rojas, Cristina: Civilización y Violencia. La Búsqueda de la Identidad en la Colombia del Siglo XIX. Bogotá 2001
Schattenblick: Kolumbien aktuell, Juni 2009:
    http://schattenblick.net/infopool/politik/ausland/pala1032.html
Strack, Peter: Menschenrechtlich Fatal. In: E+Z 2009/02, S. 86:
    http://www.inwent.org/ez/articles/086191/index.de.shtml
United Nations Development Program: Human Development Report 2009. Colombia. The Human Development Index - going beyond income, 2009:
    http://hdrstats.undp.org/en/countries/country_fact_sheets/cty_fs_COL.html
http://www.cgfm.mil.co (kolumbianische Armee)
http://www.farc-ejercitodelpueblo.org (FARC)
http://www.kolumbien-aktuell.ch (Arbeitsgruppe Schweiz-Kolumbien)
http://www.planecuador.gov.ec/pages/index.php (Informationen zum Plan Ecuador)
http://www.unodc.org (United Nations Office on Drugs and Crime)

Peru

(Bewaffneter Konflikt)

Beginn: 2009
Beteiligte: SL / Peru

Am 7. April 2009 verurteilte ein Gericht den ehemaligen peruanischen Präsidenten Alberto Fujimori wegen Verbrechen gegen die Menschlichkeit zu 25 Jahren Haft. Fujimori, der von 1990 bis 2000 regierte, wurde für schuldig befunden, mindestens 25 Morde und zwei Entführungen in Auftrag gegeben und die Bildung von Todesschwadronen gebilligt zu haben. Als Fujimori sein Amt antrat, war der Konflikt mit der Guerillaorganisation *Sendero Luminoso* (SL, Leuchtender Pfad) auf dem Höhepunkt angekommen. Fast täglich explodierten Bomben. Der neue Präsident stand vor der schwierigen Aufgabe, die Gewalt in Peru zu stoppen. Im Kampf gegen die Guerilla wurden jedoch die Menschenrechte missachtet und viele unschuldige Bürger fanden den Tod. Mit der Verurteilung Fujimoris ging ein Kapitel des Bürgerkrieges in Peru zu Ende. Doch Frieden gibt es noch immer nicht. Nach zehn Jahren relativer Ruhe nahm im Berichtsjahr der Konflikt zwischen dem peruanischen Staat und der Guerillagruppe wieder an Intensität zu.

Von 1980 bis 1997 war Peru Schauplatz eines der blutigsten Bürgerkriege Südamerikas. Die Guerillaorganisation SL und der peruanische Staat lieferten sich einen erbitterten Kampf um die Macht. Circa 70.000 Menschen wurden in diesem Konflikt getötet oder verschwanden. 54 Prozent der Opfer gingen auf das Konto des SL, für 37 Prozent waren die staatlichen Sicherheitskräfte verantwortlich. Zudem flohen 600.000 Bürger vor den Folgen des Krieges aus den umkämpften Regionen. Das geht aus dem Abschlussbericht

hervor, den die *Comisión de la Verdad y Reconciliación* (CVR, Wahrheits-
und Versöhnungskommission) 2003 vorlegte. Die Kommission warf beiden
Konfliktparteien eine äußerst brutale Vorgehensweise vor und machte sie für
schwere Menschenrechtsverletzungen verantwortlich.

Der Philosophieprofessor Abimael Guzmán hatte die *Partido Comunista
del Peru por el Sendero Luminoso de José Carlos Mariátegui* (Kommunistische Partei Perus auf dem leuchtenden Pfad José Carlos Mariáteguis) 1970
gegründet, von der sich der übliche Name *Sendero Luminoso* ableitet. Vorbild und Namensgeber Mariátegui hatte 1930 die Sozialistische Partei Perus
mitbegründet und schlug zur Lösung der sozialen Probleme den Marxismus-
Leninismus vor. Denn dieser würde den „leuchtenden Pfad zur Revolution"
eröffnen. Vier Jahrzehnte später hatte sich an der sozialen Situation nicht viel
geändert. Zu den ärmsten Regionen Perus zählte Ayacucho, wo die Bewegung um Guzmán ihren Ausgangspunkt nahm. Eine Infrastruktur war hier so
gut wie nicht vorhanden. Aufgrund der fehlenden medizinischen Versorgung
lag die Lebenserwartung mit 44 Jahren 10 Jahre unter dem Schnitt anderer
Regionen. Unter der größtenteils von Landwirtschaft lebenden Bevölkerung
betrug die Rate an Analphabeten über 50 Prozent. In Ayacucho manifestierte
sich die schon eine auf die spanische Kolonialzeit zurückgehende ethnische
und geografische Zweiteilung des Landes: Im abgelegenen und politisch
vergessenen Andenhochland lebten mehrheitlich indigene Bevölkerungsgruppen, während die wirtschaftlich entwickelten Küstenregionen überwiegend von der weißen Oberschicht des Landes bewohnt wurde.

Unter diesen Bedingungen fiel Guzmáns Ideologie, eine Mischung aus
Marxismus-Leninismus und Maoismus bei seinen Studenten an der Universi-
tät von Huallaga der Hauptstadt der Region Ayacucho auf fruchtbaren Boden.
Viele von ihnen stammten aus der indigenen Bevölkerung und kamen aus
einfachen Verhältnissen. Bildung war für sie die einzige Möglichkeit, der
Armut zu entkommen. Allerdings gab es aufgrund der wirtschaftlichen Lage
und der rigorosen Sparpolitik der Regierung kaum oder nur schlecht bezahlte
Arbeitsplätze. Der SL versprach hingegen bessere Zukunftsperspektiven.
Nach ihrer Ausbildung an der Universität verbreiteten die SL-Mitglieder das
Gedankengut der Organisation meist als Lehrer in den indigenen Gemeinden.
So wurde in den 1970er Jahren die Basis für den bewaffneten Kampf in den
1980er Jahren geschaffen.

Als nach zwölf Jahren Militärdiktatur 1980 die ersten freien Wahlen
stattfinden sollten, entschied sich der SL, diese zu boykottieren und stattdessen den bewaffneten Kampf aufzunehmen. Ziel des erklärten Volkskrieges
war es, die Regierung zu stürzen und die bestehenden gesellschaftlichen
Strukturen zu zerstören, um dann einen sozialistischen Staat nach maoisti-
schem Vorbild zu errichten. Die Möglichkeit den gesellschaftlichen Wandel
auf demokratischem Wege zu erreichen, schloss der SL aus. Öffentlichkeitswirksam verübten die Rebellen den ersten Anschlag am Wahltag, dem 12.

Mai 1980. In Chutschi, einem Dorf in Ayacucho sprengte die Gruppe die Wahlurnen in die Luft.

Die ersten Jahre konzentrierte sich der Kampf auf die ländlichen Regionen Ayacuchos. Hier wollte der SL sogenannte befreite Zonen errichten, von wo aus der Kampf anschließend in die Städte getragen werden sollte. Ab Mitte der 1980er Jahre verstärkte die Guerilla dementsprechend ihre Aktivitäten in den Ballungszentren und der Hauptstadt Lima. In den Kokaanbaugebieten im oberen Huallaga-Tal übernahm der SL fast vollständig die Kontrolle. Durch Einnahmen aus der Besteuerung von Drogenanbau, -verarbeitung und -handel verbesserte sich die finanzielle Situation der Gruppe. Neuen Mitgliedern, die sie überwiegend aus der indigenen Bevölkerung rekrutierte, konnte ein Sold gezahlt werden, der andere Verdienstmöglichkeiten in den ländlichen Regionen um ein Vielfaches überstieg.

Die Regierung unter Fernando Belaúnde Terry reagierte zunächst abwartend auf die Anschläge. 1983 verhängte sie den Ausnahmezustand über die Region Ayacucho und übertrug die Aufstandsbekämpfung dem Militär. Es folgte ein brutaler Kampf gegen die Guerilla. Dabei machten die Soldaten kaum Unterschiede zwischen indigenen Bauern und mutmaßlichen Rebellen. Wahllose Verhaftungen, Folter und Massenerschießungen sollten den SL schwächen, trafen aber auch die Zivilbevölkerung. Das brutale Vorgehen des Staates und die wirtschaftliche und politische Vernachlässigung der Region verhalf der Guerilla zunächst zu gewissen Sympathien bei den Bewohnern des andinen Hochlandes. Diese nahmen allerdings rapide ab, weil auch die Guerilla zunehmend brutaler gegen die Landbevölkerung vorging. Mehr und mehr wurden nun Zivilisten in den Krieg hineingezogen und gerieten zwischen die Fronten von Guerilla und Militär. Mit Hinrichtungen von angeblichen Verrätern und Spionen sowie Strafaktionen gegen abtrünnige Dörfer verbreitete der SL Angst und Schrecken. Durch die exzessive Gewaltanwendung war die Guerilla neben dem Staat nun ebenfalls zu einer Gefahr für die Bevölkerung geworden und verlor so den größten Teil ihrer lokalen Unterstützung. Stattdessen begannen die Bauern ihrerseits, sich in Selbstverteidigungsmilizen zu organisieren, um ihre Dörfer vor den Angriffen zu schützen. Teilweise unterstütze das Militär diese Milizen mit Waffen, so dass sie im weiteren Verlauf des Konfliktes zu einer ernsthaften Gefahr für die Guerilla in den ländlichen Gebieten wurden und wesentlich zur Schwächung des SL beitrugen.

Durch ihr kompromissloses brutales Vorgehen schien die Guerilla Ende der 1980er Jahre das angestrebte strategische Gleichgewicht mit den staatlichen Institutionen zu erreichen und eine komplette Machtübernahme rückte tatsächlich in den Bereich des Möglichen. Zeitgleich wurde das Land von einer schweren Wirtschaftskrise mit Inflationsraten von bis zu 7.600 Prozent erschüttert. Wirtschaftskrise und politische Gewalt waren mit ausschlaggebend dafür, dass sich bei den Präsidentschaftswahlen 1990 der zuvor politisch unbekannte Alberto Fujimori durchsetzen konnte. In den ersten Jahren seiner Amtszeit erreichte er mit radikalen Reformen eine langsame Verbesserung der wirtschaftlichen Situation. Die Gewalt konnte er zunächst nicht eindämmen, wie die spektakulären Anschläge auf die Residenz des US-amerikanischen Botschafters und das neue Stadtzentrum von Lima 1992 zeigten. Im April desselben Jahres initiierte Fujimori mit Unterstützung des Militärs eine Art Selbstputsch, löste den Kongress auf und berief eine verfassungsgebende Versammlung ein. Gleichzeitig sicherte er mit einer umstrittenen Reform der Anti-Terror-Gesetze den Sicherheitskräften sämtliche Freiheiten im Kampf gegen die Guerilla zu. Todesschwadronen konnten ungestraft agieren und es kam zu schweren, systematischen Menschenrechtsverletzungen durch die Armeeangehörigen. Außerdem wurden tausende vermeintliche SL-Anhänger verhaftet und von Militärgerichten zu hohen Haftstrafen verurteilt. Das führte zu einer deutlichen Dezimierung der Guerillakämpfer, aber auch zur Verurteilung zahlreicher Unschuldiger.

Am 12. September 1992 gelang den staatlichen Sicherheitskräften der entscheidende Schlag gegen die Guerilla. Deren Anführer Guzmán und weitere Führungsmitglieder des SL wurden verhaftet. Nun rächte sich die strenge hierarchische Organisation und der Personenkult um den unumstrittenen Vorsitzenden, der sich selbst als „das vierte Schwert der Revolution nach Marx, Lenin und Mao" bezeichnete. An der Spitze entstand ein Machtvakuum und es kam zu schweren internen Auseinandersetzungen um die Führung der Gruppe. Ein Jahr nach seiner Verhaftung verkündete Guzmán das Ende des Krieges und rief die verbliebenen Kämpfer auf, den bewaffneten Kampf einzustellen. Ein Großteil der Gruppe folgte dem Aufruf. Lediglich ein harter Kern von maximal 1.000 Guerilleros um den neuen Anführer Oscar Ramirez Durand führte den Kampf weiter. Massive Anti-Guerillaoperationen des Militärs schwächten die verbliebenen Kräfte entscheidend und spätestens nach der Verhaftung Ramirez 1999 schien der Konflikt beendet zu sein.

In der Folgezeit kam es sporadisch zu Zusammenstößen zwischen dem noch circa 200 Mann zählendem SL und Militär oder Polizei. Auch im Berichtsjahr erreichte das Ausmaß gewaltsamer Auseinandersetzungen nicht das der Kriegsjahre. Trotzdem kam es erstmals seit über zehn Jahren zu mehreren Angriffen des SL auf Armee- oder Polizeieinheiten. Anfang April beispielsweise wurden zwei Militärfahrzeuge mit Sprengstoff angegriffen. Dabei kamen 14 Soldaten ums Leben. Im August des Berichtsjahres überfielen 50 mit Sprengstoff und Schusswaffen bewaffnete Kämpfer eine Polizeistation im Süden Ayacuchos. Drei Polizeibeamte und zwei Frauen wurden während des Angriffs getötet. Die peruanischen Behörden machen den SL dafür verantwortlich. Knapp einen Monat später kamen die zwei Piloten eines Militärhubschraubers ums Leben. Sie flogen gerade einen Einsatz, um drei bei Kämpfen verletzte Soldaten zu retten, als Guerillakämpfer den Hubschrauber abschossen.

Alle Angriffe fanden im nordöstlichen Teil der Region Ayacucho im Valle de los Rios Apurímac y Ene (VRAE, Tal der Flüsse Apurímac und Ene) statt. Hier liegt nicht nur eine Ursprungsregion der Guerilla, sondern das Gebiet ist auch das Hauptanbaugebiet für Koka. Peru ist weltweit der zweitgrößte Kokaproduzent. Schätzungen zufolge betragen die Gewinne aus dem Drogenhandel in Peru über 1 Milliarde US-Dollar jährlich. Die Hälfte des Koka kommt aus dem Tal der beiden Flüsse. Die Gründe für die Aufrechterhaltung und erneute Eskalation der Kampfhandlungen könnten also nicht mehr nur – wenn überhaupt – ideologischer Natur sind. Viel mehr scheinen hier die seit Mitte der 1980er Jahre bestehenden Verflechtungen mit dem Drogenanbau und -handel immer noch aktiv zu sein.

Über die aktuelle Stärke des SL gibt es unterschiedliche Angaben. Die meisten Schätzungen gehen von 350 Bewaffneten aus, während die Armee von rund 600 Guerilleros spricht. Allerdings ist es wahrscheinlich, dass die Armeeführung die Zahlen und damit die Gefahr hoch spielt, um somit zusätzliche finanzielle Mittel für Soldaten und Ausrüstung zu erhalten. Neben der Gruppe im VRAE gibt es noch eine zweite Fraktion der Guerilla im Alto Huallaga. Auch diese Region im Norden Perus war schon in der Vergangenheit eine Hochburg des SL und ist ebenfalls ein wichtiges Kokaanbaugebiet. Die Gruppe hier ist aber kleiner und wird auf nur 50 bis 100 Kämpfer geschätzt.

Die Intensität des bewaffneten Konflikts in Peru ist im Berichtsjahr nicht vergleichbar mit dem Krieg, der das Land in den 1980er und 1990er Jahren geprägt hat. Der SL wurde weitestgehend zerschlagen und nur noch eine kleine Anzahl verbliebener Guerilleros liefert sich vereinzelte Kämpfe mit den staatlichen Sicherheitskräften. Auch ideologisch scheinen sich die heutigen Guerillakämpfer weit von ihren Vorgängern entfernt zu haben. So scheint wohl nicht mehr die Errichtung eines sozialistischen Staates Grund für die Auseinandersetzungen, sondern eher der Kampf um die Vorherrschaft in der Drogenproduktion und dem Drogenhandel. Deshalb könnten die Kämpfe zukünftig sogar wieder an Intensität zunehmen. Denn mit den finanziellen Mitteln aus den Drogengeschäften wird der SL vermutlich weiter aufrüsten und versuchen, größere Teile des zentralen Andenhochlands unter seine Kontrolle zu bringen. Für die staatlichen Sicherheitskräfte dürfte es dann schwieriger werden, ihr Gewaltmonopol in den umkämpften Gebieten wieder herzustellen.

Sirko Stenz

Weiterführende Literatur und Informationsquellen:
Bliesemann de Guevara, Berit/Liebing, Maja: Die langen Schatten der Gewalt. Auswirkungen der Kriege peruanischer Guerillagruppen in: Bakonyi, Jutta/Hensell, Stephan/Siegelberg, Jens (Hrsg,): Gewaltordnungen bewaffneter Gruppen. Ökonomie und Herrschaft nichtstaatlicher Akteure in den Kriegen der Gegenwart, Baden-Baden 2006, S. 55-70

Bürger, Alexandra: Terrorismus oder Guerilla? Der Sendero Luminoso in Peru, in: Straßner, Alexander (Hrsg.): Sozialrevolutionärer Terrorismus. Theorie, Ideologie, Fallbeispiele, Zukunftsszenarien, Wiesbaden 2009

Febres, Salomón Lerner/Sayer, Josef (Hrsg.): Wider das Vergessen Yuyanapaq. Bericht der Wahrheits- und Versöhnungskommission Peru, Ostfildern 2008

Goedeking, Ullrich/von Oertzen, Eleonore: Peru, München 2004

Autorinnen und Autoren der AKUF

Die Arbeitsgemeinschaft Kriegsursachenforschung (AKUF) besteht seit 1978 als eine Kombination aus Lehrveranstaltung und Forschungsgruppe am Institut für Politikwissenschaft der Universität Hamburg. Sie ist Teil der von Prof. Dr. Klaus Jürgen Gantzel gegründeten und seit 2001 von Prof. Dr. Cord Jakobeit geleiteten Forschungsstelle Kriege, Rüstung und Entwicklung. Die AKUF rekrutiert sich aus Wissenschaftlichen Mitarbeitern, Doktoranden und Studierenden der Universität Hamburg.

Wolfgang Schreiber arbeitete nach dem Mathematik-Studium an der Universität-Gesamthochschule Paderborn (Dipl.-Math.) als Softwareentwickler. Er studierte im Zweitstudium Politische Wissenschaft, Geschichte und Ethnologie an den Universitäten Göttingen, Legon (Ghana) und Hamburg und promoviert derzeit am Institut für Politikwissenschaft der Universität Hamburg. Seit 2009 leitet er darüber hinaus die AKUF.

Brentrup, Lena *(Äthiopien (Ogaden))*
    seit 2007 Studium der Politikwissenschaft (B.A.) an der Universität Hamburg
Fischer, Hilke *(Mali)*
    seit 2006 Studium der Afrikanistik, Politikwissenschaft und Ethnologie im Studiengang Magister an der Universität Hamburg und dem Institut National des Langues et Civilisations Orientales (INALCO) in Paris
Frölich, Louisa *(Türkei (Kurden))*
    seit 2008 Studium der Politikwissenschaft (B.A.) an der Universität Hamburg
Haarhaus, Sophie *(Uganda)*
    seit 2004 Studium der Politischen Wissenschaft, Ethnologie und Afrikanistik an der Universität Hamburg, 2007/2008 sechsmonatiger Aufenthalt in Norduganda
Hein, Eva *(Sri Lanka)*
    seit 2007 Studium der Politikwissenschaft (B.A) an der Universitäten Hamburg und Madrid
Herden, Stefan *(Pakistan (Belutschistan))*
    seit 2007 Studium der Politikwissenschaft (B.A.) an der Universität Hamburg
Heydorn, Florian *(Nigeria (Boko Haram))*
    seit 2003 Studium der Islamwissenschaft, Politischen Wissenschaft und des Öffentlichen Rechts an der Universität Hamburg.

Huld, Sebastian *(Tschad)*
 seit 2008 Studium der Politikwissenschaft (M.A.) an der Universität
Hamburg und freier Journalist
Igarashi, Yumi *(Indien (Assam))*
 B.A. (Economics), seit 2006 Studium der Politikwissenschaft an der
Universität Hamburg.
Konrad, Patricia *(Philippinen (Mindanao), Philippinen (NPA))*
 seit 1995 Studium der Politischen Wissenschaft an der Universität Hamburg und freiberufliche Journalistin
Lange, Marco *(Algerien, Thailand (Südthailand))*
 M.A., Politikwissenschaftler und Journalist
Leese, Matthias *(Somalia)*
 seit 2008 Studium der Politikwissenschaft (M.A.) an der Universität
Hamburg
Ludwig, Stefan *(Iran (Kurden))*
 seit 2008 Studium der Politikwissenschaft (M.A.) an der Universität
Hamburg
Mancheno, Tania *(Kolumbien)*
 Diplom-Politologin
Schaper, Miriam *(Myanmar [Birma])*
 M.A. (Philosophie), zuvor Studium an den Universitäten Hamburg und
Complutense de Madrid (Spanien)
Mittasch, Arne Michel *(Afghanistan)*
 seit 2007 Studium der Politikwissenschaft an der Universität Hamburg
Razum, Nils *(Israel (Palästina))*
 seit 2004 Studium der Politischen Wissenschaft an der Universität Hamburg
Rußmann, Katharina *(Kongo-Konshasa (Ostkongo))*
 seit 2007 Studium der Politikwissenschaft (B.A.) an der Universität
Hamburg
Schmidt, Felicitas *(Senegal)*
 B.A. (Afrikanistik), Praktikantin an der Forschungsstelle Kriege, Rüstung und Entwicklung am Institut für Politikwissenschaft der Universität
Hamburg
Scholvin, Sören *(Pakistan (Taliban))*
 Diplom Geograph, zuvor Studium an den Universitäten Hamburg und
Münster
Scholz, Jacqueline *(Indien (Manipur))*
 seit 2007 Studium der Politikwissenschaft an den Universitäten Hamburg
und Växjö (Schweden)
Schreiber, Wolfgang *(Indien (Kaschmir), Irak, Russland (Norkaukasus))*
 Diplom-Mathematiker, Leiter der AKUF am Institut für Politikwissenschaft der Universität Hamburg

Sörensen, Jil *(Georgien (Abchasien), Georgien (Südossetien))*
  seit 2007 Studium der Politikwissenschaft (B.A.) an der Universität Hamburg
Stenz, Sirko *(Peru)*
  seit 2004 Studium der Medienkultur und Politischen Wissenschaft an der Universität Hamburg
Sülau, Christian *(Jemen)*
  seit 2003 Studium der Politischen Wissenschaft an der Universität Hamburg
Swenja Kopp *(Nigeria (Nigerdelta))*
  M.A., seit 2008 Promotion im Fach Journalistik und Kommunikationswissenschaften am Fachbereich Sozialwissenschaften der Universität Hamburg
Voigts, Hanning *(Indien (Nagas))*
  Dipl. Pol, Journalist, zuvor Studium an der Universität Hamburg und am Institut d'Etudes Politiques in Bordeaux (Frankreich)
Wojczewski, Thorsten (*Indien* (*Naxaliten*))
  seit 2005 Studium der Politischen Wissenschaft und des Öffentlichen Rechts an den Universitäten Hamburg und Reading (Großbritannien)
Wrons-Passmann, Ciaran *(Sudan (Darfur))*
  seit 2003 Studium der Afrikanistik, Frankreichstudien und Ethnologie an den Universitäten Leipzig und Halle/Wittenberg

Abkürzungsverzeichnis

EPRDF .... Ethiopian People's Revolutionary Democratic Front
EU .... Europäische Union
EUFOR .... European Union Force
FARC .... Fuerzas Armadas Revolucionarias de Colombia
FATA .... Federally Administered Tribal Areas
FDLR .... Forces Démocratiques de Libération du Rwanda
FDPC .... Front Démocratique du Peuple Centrafricain
FIS .... Front Islamique du Salut
FLN .... Front de Libération Nationale
FPJC .... Front Populaire pour la Justice au Congo
FRPI .... Front des Résistances Patriotiques en Ituri
FUC .... Front Uni pour le Changement Démocratique
GIA .... Groupe Islamique Armé
GSPC .... Groupe Salafiste pour la Prédication et le Combat
Hamas .... Harakat al-Muqa'wama al-Islamiya
HM .... Hizb-ul-Mujahedin
HRW .... Human Rights Watch
HSMF .... Holy Spirit Mobile Force
HuJI .... Harkat ul-Jihad al-Islami
HuM .... Harkat-ul-Mujahedin
IEC .... Independent Election Commission
IGH .... Internationaler Gerichtshof
IM .... Islamic Movement
IMT .... International Monitoring Team
IPKF .... Indian Peace Keeping Force
ISAF .... International Security Assistance Force
ISI .... Inter-Services Intelligence
ISOC .... Internal Security Operations Command
IStGh .... Internationaler Strafgerichtshof
J&K .... Jammu & Kashmir
JeM .... Jaish-e-Muhammad
JEM .... Justice and Equality Movement
JI .... Jemaah Islamiah
JKDFP .... Jammu and Kashmir Democratic Freedom Party
JKLF .... Jammu and Kashmir Liberation Front
JVP .... Janatha Vimukhti Peramuna
KADEK .... Kongreya Azadi u Demokrasiya Kurdistan
KCP .... Kangleipak Communist Party
KDPI .... Kurdische Demokratische Partei im Iran
KNA .... Kuki National Army
KNF .... Kuki National Front
KNLA .... Karen National Liberation Army
KNO .... Kuki National Organisation
KNU .... Karen National Union
KONGRA-GEL ...... Kongra Gele Kurdistan
KSPC .... Karen State Peace Council
LeT .... Lashkar-e-Toiba
LoC .... Line of Control
LRA .... Lord's Resistance Army
LTTE .... Liberation Tigers of Tamil Eelam

MCC .... Maoist Communist Centre
MEND .... Movement for the Emancipation of the Niger Delta
MFDC.................... Mouvement des Forces Démocratiques de la Casamance
MFUA .... Mouvement des Forces Unifées de l´Azawad
MIA .... Mouvement Islamique Armé
MILF .... Moro Islamic Liberation Front
MINURCAT .... Mission des Nations Unies en République Centrafricaine et au Tchad
MLPC .... Mouvement pour la Libération du Peuple Centrafricain
MNJ .... Mouvement des Nigériens pour la Justice
MNLF..................... Moro National Liberation Front
MOA-AD............... Memorandum of Agreement on Ancestral Domain
MONUC .... Mission de l'Organisation des Nations Unies en République Démocratique du Congo
MPA .... Mouvement Populaire de l´Azawad
MSS....................... Muslim Student Society
MTNMC .... Mouvement Touareg Nord-Mali pour le Changement
NATO.................... North Atlantic Treaty Organization
NDDC .... Niger Delta Development Commission
NDF .... National Democratic Front
NDFB .... National Democratic Front of Bodoland
NDPVF.................. Niger Delta People's Volunteer Force
NDV .... Niger Delta Vigilantes
NIF......................... National Islamic Front
NLD....................... National League for Democracy
NPA .... New People's Army
NRA....................... National Resistance Army
NSCN .... National Socialist Council of Nagaland
NSCN-IM .... National Socialist Council of Nagaland (Issac-Muviah)
NSCN-K .... National Socialist Council of Nagaland (Khaplang)
NWFP.................... North West Frontier Province
OCHA.................... Office for the Coordination of Humanitarian Affairs
OEF .... Operation Enduring Freedom
OIC .... Organisation of Islamic Conference
OLF .... Oromo Liberation Front
ONLF .... Ogaden National Liberation Front
OSZE..................... Organisation für Sicherheit und Zusammenarbeit in Europa
PA.......................... Palästinensische Autonomiebehörde
PAD .... People's Alliance for Democracy
PCG .... People's Consultative Group
PDA .... Polo Democrático Alternativo
PDP....................... People's Democratic Party
PJAK .... Partiya Jiyana Azada Kurdistanê
PKK .... Partiya Karkeren Kurdistan
PLA .... Peoples Liberation Army
PLO .... Palestine Liberation Organisation
PREPAK .... People's Revolutionary Party of Kangleipak
PUK .... Patriotische Union Kurdistans
PULO..................... Pattani United Liberation Orgnanization
PWG .... People's War Group
RFC .... Rassemblement des Forces pour le Changement

RGM .... Revolutionary Gouvernment of Manipur
RKK .... Runda Kumpulan Kecil
SBPAC .... Southern Border Provinces Adminstrative Centre
SL .... Sendero Luminoso
SLA .... Sudan Liberation Army
SLA/AW .... Sudan Liberation Army (Abdel Wahid Mohamed Nur)
SLA/MM .... Sudan Liberation Army (Minni Minawi)
SLFP .... Sri Lanka Freedom Party
SLM .... Sudan Liberation Movement
SLMM .... Sri Lanka Monitoring Mission
SLRF .... Sudan's Liberation Revolutionary Forces
SNA .... Somalia National Alliance
SNM .... Somali National Movement
SNRS .... Somali National Regional State
SPCPD .... Southern Philippines Council for Peace and Development
SPDL .... Somali People's Democratic League
SPDP .... Somali People's Democratic Party
SPLA .... Sudan's People Liberation Army
SPLM .... Sudan's People Liberation Movement
SSA-S .... Shan State Army – South
SSDF .... Somali Salvation Democratic Front
SULFA .... Surrendered United Liberation Front of Assam
TDRA .... Transitional Darfur Regional Authority
TPLF .... Tigray People's Liberation Front
UdSSR .... Union der Sozialistischen Sowjetrepubliken
UFDD .... Union des Forces pour la Démocratie et le Développement
UFDR .... Union des Forces Démocratiques pour le Rassemblement
UFR .... Union des Forces de la Résistance
UIC .... Union of the Islamic Courts
ULFA .... United Liberation Front of Assam
UN .... United Nations
UNAMA .... United Nation Assistance Mission in Aghanistan
UNAMID .... United Nations/African Union Mission in Darfur
UNHCR .... United Nations High Commissioner for Refugees
UNLF .... United National Liberation Front
UNODC .... United Nations Office on Drugs and Crime
UNOSOM .... United Nations Operation in Somalia
UNSCOM .... United Nations Special Commission
UP .... Union Patriotica
UPDA .... Ugandan People's Defence Army
UPFA .... United Peoples Freedom Alliance
USA .... United States of America
USC .... United Somali Congress
UWSA .... United Wa State Army
VRAE .... Valle de los Rios Apurímac y Ene
WSLF .... Western Somali Liberation Front
ZAR .... Zentralafrikanische Republik

Index der Konfliktakteure